ALGER. — TYPOGRAPHIE ADOLPHE JOURDAN.

TRAITÉ ÉLÉMENTAIRE

DE

DROIT MUSULMAN

ALGÉRIEN

(ÉCOLE MALÉKITE)

SPÉCIALEMENT RÉDIGÉ

SUR LE COURS ORAL FAIT A L'ÉCOLE DE DROIT D'ALGER

A L'USAGE DES CANDIDATS AU CERTIFICAT INFÉRIEUR

DE LÉGISLATION ALGÉRIENNE ET DE COUTUMES INDIGÈNES

PAR

E. ZEYS

PRÉSIDENT DE CHAMBRE A LA COUR D'APPEL D'ALGER
CHARGÉ DE COURS A L'ÉCOLE DE DROIT D'ALGER
CHEVALIER DE LA LÉGION D'HONNEUR
OFFICIER DE L'INSTRUCTION PUBLIQUE

TOME SECOND

ALGER

ADOLPHE JOURDAN, LIBRAIRE-ÉDITEUR

IMPRIMEUR-LIBRAIRE DE L'ACADÉMIE

1886

TRAITÉ ÉLÉMENTAIRE

DE

DROIT MUSULMAN

ALGÉRIEN

(ÉCOLE MALÉKITE)

TRAITÉ ÉLÉMENTAIRE

DE

DROIT MUSULMAN

ALGÉRIEN

(ÉCOLE MALÉKITE)

SPÉCIALEMENT RÉDIGÉ
SUR LE COURS ORAL FAIT A L'ÉCOLE DE DROIT D'ALGER
A L'USAGE DES CANDIDATS AU CERTIFICAT INFÉRIEUR
DE LÉGISLATION ALGÉRIENNE ET DE COUTUMES INDIGÈNES

PAR

E. ZEYS

PRÉSIDENT DE CHAMBRE A LA COUR D'APPEL D'ALGER
CHARGÉ DE COURS A L'ÉCOLE DE DROIT D'ALGER
OFFICIER DE L'INSTRUCTION PUBLIQUE

TOME SECOND

ALGER

ADOLPHE JOURDAN, LIBRAIRE-ÉDITEUR

IMPRIMEUR-LIBRAIRE DE L'ACADÉMIE

1886

TRAITÉ ÉLÉMENTAIRE

DE

DROIT MUSULMAN

ALGÉRIEN

(ÉCOLE MALÉKITE)

LIVRE TROISIÈME

—

DES CONTRATS (Suite)

—

CHAPITRE X

DU MANDAT

(OUAKÈLA)

—

421. GÉNÉRALITÉS. — Les musulmans font un grand usage de ce contrat. Leur loi est si compliquée que bien peu d'entre eux sont en état d'accomplir personnellement l'acte le plus simple de la vie civile. Aussi chargent-ils volontiers un voisin, un ami, connu pour sa compétence juridique, de les représenter, soit en matière contentieuse, soit en matière contractuelle (1). D'autre part, la femme musulmane, comme la matrone romaine, doit fuir toute occasion de se produire en public. Ignorante, tenue, depuis sa plus tendre enfance, en charte privée, elle a pourtant des droits à exercer, puisque son patrimoine demeure distinct de celui de son mari (2);

---

(1) Le mot *ouakèla* implique l'idée de *protection*, sollicitée et accordée. C'est le fait de se confier à quelqu'un.

(2) *Conf. suprà*, nᵒˢ 1, 36, 38, 192.

de là, pour elle surtout, la nécessité de recourir à un intermédiaire pour gérer ses biens. Nous l'avons vu, il lui est même interdit de contracter mariage sans l'assistance d'un *ouali* (1), véritable mandataire légal dont elle n'a pas le choix (2), mais dont elle étend ou limite les pouvoirs (3). Son incapacité est telle que, les jurisconsultes le déclarent expressément, lorsqu'elle possède des biens indivis entre elle et un de ses frères, celui-ci est investi d'un mandat tacite, en vertu duquel il administre la chose commune; et il faut déjà qu'il commette des abus de pouvoir pour être exposé à une révocation.

La théorie de la dissolution du mariage nous a également fourni des exemples curieux d'une variété du mandat (4), la femme pouvant devenir le mandataire de son mari pour prononcer une répudiation dont elle est, à la fois, l'artisan et le bénéficiaire.

Nous l'avons vu encore, la société n'est qu'une application spéciale des principes qui régissent le mandat (5). La société en participation, que nous étudierons bientôt (6), nous en révélera une application nouvelle.

Ce n'est pas tout. Dans bien des circonstances, la loi admet ce que l'on pourrait appeler *le mandat de famille,* les proches parents d'un individu absent étant autorisés à agir, dans l'intérêt de celui-ci, sans être munis d'aucun pouvoir. Quand le lien de la parenté se relâche, quand le parent est d'un degré trop éloigné, il n'a plus que le droit de faire, au profit de l'absent, de simples actes conservatoires. L'étranger seul, auquel on donne le nom caractéristique d'*officieux* (7), est privé de l'exercice de ce mandat tacite.

En raison même de son emploi fréquent, le mandat revêt des formes multiples dont nous aurons à nous occuper plus loin, et qui ne s'éloignent pas d'une façon notable de celles usitées dans le droit français. Toutefois il faut toujours tenir compte du formalisme religieux dont tous les contrats musulmans subissent l'influence, et dont le mandat n'est pas exempt.

422. DÉFINITION. — Le mandat est un vicariat (8), conféré à un

---

(1) *Conf. suprà,* nº 14.

(2) *Conf. suprà,* nº 16.

(3) *Conf. suprà,* nᵒˢ 18 et 20.

(4) *Conf. suprà,* nᵒˢ 116, 117, 118.

(5) *Conf. suprà,* nº 380.

(6) *Conf. infrà,* chap. XVII.

(7) *Conf. suprà,* tome Iᵉʳ, page 116, *D.*

(8) J'emploie le terme *vicariat* dans son sens étymologique *(vix, vicis),* parce qu'il traduit exactement le mot *niaba* qui est dans le texte. J'y suis autorisé par l'exemple de Montesquieu (*Esprit des lois,* XXX, 17), et de Voltaire (*Charles XII,* 2).

tiers, par une personne ayant un droit à exercer, elle vivante, non à l'occasion d'une fonction publique, civile, militaire ou religieuse, dont elle serait investie.

Les considérations générales qui précèdent servent de commentaire à cette définition. Je me borne à ajouter que, par ces mots : « *elle vivante,* » on entend exclure du mandat la tutelle testamentaire, laquelle s'en distingue à plusieurs points de vue, notamment en ce qu'elle ne s'ouvre que par le décès du mandant.

Par ces mots : « *Non à l'occasion d'une fonction publique, etc.* » on exclut le fonctionnaire qui ne peut évidemment pas charger un mandataire d'accomplir un des actes de sa fonction.

423. CAPACITÉ. — Le mandant doit jouir de la même capacité que le mandataire, et réciproquement.

Quelle est cette capacité?

Khalil et ses commentateurs sont muets sur ce point.

Ibn Acem seul nous fournit cette brève indication : « Il est permis » à celui qui dispose de ses biens de donner mandat à celui qui » jouit de la même capacité. »

Il faut donc se reporter à la théorie générale de la capacité contractuelle, telle que nous l'avons étudiée précédemment (1). Le *rachid (pubère discernant)* seul a la libre disposition de ses biens. C'est donc la personne, homme ou femme, en possession de son autonomie somatique et chrématique, qui sera admise à donner ou à recevoir mandat.

Toutefois, ce principe souffre deux exceptions notables. La femme, même *rachida,* ne peut jamais être le mandataire matrimonial d'une autre femme, le prophète ayant dit : « Une femme ne » marie pas une femme. » D'autre part, il est permis à un homme de conférer à un enfant, pourvu qu'il soit doué de discernement, mandat pour contracter mariage en son nom. Les auteurs musulmans, pour justifier cette dérogation aux principes, s'évertuent à développer un argument dont la valeur paraît bien faible. Le futur mari, disent-ils, trouvant en lui-même la pleine capacité nécessaire pour contracter mariage, il importe peu que son mandataire jouisse ou non de cette même capacité, car le mandataire, fût-il incapable,

---

Les Romains se servaient du mot *vicarius* comme je le fais : « *Quidam, paene dominus, hoc et alieni juris vicarius....* » (Cicéron, Or. pro Caecina, XX).

Pour les musulmans, le vicariat, plus étendu que le mandat, comprend ce dernier. Le vicaire est celui qui est investi d'une fonction publique ou religieuse par le chef du pouvoir exécutif qui est en même temps le chef de la religion. Le vicaire, une fois investi, a non seulement le droit d'agir dans la limite de ses attributions, mais il a même celui d'agir contre le gré de celui qui l'a institué, lorsque ce dernier prétend lui imposer un acte positif ou négatif contraire à la loi.

(1) *Conf. suprà,* nos 183 et suivants.

agit au nom d'une personne capable. Rien de plus périlleux que ce raisonnement qui, généralisé, conduirait à dispenser le mandataire de toute condition de capacité. Ne serait-il pas plus simple, et plus rationnel à la fois, de considérer cette exception comme une des faveurs accordées au mariage? Un mandataire doit être capable, lorsqu'il s'agit de défendre les intérêts de son mandant, soit dans une instance judiciaire, soit dans les discussions qui précèdent la conclusion d'un contrat; là il s'agit de faire des concessions, d'élever des exigences, de transiger, etc., etc. Mais le mariage est un contrat de libéralité, où les conflits sont rares, où, par conséquent, le mandataire n'a qu'à transmettre une demande ou bien à en accepter une; un enfant suffit pour remplir ce rôle qui est d'une extrême simplicité. Le mariage est d'ailleurs hautement encouragé par la loi; il convient de le faciliter de toutes façons. Ces motifs, bien qu'ils ne soient indiqués par aucun auteur, me paraissent plus concluants que ceux résumés plus haut (1).

Exiger que le mandant et le mandataire soient *pubères-discernants,* c'est exclure l'impubère; mais c'est aussi exclure le pubère frappé de folie, qui n'a pas d'intervalles lucides. La démence n'est-elle pas constante, il peut remplir les fonctions de mandataire, à la condition que l'affaire dont il est chargé ne souffre pas de ces intermittences de santé et de maladie intellectuelles. Pour le mandant, le pouvoir par lui conféré dans un intervalle lucide n'est pas forcément annulé par le retour du mal; la révocation du mandataire est une question de fait à apprécier suivant les circonstances.

La puberté discernante ne suffit pas toujours pour assurer la capacité du mandant ou du mandataire. Certaines circonstances de fait ou de droit l'abolissent souvent, d'une façon temporaire ou définitive.

Ainsi, pendant l'ihram, pendant l'ivresse, on ne peut ni conférer ni recevoir un mandat.

Pour le malade, une distinction est nécessaire. La maladie affaiblit-elle ou abolit-elle le discernement (2), la solution est la même que dans la folie. N'agit-elle que sur les forces physiques, il est évidemment permis au malade de donner mandat, car, le bon sens l'indique, l'homme physiquement incapable de vaquer à ses affaires, a surtout besoin de recourir à un fondé de pouvoir. Quand à celui qui reçoit le mandat, il faut qu'il conserve la force, l'activité indispensables pour remplir sa mission légale.

L'inimitié est une cause relative d'incapacité (3). Un musulman

---

(1) Il va de soi que l'enfant, dans cette hypothèse, ne peut encourir aucune responsabilité personnelle.

(2) Le discernement est le fait de comprendre les discours des personnes raisonnables et d'y répondre raisonnablement (*Mohammed Kharchi*).

(3) L'inimitié est *terrestre* ou *religieuse*. La première est fondée sur des causes

ne doit pas donner à un infidèle, dimmi ou non (1), le mandat d'acheter ou de vendre, car, dit-on, *ce dernier ignore la loi;* le mandat de toucher une créance, car il est à craindre qu'il ne pratique l'usure, celle-ci ne lui étant pas défendue (2). Dans les autres. contrats, demande de mariage, donation, etc., cette interdiction ne subsiste pas.

Mais on ne doit pas choisir pour mandataire un ennemi de celui contre lequel il s'agit de procéder judiciairement, à moins que ce dernier n'y consente formellement.

Un musulman est autorisé à prendre un mandataire musulman pour agir contre un chrétien ou un juif, à moins qu'il n'y ait entre eux un motif d'inimitié purement terrestre; la réciproque n'est pas admise. Il est également défendu de donner à un juif un mandat pour agir contre un chrétien, et *vice versa.*

424. NATURE ET ÉTENDUE DU MANDAT. — Le mandat est, ou *fiduciaire* (3) ou *spécial.*

Le mandat fiduciaire est celui par lequel une personne donne à quelqu'un une procuration générale pour faire toutes ses affaires, le mandant se dépouillant, pour ainsi dire, de l'administration de ses biens, et ratifiant à l'avance les actes de son mandataire. Celui-ci ne jouit pas, pour cela, d'une liberté illimitée. Il ne doit faire que ce qui est avantageux pour son mandant, c'est-à-dire ce qui lui procure *une augmentation de bien.* Il en est autrement dans le cas où le mandant a expressément conféré à son mandataire le droit de faire *ce qui lui sera avantageux et ce qui lui sera désavantageux;* alors ce dernier a le droit de procéder à des actes qui ne procureraient aucune augmentation de bien au mandant, comme l'aumône, la donation, etc. Toutefois, eût-on conféré au mandataire le pouvoir le plus complet, il n'en résulte pas qu'il puisse répudier la femme du mandant, marier sa fille vierge, vendre la maison qu'il habite, ou le priver d'un serviteur utile; pour ces quatre actes, considérés comme particulièrement graves, le mandat, même fiduciaire, même étendu aux choses désavantageuses, doit contenir une mention formelle.

Le mandat spécial n'a pour objet qu'une ou plusieurs affaires

---

purement humaines; la seconde sur la différence de croyance religieuse. La première doit être établie; la seconde est présumée.

(1) Le *dimmi* est l'infidèle tributaire de la nation musulmane.

(2) *Conf. suprà*, tome Ier, page 192, note 3.

(3) C'est là une expression que nous avons déjà rencontrée. *(Conf. suprà*, no 27, 3e, et surtout no 383, avec la note). C'est le mandat *omnium bonorum cum libera* de notre ancien droit.

déterminées. Il se subdivise en mandat *complet* (1), et en mandat
limité (2).

Le premier est celui par lequel, tout en déterminant les affaires
dont le mandataire sera chargé, on lui donne plein pouvoir de les
diriger à son gré. Mais, ici encore, la loi impose un double frein au
procureur : il doit se conformer à l'usage, et ne pas agir contrairement à l'intérêt bien entendu du mandant. Ainsi, l'a-t-on chargé de
vendre le bétail de ce dernier, il n'est autorisé à aliéner que les
animaux dont l'usage local est de se défaire, à l'exclusion de ceux
que l'on garde, comme reproducteurs, par exemple, ou comme lai-
tiers. S'agit-il d'une denrée, comme du blé, des dattes, il ne peut la
vendre qu'à l'époque de l'année déterminée par l'usage, sur le
marché où les choses de même espèce sont habituellement vendues.

Le mandat limité est celui par lequel le mandataire, chargé d'une
affaire particulière, doit s'en tenir strictement aux instructions qu'il
a reçues (3). Toutefois, ce mandat est présumé conférer au mandataire le pouvoir de toucher le prix, s'il s'agit d'une vente, de recevoir la chose et d'exercer l'action rédhibitoire, s'il s'agit d'un achat,
à moins, dans ce dernier cas, que l'achat ne porte sur un corps
certain.

L'étendue du mandat résulte nécessairement de la formule dont
s'est servi le mandant, pourvu, comme nous le verrons plus loin,
que cette formule soit consacrée par l'usage, au point de vue de
son efficacité et de sa valeur (4).

Le mandat est encore *judiciaire* ou *extrajudiciaire,* selon qu'il
a pour objet une affaire litigieuse ou contractuelle (5). Il est permis
de se faire représenter par un mandataire, dans une instance judiciaire, alors même que la partie adversaire s'y opposerait. Toutefois, si, demandeur ou défendeur, on a comparu trois fois devant le
juge, pour la même affaire, on ne jouit plus de la même latitude. Il
y aurait, en effet, pour l'adversaire, un inconvénient sérieux à être
ainsi exposé à une substitution de personne, lorsque l'instance est
engagée et la solution proche. Aussi faut-il qu'il consente à se
trouver en présence d'un nouveau contradicteur, à moins que le
premier ne justifie d'un empêchement, maladie, devoir religieux à
remplir, voyage urgent à entreprendre, etc.

Ce qui est vrai pour chacune des parties, l'est également pour le
mandataire qui, après la troisième audience, ne peut plus ni renoncer à son mandat, ni être révoqué, sauf le cas où il est empêché à
son tour. S'il paraissait être de connivence avec la partie adverse,

---

(1) Mot à mot : *absolu, libre.* C'est le même mot qui signifie *répudiation,* la répudiation étant la *libération* de la femme *(conf. suprà,* n° 109, 1°).

(2) Littéralement : *entravé.*

(3) *Conf. Code civil,* art. 1987, 1988.

(4) *Conf. infrà,* n° 425.

(5) *Conf.* Pothier, V, page 220, n° 123. *Procureur ad lites, procureur ad negotia.*

ou s'il se montrait négligent ou incapable, sa révocation pourrait encore être prononcée en tout état de cause. Le mandataire extra-judiciaire est toujours révocable.

En thèse générale, lorsque le mandat n'est pas fiduciaire, ou si, ne l'étant pas, il ne contient pas un pouvoir spécial à cet effet, il ne comporte pas le droit de faire un aveu. Dans tous les cas, l'aveu doit être vraisemblable, se rapporter au litige, et ne pas être fait au profit d'une personne suspecte (1).

On peut conférer mandat pour tous les actes que l'on n'est pas tenu de faire soi-même. Ainsi, contracter à titre onéreux ou à titre gratuit, provoquer l'annulation d'un contrat, recouvrer une créance, la déléguer, en donner quittance, sont des actes qu'il est légal de faire accomplir par un mandataire.

Jeûner, prier, prendre part à la guerre sainte (2), consommer le mariage, s'acquitter d'un pèlerinage (3), prêter un serment, sont des actes dont il n'est pas permis de charger un tiers.

Il est illégal de donner mandat de faire un acte illicite ou même simplement blâmable. C'est ainsi que l'assimilation injurieuse (4), la malédiction (5), modes de dissolution du mariage tolérés de la part du mari, mais mal vus par la loi, ne peuvent être accomplis par un mandataire. Ainsi encore, il est interdit de conférer à un tiers le pouvoir de commettre une usurpation, un vol, un meurtre, une injustice quelconque. C'est par une sorte de tolérance que la répudiation par mandataire est valable (6); en effet, si *la répudiation est parmi les choses permises celle que Dieu voit avec le plus de peine* (7), toujours est-il qu'elle est permise.

---

(1) *Conf. suprà,* tome Ier, page 102, 4e alinéa.

(2) Cependant la guerre sainte est un devoir de suffisance, en ce sens qu'un fidèle peut le remplir *par procuration,* lorsqu'un nombre de musulmans, suffisant pour battre l'ennemi, a pris les armes.

(3) Pour le pèlerinage, la question est controversée. Chez les Hanéfites, il faut distinguer : Est-on déjà arrivé aux lieux saints, on ne peut terminer le pèlerinage par l'entremise d'un mandataire, que si l'on est empêché (par la maladie, par exemple) de le faire soi-même. Ne s'est-on pas encore mis en route, il est licite de se substituer un tiers, à charge de le défrayer de toutes ses dépenses. C'est là une latitude immorale, car le fidèle se crée des mérites auprès de Dieu par le fait d'autrui ; et, de plus, l'homme riche seul jouit de ces facilités, car le pauvre serait hors d'état de payer les frais de voyage d'un mandataire.

Malik, plus rigoureux, et plus moral, n'autorise le pèlerinage par mandataire que dans le cas où l'on est absolument empêché de s'en acquitter personnellement.

Mais, la question étant dès lors controversée, il en résulte que le pèlerinage accompli par mandataire n'est pas frappé de nullité *(conf. suprà,* nos 44, *in fine,* et 182).

(4) *Conf. suprà,* no 141.

(5) *Conf. suprà,* no 153.

(6) *Conf. suprà,* no 116.

(7) Haddits du prophète.

425. Formule. — Le mandat se *crée,* soit par une formule labiale, soit par un acte symbolique qui en est l'équivalent. Encore faut-il que l'usage ait consacré le procédé employé par le mandant et lui ait conféré une efficacité juridique.

Voici comment les choses se passent. Les hommes réunis en société adoptent certaines formules sur le sens desquelles ils se sont mis d'accord. Quand une circonstance quelconque les empêche de se servir de la parole, ils la remplacent par des signes, par des gestes qui, exprimant symboliquement la pensée, sont, pour ainsi dire, les succédanés du discours labial. Dès qu'une formule, un geste, un signe, ont été plusieurs fois répétés, ils constituent *ce qui est connu* (1), c'est-à-dire ce qui est compris par tout le monde, *l'usage* (2) les consacre, et ils deviennent juridiquement efficaces.

Ce n'est pas tout. Quand un obstacle matériel, tel que la distance, s'interpose entre deux personnes, et les met hors d'état d'user des procédés symboliques que je viens d'indiquer, l'usage les autorise à recourir soit à la lettre missive, soit à l'intermédiaire d'un tiers, malgré les inconvénients qui en résultent. En effet, la lettre missive peut soulever des contestations, en ce sens que l'écriture peut en être déniée; le messager, mandataire lui-même, peut être accusé d'avoir transmis inexactement les instructions du mandant.

Enfin, comme nous l'avons déjà vu (3), l'usage admet même l'efficacité du mandat tacite, où la formule ne joue aucun rôle.

Quand le mandat est verbal, la formule doit être de celles que l'usage a établies et qui sont considérées comme impliquant, de la part du mandant, l'intention de conférer au mandataire soit un pouvoir fiduciaire, soit un pouvoir spécial, complet ou limité.

Dire à quelqu'un : « Je vous confère ma procuration, » ou bien : « Je vous institue mon mandataire » sont des formules inefficaces, non seulement au point de vue de l'usage, mais encore au point de vue du sens commun, parce qu'elles manquent de précision. Au contraire, celle-ci : « Je vous confie fiduciairement mes affaires, » ou bien : « Je vous mets en mon lieu et place » sont évidemment efficaces.

Il n'y a d'exception que pour la tutelle testamentaire qui est valable par l'emploi de cette formule : « Vous êtes mon *ouaci.* » En

---

(1) et (2) L'usage *(a'da)* est, littéralement *ce à quoi on retourne.* Ce qui est compris par tout le monde, *ce qui est connu,* se dit *aorf.* Se servir d'un geste, d'un signe qui n'ont pas reçu la sanction de l'usage, c'est s'exposer à cette objection : « J'ignore ce que vous voulez dire, *je ne connais pas* la valeur du symbole que » vous venez d'employer : Expliquez-vous. » L'explication donnée, le symbole est *connu,* mais non d'une façon générale. Quand l'emploi en a été répété, généralisé, l'explication devient inutile, le symbole est *connu;* il a reçu la consécration de l'usage, et, comme tel, il entre dans le domaine juridique.

Voyez dans Rabelais la célèbre dispute de Panurge et de Thaumaste (II, 19). Les deux adversaires emploient des symboles. Mais se comprennent-ils?

(3) *Conf. suprà,* n° 421.

effet, on ne conçoit pas la tutelle testamentaire sous une forme autre que celle du mandat fiduciaire. C'est l'usage qui a sanctionné cette dérogation aux principes, avec d'autant plus de raison que la tutelle testamentaire est plutôt un vicariat qu'un mandat (1).

Lorsque le mandat a reçu un commencement d'existence juridique par le fait du mandant, il reçoit sa perfection par l'acceptation expresse ou tacite du mandataire. Celui-ci n'est pas astreint à manifester son consentement par une formule sacramentelle; il suffit même qu'il exécute les instructions du mandant.

Il n'en est plus de même quand il prend qualité auprès des tiers avec lesquels l'exécution de son mandat le met en rapport. Il doit les avertir qu'il n'agit pas en son nom personnel, ce qui suppose l'emploi d'une formule qui ne laisse aucun doute à cet égard.

Mais, comme c'est là une des principales obligations du mandataire, et qu'il s'expose, en ne la remplissant pas, à subir personnellement les conséquences de ses actes, nous examinerons ce point dans le numéro suivant.

426. OBLIGATIONS DU MANDATAIRE. — Lorsque deux personnes contractent ensemble, elles sont présumées agir pour leur compte personnel. Le mandataire est tenu de détruire cette présomption, faute de quoi il peut être poursuivi soit en délivrance de la chose, soit en payement du prix, suivant le rôle qu'il remplit. Il faut, par exemple, qu'il dise : « Je suis envoyé par Primus afin que vous lui » vendiez telle chose, » ou bien : « Primus vous paiera, non pas » moi. » En effet, l'autre contractant a peut-être été déterminé par la solvabilité du mandataire. On pousse le formalisme si loin que la formule : « Primus m'envoie pour que j'achète...., » serait inefficace, au point de vue de l'immunité du mandataire.

De même, s'il n'a pas fait connaître l'étendue de ses pouvoirs, le mandataire demeure garant de la chose vendue par lui, qu'il s'agisse d'une action rédhibitoire ou d'une revendication dont elle serait l'objet.

Les obligations du mandataire diffèrent suivant la nature du mandat qu'il a reçu. Ce mandat est-il fiduciaire, il doit rechercher l'avantage du mandat, et, par conséquent, s'il vend, n'accepter en payement que du numéraire ayant cours; s'il achète, n'acquérir que des objets qui conviennent à celui à qui ils sont destinés, et ne les payer qu'un prix raisonnable (2). Franchit-il ces limites, le mandant est armé d'un droit d'option, en vertu duquel il peut ratifier les

---

(1) Le *ouaci* doit cependant être expressément autorisé à exercer la contrainte matrimoniale *(conf. suprà*, n° 6).

(2) Le texte dit : « Le prix d'équivalence; » c'est encore un terme qui nous est connu. De même que, dans le mariage, la dot d'équivalence *(conf. suprà*, n° 27, 2°) est celle que toute femme de même condition recevrait de son mari, le prix d'équivalence est celui que tout acheteur paierait; c'est le prix courant.

actes de son mandataire, ou désavouer celui-ci. Lorsque le mandat est complet, le mandataire doit se conformer à l'usage; quand le mandat est limité, il doit se conformer aux instructions qu'il a reçues, en ce qui touche la chose à acheter, l'heure ou le jour de l'achat ou de la vente, le prix de vente ou d'achat qui lui a été imposé, sauf une tolérance de cinq pour cent sur ce dernier point; faute de quoi, la chose achetée lui est laissée pour compte, si le mandant ne ratifie pas l'excès de pouvoir commis. Si la chose se trouve atteinte d'un vice rédhibitoire grave, il en est de même, à moins qu'elle n'ait été achetée d'occasion, ou que le mandataire ne s'engage à payer la différence.

Quand la vente ou l'achat a eu lieu à des conditions plus avantageuses que celles imposées, le mandant n'est pas admis à désavouer son mandataire. Il en est de même lorsque le mandataire a exigé une caution ou un gage, car il a évidemment procuré à son mandant une sécurité avantageuse; mais le gage demeure, en cas de perte, à ses risques et périls jusqu'à ce que le mandant l'ait accepté.

Le mandataire ne peut acheter, ni par lui-même, ni par personnes interposées, les choses qu'il a été chargé de vendre, le prix eût-il été fixé par le mandant, car il est possible qu'un tiers offre un prix supérieur. Mais la femme du mandataire n'est pas considérée comme une personne interposée; et c'est là l'éclatante confirmation d'un principe que nous avons posé au début de ce cours (1), à savoir que les époux musulmans ne mettent en commun que leurs personnes, et que leurs patrimoines respectifs demeurent absolument indépendants l'un de l'autre. Encore faut-il, à l'égard de la femme, que l'achat ne soit entaché d'aucune fraude, car elle est au moins une personne suspecte (2); si la vente était frauduleuse de la part du mandataire, il serait débiteur de la somme dont il aurait fait tort à son mandant. D'une façon générale, le mandataire ne peut se rendre personnellement adjudicataire qu'en présence du mandant et avec le consentement formel de ce dernier.

Le mandataire n'est admis à se substituer ou à s'adjoindre un tiers qu'avec l'autorisation du mandant, à moins qu'il ne s'agisse d'actes incompatibles avec la position sociale qu'il occupe. Ainsi un homme d'un rang élevé n'est pas astreint à aller vendre lui-même des bestiaux sur un marché. Ainsi encore, si le mandat comporte des peines et des soins considérables, le mandataire jouit de la même facilité. Cette règle et les distinctions qui la modifient ne s'appliquent qu'au mandat spécial. Le mandataire fiduciaire a le droit de se substituer ou de s'adjoindre qui bon lui semble, en toute circonstance, en raison de la généralité de ses pouvoirs.

La révocation du mandataire en titre n'implique pas nécessairement celle du sous-mandataire. Si ce dernier a été constitué, à l'occasion de l'une des deux hypothèses qui précèdent, où l'autori-

(1) *Conf. suprà*, n° 1.
(2) *Conf. suprà*, n° 190.

sation du mandant n'est pas requise, il a qualité pour agir aussi longtemps qu'il n'a pas été l'objet d'une révocation personnelle. Quand, dans toute hypothèse, le sous-mandataire a été institué avec l'autorisation du mandant, il faut distinguer. Le mandant a-t-il dit : « Je vous autorise à vous substituer qui bon vous semblera, » la révocation du premier mandataire entraîne celle du second. Le mandant a-t-il dit : « Donnez procuration en mon nom à un tel, » la révocation du premier n'entraîne pas de plein droit celle du second, parce que, dans ce cas, ils sont tous deux les mandataires du mandant.

427. RESPONSABILITÉ DU MANDATAIRE. — Le mandataire est avant tout un homme dans lequel on a placé sa confiance. Il rend un bon office au mandant ; comme tel, il est traité très favorablement au point de vue de la responsabilité qu'il encourt. Il ne répond que du dol et des fautes qu'il commet (1).

Payer la dette du mandant, vendre sa chose, en acheter une pour lui, livrer un gage en son nom, restituer le dépôt qui lui avait été confié, sans exiger une justification, c'est commettre une faute. Et ici, par exception, l'usage en vertu duquel aucune justification ne serait exigée, n'absout pas le mandataire.

Lorsqu'il dépasse ses pouvoirs, ou commet un acte illicite, il est également responsable.

Il en est de même quand, ayant soutenu d'abord n'avoir pas reçu une somme ou un objet destiné au mandant, et convaincu de mensonge, il prouve ensuite que la chose a péri par cas fortuit : « Son » mensonge, disent les auteurs, a invalidé à l'avance la preuve par » lui offerte ou produite. »

Lorsque le mandataire spécial, après avoir pris possession d'une somme ou d'un objet, en allègue la perte, il est libéré à l'égard de son mandant, car il est un homme de confiance ; et dès lors on ne pourrait, sans contradiction, refuser de le croire quand il allègue la perte. Mais, chose extraordinaire, la libération du débiteur n'a pas lieu de plein droit. Par formalisme outré, voici le raisonnement que tiennent les auteurs : Le mandataire a une situation privilégiée ; il allègue la perte, on doit le croire ; mais son témoignage, circonscrit dans ses effets, ne peut profiter au débiteur : il doit prouver qu'il a payé. Est-il impuissant à le faire, il est tenu de payer, et alors la situation change : le mandataire n'est un homme de confiance qu'à l'égard de son mandant ; il n'y a rien de semblable entre le débiteur et lui ; ils combattent à armes égales ; dès lors le débiteur a contre le mandataire une action en restitution de l'indu, et pour s'en défendre le dernier est tenu de prouver qu'il n'a à s'imputer aucun fait de négligence. En d'autres termes, la négligence ne donne ouverture à aucune action en faveur du mandant, la situation du

(1) Code civil, 1992.

mandataire étant privilégiée; la preuve de cette même négligence peut seule créer l'immunité du mandataire à l'égard du débiteur.

Mais cette théorie ne s'applique pas au mandataire fiduciaire, ni par conséquent au tuteur testamentaire. Ici, quand celui-ci avoue avoir reçu la chose, il importe peu qu'il allègue ensuite qu'elle a péri; son aveu a la valeur de celui que ferait le mandant lui-même, le débiteur est donc absolument libéré. En effet, le mandataire spécial ne représente pas la personne du mandant : il n'est qu'un homme de confiance chargé d'une opération quelconque; le mandataire fiduciaire, au contraire, est le *vicaire* du mandant, ce qu'il fait il le fait comme si ce dernier l'avait fait lui-même.

Le mandataire n'est évidemment pas tenu du prix d'une acquisition faite pour le compte du mandant; ce dernier seul en est tenu jusqu'au moment où la somme est effectivement parvenue entre les mains du vendeur. Mais il ne s'agit là que du cas où le mandant ne l'a pas versée entre les mains de son mandataire; si ce versement a eu lieu, le mandataire au contraire en devient seul responsable, et les questions de perte fortuite ou de perte par négligence s'agiteront exclusivement entre le vendeur et le mandataire.

C'est également en vertu de la confiance que doit inspirer le mandataire qu'il est cru sur son serment lorsqu'il affirme avoir remis au mandant le prix d'une vente ou la chose achetée pour le compte de ce dernier.

Aussi, conséquence curieuse, si le mandataire doit toujours se procurer une justification pour établir qu'il a remis, soit la chose, soit le prix, à un acheteur ou à un vendeur, — il n'a jamais à se préoccuper d'une justification semblable à l'égard de son mandant; il n'est, par conséquent, jamais autorisé à retenir la chose ou le prix jusqu'à ce qu'il soit en mesure de se procurer la preuve de sa libération.

D'où cette conséquence que s'il a retenu la chose dans cette intention, et si elle périt, il est en faute et responsable de la perte.

Lorsque le mandant et le mandataire ont vendu tous deux le même objet, la première vente est valable, sauf le cas où la seconde vente aurait été suivie de la tradition de la chose vendue, et où l'acheteur serait de bonne foi. Mais il peut arriver que les deux ventes soient concomitantes, ou qu'on soit impuissant à en établir l'ordre chronologique, la prise de possession n'ayant eu lieu, bien entendu, dans aucune de ces deux hypothèses; alors il n'y a plus qu'une ressource : les deux acquéreurs se partagent, soit la chose si elle est fractionnable, soit la valeur de cette chose, si elle n'est pas fractionnable (1).

_____

(1) Il est à peine nécessaire de dire que cette solution n'est indiquée que dans les cas où elle est possible. Ainsi deux oualis mariant la même femme, et aucun des deux maris n'ayant consommé le mariage (la consommation jouant ici le rôle de la prise de possession) les deux mariages devront être rompus, aucun partage n'étant possible.

Pour le louage, la solution n'est pas non plus admissible.

Il y a une grande analogie entre cette espèce et celle où le mandant ayant pris deux mandataires, ils vendent tous les deux la même chose, quand, bien entendu, ils ont été autorisés à agir isolément.

428. COMMENT LE MANDAT PREND FIN. — Le mandat prend fin par la mort du mandant, car le mandataire ne tire son pouvoir que de celui qui le lui a conféré; celui-ci disparaissant, il n'a plus ni droit ni qualité.

Mais le mandat finit-il dès la mort du mandant, ou seulement au moment où le mandataire a eu connaissance du décès? Lorsque le décès se produit en dehors du lieu où le mandataire opère, il faut évidemment que la nouvelle du décès lui arrive. Mais quand le décès se produit dans la localité même, la question est résolue de deux façons différentes.

Si l'on adopte l'opinion d'après laquelle le mandat cesse dès le moment du décès, et elle est fondée sur ce que les biens du mandant ont passé dans les mains des héritiers, qui sont des tiers dont le consentement serait nécessaire par rapport au mandataire, celui-ci est débiteur personnel du prix s'il s'agit d'un achat, débiteur de la chose ou de sa valeur s'il s'agit d'une vente.

Le mandat prend encore fin par la révocation du mandataire. Mais ici se retrouve la même controverse. Est-ce le moment de la révocation, est-ce, au contraire, le moment où elle a été connue du mandataire, qu'il faut considérer? Aussi longtemps, disent les uns, que le mandataire ignore la révocation dont il a été l'objet, son pouvoir est entier. Les autres se fondent sur ce que le mandat n'existe plus dès qu'il a été retiré.

La démence du mandant ne met pas fin au mandat, à moins que cet état ne se prolonge; c'est donc une question d'appréciation abandonnée à l'arbitraire du juge. La démence du mandataire termine le mandat de suite, quand elle n'offre pas d'intervalles lucides.

La répudiation de la femme mandataire de son mari ne met pas non plus fin au mandat. Mais le mari mandataire de la femme est relevé de plein droit de ses fonctions par la répudiation qu'il prononce.

Le mandat prend encore fin par le fait, de la part du mandataire, d'avoir accompli les actes dont il était chargé.

429. CONTESTATIONS. — Il peut naître de nombreuses contestations entre le mandant et le mandataire.

Un principe domine la matière : quand le mandat est fiduciaire, et qu'il est reconnu ou prouvé, il existe en faveur du mandataire une présomption qu'il a reçu des pouvoirs complets; aussi est-il cru sur parole, lorsqu'il allègue qu'il est autorisé à accomplir tel ou tel acte (1).

---

(1) On en excepte naturellement les actes qui ne sont jamais permis à moins d'une stipulation formelle (conf. suprà, n° 424).

Traité élémentaire de droit musulman.   2

L'existence même du mandat, fiduciaire ou spécial, étant contestée, c'est le dire du mandant qui fait foi, sans que celui-ci soit astreint au serment. En effet, il a pour lui cette présomption que, jusqu'à preuve contraire, deux personnes sont considérées comme étrangères l'une à l'autre, celle qui allègue l'existence d'un lien de droit entre elle et un tiers devant justifier sa prétention.

Le mandat spécial est-il reconnu ou prouvé, le dire du mandant est encore prépondérant, quand il se produit une contestation sur la nature ou la modalité du contrat. Ainsi, le mandataire soutient-il qu'il était chargé de vendre la chose, et le mandant affirme-t-il qu'il avait donné l'ordre de la mettre en gage, c'est ce dernier qui est cru sur parole, mais à charge de prêter serment. Il en est de même si le mandataire déclaré qu'il devait vendre la chose, et si le mandant prétend qu'il avait donné pouvoir de l'échanger. La solution est encore la même si le premier dit qu'il était autorisé à vendre à terme ou à tel prix, le second disant qu'il entendait ne vendre qu'au comptant, ou à un prix plus élevé.

Le mandat spécial étant reconnu ou prouvé, si le mandataire soutient qu'il avait pour mission d'acquérir tel objet, et si le mandant affirme qu'il s'agissait d'acquérir tel objet différent, le dire du premier, corroboré par le serment, l'emporte. Mais s'il refuse de jurer, le serment est déféré au mandant; celui-ci refuse-t-il à son tour de jurer, le simple dire du mandataire est admis. La contestation porte-t-elle sur le prix fixé pour l'aliénation de la chose, la prétention du mandataire est encore admise, pourvu qu'elle soit vraisemblable, comparaison faite avec la prétention contraire du mandant. N'est-elle pas telle, le dire de ce dernier, appuyé d'un serment, est préféré; refuse-t-il de jurer, on accueille le dire originaire du mandataire (1).

---

(1) Je suis obligé de simplifier beaucoup cette théorie que les auteurs compliquent singulièrement, en faisant entrer en ligne de compte la perte ou l'existence de la chose, au moment de la contestation.

CHAPITRE XI

DE L'AVEU

(IKRAR)

—

430. GÉNÉRALITÉS. — L'efficacité de l'aveu est fondée sur ce que l'homme est porté à ne pas se dessaisir volontiers de ce qu'il possède. Aussi, quand il avoue être le débiteur d'une personne, il est vraisemblable qu'il dit la vérité. D'autre part, confesser un acte honteux, illicite, c'est s'exposer à tomber sous le coup de la loi pénale; là encore l'aveu offre de grandes garanties de sincérité.

Mais, lorsque le fidèle est sur le point de mourir, il n'en est plus de même; il se détache des biens de ce monde; d'autres préoccupations surgissent dans son esprit, et nous verrons tout à l'heure les aveux qu'il peut faire à ce moment tenus pour suspects par la loi, et soumis, à ce titre, à des conditions spéciales de validité.

L'aveu, ou confession, est judiciaire ou extrajudiciaire, comme dans notre droit (1). Il ne constitue jamais l'obligation elle-même; il n'est que la preuve d'une obligation préexistante, et, dès lors, il est, dans une législation qui subit l'influence religieuse, l'accomplissement d'un devoir rigoureux.

431. DÉFINITION. — L'aveu est une déclaration qu'on ne doit tenir pour vraie que contre celui qui la fait, ou la fait faire par un mandataire.

432. CAPACITÉ. — Pour faire un aveu valable, et, par conséquent, obligatoire, il faut être *rachid* (2), c'est-à-dire pubère et doué de discernement.

Ainsi n'est pas valable l'aveu de l'impubère, du fou, de l'homme ivre, du *safth* (3).

---

(1) *Code civil*, art. 1354.
(2) *Conf. suprà*, n° 186.
(3) *Conf. suprà*, n° 188.

Mais ce n'est pas tout. Un pubère doué de discernement, pour être capable de faire un aveu, ne doit pas être frappé d'interdiction, ce qui exclut l'insolvable judiciairement déclaré (1), la femme mariée pour ce qui dépasse le tiers disponible (2), et le malade (3).

Celui en faveur de qui l'aveu est fait, ne doit pas être une personne suspecte, ce qui, quoi qu'en disent les auteurs musulmans, n'est qu'une condition *extérieure* de capacité. C'est dans le même sens que, pour efficacité juridique de l'aveu, il est nécessaire qu'il soit accepté et non repoussé par une accusation de mensonge.

Qu'est-ce qu'une personne suspecte? C'est uniquement celle qui, dans certaines hypothèses données, bénéficie d'un aveu fait par un malade. Ici quelques explications préliminaires sont indispensables.

Je l'ai dit, la valeur juridique de l'aveu repose sur cette présomption que l'homme, très attaché aux biens de ce monde, est digne de foi lorsqu'il reconnaît une dette. Mais, quand il est atteint d'un mal qui lui laisse peu d'espoir de guérison, son point de vue change; ses préoccupations habituelles, son désir d'acquérir et de conserver, changent d'objet. Il n'aime plus l'argent pour lui-même. Il songe avec angoisse à ceux qu'il chérit et qu'il va laisser peut-être sans ressources suffisantes, dans le vaste monde. Il pèse ses affections au fond de son cœur. De ses enfants, les uns sont grands, aptes à gagner leur existence; les autres, encore jeunes, méritent toute sa sollicitude : l'avenir qui les attend lui paraît d'autant plus sombre qu'il ne sera plus là pour entourer ces petits êtres de son amour et de sa protection. Et la loi des successions est inexorable. Il faut à tout prix l'éluder. Qu'importe l'iniquité qu'il médite! Le but justifie les moyens. Ce n'est pas pour lui qu'il agit, et s'il commet une mauvaise action, au moment de paraître devant Dieu, en se reconnaissant débiteur d'une somme qu'il ne doit pas, pour augmenter d'autant l'émolument de l'un de ses héritiers au préjudice des autres, ce mensonge devient le mensonge excusable d'un père.

Parfois aussi, il n'a que des héritiers éloignés qu'il n'a jamais aimés, et toute son affection est acquise à sa veuve, à un ami, et il cherche encore à les avantager en fraude de la loi.

Que tout cela est humain et révèle une connaissance profonde du cœur de l'homme!

Ce sont ces calculs que la loi s'efforce de déjouer, en déclarant suspectes telles ou telles personnes, par le seul fait qu'elles se trouvent en présence de telle autre, et que celui qui fait l'aveu d'une dette est gravement malade, et, dès lors, suspect lui-même de partialité. Une personne n'est donc pas suspecte par elle-même; elle le devient suivant sa position à l'égard de l'avouant, eu égard aux **personnes** en présence desquelles elle se trouve.

(1) *Conf. suprà*, n° 190.
(2) *Conf. suprà*, n° 192.
(3) *Conf. suprà*, n° 191.

Khalil et ses commentateurs entrent à ce sujet dans des détails beaucoup trop compliqués pour être reproduits dans un ouvrage élémentaire. Je me bornerai à indiquer quelques-unes des applications du principe posé ci-dessus.

Lorsque le malade qui avoue a pour héritier un enfant, garçon ou fille, l'aveu fait en faveur d'un héritier plus éloigné, comme un oncle, ou même un ami, est valable. En effet, il est absolument contraire à la vraisemblance qu'un père cherche à avantager un parent éloigné ou même un simple ami au préjudice de son enfant. Il en est de même si, dans les mêmes circonstances, il fait un aveu 1° en faveur d'un proche parent qui n'est pas son héritier, comme son oncle paternel; 2° ou en faveur d'une personne dont les droits sont encore incertains; 3° ou en faveur d'une de ses femmes pour laquelle il n'avait notoirement aucune affection.

Ignore-t-on les sentiments qu'il avait pour celle dernière, il peut également faire un aveu en sa faveur, à moins toutefois que, les autres enfants étant déjà élevés et capables de gagner leur vie, elle n'ait elle-même un jeune enfant, car, dans cette hypothèse, il y aurait lieu de le soupçonner de chercher, par une sorte de donation déguisée, ou de substitution vulgaire ou même fidéicommissaire, à modifier la loi des successions (1).

Aimait-il sa femme, elle devient une personne suspecte au premier chef, et l'aveu qu'il ferait en sa faveur ne serait valable que par le consentement formel des héritiers.

A-t-il deux fils, dont l'un s'est montré ingrat, tandis que l'autre a toujours été respectueux pour son père, l'aveu qu'il fait en faveur de ce dernier est valable d'après certains jurisconsultes, nul d'après les autres. Les premiers, considérant l'ingratitude de l'enfant, en concluent qu'il a perdu moralement l'égalité que la loi lui attribuait avec son frère; l'affection paternelle s'étant refroidie à son égard, il est assimilé à un héritier plus éloigné, ce qui nous ramène à la première hypothèse examinée plus haut. Les seconds déclarent que le cœur d'un père renferme des trésors d'indulgence, et que, bien souvent, il a un faible pour l'enfant dont il a eu à se plaindre; peut-être même celui-ci a-t-il dilapidé à l'avance sa part d'héritage, c'est là la cause du mécontentement du père; ce dernier, au moment de mourir, veut rétablir l'égalité entre les deux frères, et il déclare faussement que les dettes payées par lui pour le compte de son enfant lui ont été remboursées par celui-ci. C'est là une hypothèse conforme à la nature des choses; aussi l'aveu est-il nul, dans ces circonstances, mais en théorie seulement, la controverse ayant pour effet de le rendre valable (2).

C'est encore par un abus évident que les auteurs placent au nombre des conditions de capacité exigées du bénéficiaire de l'aveu

(1) On le voit, même dans ses concepts les plus bizarres, le droit musulman peut toujours se rencontrer avec le droit romain ou moderne.

(2) *Conf.* tome Ier, page 88.

qu'il ne soit pas de ceux qui accusent l'avouant de mensonge (1).
Il s'agit bien plus d'une des conditions de validité de l'aveu qui,
pour produire ses effets, doit évidemment ne pas être repoussé par
celui au profit de qui il est fait. Il est certain que, aussi longtemps
que ce dernier ne se rétracte pas, l'aveu est sans valeur. Mais
l'avouant peut-il dans tous les cas retirer l'aveu qui n'a pas été
accepté? Une distinction est nécessaire à cet égard. Le bénéficiaire
dit-il : « Vous ne me devez rien, » l'avouant est absolument libéré
des conséquences de son aveu, et cela parce que la dénégation du
bénéficiaire est trop formelle pour que sa rétractation, dût-elle se
produire, ait quelque valeur. Le bénéficiaire dit-il : « Je n'ai pas
connaissance de cette dette » ou bien : « Je ne me souviens pas que
vous me deviez quelque chose, » l'aveu lui est acquis dès que, se
déclarant mieux informé, il revient sur sa dénégation qui était
purement dubitative.

Et puisque j'ai parlé des effets de l'aveu, les jurisconsultes supposent encore le cas où un individu s'engage à avouer une dette à
la condition qu'on lui accorde terme et délai pour se libérer. Cette
promesse conditionnelle d'aveu n'est pas forcément obligatoire par
lui. Il est admis à jurer qu'il n'avait pas l'intention d'avouer; c'est
là un simple moyen dilatoire que la morale réprouve, mais que la
loi ne punit pas.

Avant de terminer, je dois encore dire qu'en thèse générale le
bénéficiaire de l'aveu doit être, comme nous l'avons vu, un *rachid,*
puisqu'il doit accepter l'aveu, ou mieux, qu'il peut le repousser.
Toutefois, il est certain que s'il n'est pas dans les conditions voulues, ce droit est exercé par son représentant quel qu'il soit. Mais
toujours est-il que le bénéficiaire d'un aveu doit être un être doué
de raison, et les jurisconsultes jugent utile d'affirmer qu'on ne peut
avouer en faveur d'une pierre ou d'un animal, ce qui rentre dans la
catégorie des démonstrations par l'absurde.

Toutefois, ajoutent-ils, on peut avouer *en faveur d'une grossesse,
d'une mosquée ou d'un pont,* ce qui ne détruit pas le principe que
je viens de poser; il suffit de s'entendre.

Faire un aveu en faveur d'un enfant simplement conçu, ce n'est
pas avouer en faveur d'un être non doué de raison, car l'effet de
l'aveu sera évidemment subordonné à cette circonstance que l'enfant viendra à terme et naîtra viable; et alors il sera représenté par
un tuteur. D'autre part, cette forme de l'aveu revêt un caractère
spécial quand il a pour objet un aveu ou un désaveu de paternité (2). Nous l'étudierons plus loin. S'il naît deux enfants, l'aveu
leur profite par moitié.

Faire un aveu au profit d'une mosquée, déclarer, par exemple,
que l'on s'est engagé *in petto* à constituer un habous au profit d'une
mosquée, c'est évidemment le faire au profit d'un être raisonnable,

---

(1) Ils ajoutent : il faut être *rachid* pour avoir la capacité de repousser un aveu.
(2) *Conf. infrà*, nº 436 et suiv.

la mosquée étant administrée par un fonctionnaire doué de raison, et, en allant plus loin, c'est Dieu qui est le meilleur des héritiers, c'est lui qui est, en dernière analyse, le bénéficiaire des fondations pieuses. Ne pourrait-on pas, d'ailleurs, et bien que ce concept soit étranger, au moins d'une façon formelle, au droit musulman, voir dans une mosquée une personne morale?

Avouer que l'on s'est mentalement obligé à construire un pont, à en réparer un déjà existant, c'est encore faire un aveu au profit d'une personne douée de raison, et même d'une personne morale, la communauté musulmane (1).

On le remarquera, ce sont là des formes de l'aveu, comme toutes celles qui se rapportent au malade, qui sont bien plutôt des dispositions testamentaires (2).

433. FORME. — La forme a une grande importance en matière d'aveu. La formule employée doit être claire, précise, comme les suivantes : « *Je dois,* » — « *J'ai à ma charge,* » — « *J'ai,* » — « *J'ai* » *reçu de vous.* »

Écrire sur le sol, sur une feuille de papier, sur une planchette : « *Je dois tant à un tel* » constitue également un aveu. Mais écrire sur l'eau, en l'air, n'a aucune valeur.

Les restrictions comme : « *S'il plaît à Dieu!* » — « *Si Dieu le* » *veut,* » n'enlèvent rien à l'efficacité d'un aveu, car il est dans les usages des musulmans de ne rien entreprendre, de ne rien promettre, fût-on assuré de n'être empêché par aucun obstacle, sans subordonner leurs paroles et leurs actes à la volonté divine, Dieu pouvant, en vertu de sa toute puissance, s'opposer même à une chose juste, et celui qui subit un empêchement de ce genre, en admettant qu'il puisse se produire, n'étant en rien répréhensible de manquer à un engagement.

Certaines formules implicites produisent également leur effet. Ainsi : « *Vous me l'avez donné,* » — « *Vous me l'avez vendu,* » — « *Vous me l'avez payé,* » — « *Vous me l'avez prêté.* »

De même pour les formules interrogatives, comme : « *M'avez-vous* » *prêté?* » — « *Ne m'avez-vous pas prêté?* » pourvu que celui qui sollicite l'aveu réponde affirmativement.

Répondre à la réclamation dont on est l'objet, par une des exclamations suivantes : « *Pardieu! Je vous paierai aujourd'hui!* » — « *Bon!* » — « *Certes!* » — ou par une formule comme « *Je n'ai pas* » *le moyen de me libérer!* » emporte également aveu.

Mais dire : « *Moi! reconnaître cette dette!* » — ou bien : « *Je vous*

---

(1) Les ponts, les grands travaux d'utilité publique, sont presque tous dus, chez les musulmans, à l'initiative privée. Ce sont de véritables donations aumônières faites au profit de la communauté.

(2) Je rappelle que l'aveu ne peut être fait par un mandataire qu'à des conditions spéciales *(conf. suprà,* nº 424).

» dois, moi ou un autre! » — *« En quelle monnaie faut-il vous
» payer? »* — *« Combien vous êtes loin de compte! »* sont des formules ironiques sans valeur juridique.

Quant aux réponses évasives : *« Attendez que mon mandataire
» revienne! »* — *« Que telle personne revienne! »* — *« Pour ce que
» j'en sais! »* — *« Autant que je le sais... »*, elles sont controversées
comme efficacité.

434. DIVISIBILITÉ DE L'AVEU. — L'aveu, malgré les exceptions
apparentes que nous allons signaler, doit être considéré le plus
souvent comme divisible, sans qu'il y ait à se préoccuper d'ailleurs
de distinguer entre l'aveu judiciaire et l'aveu extrajudiciaire.

Dire, par exemple : *« Je dois mille à un tel, mais c'est le prix de
» telle quantité de vin »* — c'est, pourvu que le bénéficiaire de l'aveu
conteste formellement la source de la créance, avouer une dette et
s'en repentir immédiatement. Donner et retenir ne vaut. Mais ce
motif me paraît peu juridique, et j'en propose un autre fondé sur
les principes mêmes du droit musulman. Que fait celui qui attribue
à la convention une cause illicite? Il allègue sa propre turpitude, et
ne doit pas être cru, aussi longtemps que l'autre contractant ne
confirme pas son dire, car celui-ci est évidemment sincère, puisqu'il se porte préjudice à lui-même; le débiteur au contraire tire
un avantage de sa confession, c'est ce qui la rend éminemment
suspecte (1). L'aveu est donc combattu ici par une présomption de
droit.

Avouer que l'on doit mille pour prix d'un objet que l'on n'a pas
reçu, est une hypothèse que les jurisconsultes musulmans appré-
cient comme la précédente, c'est-à-dire dans le sens de la divisibilité, dès que bénéficiaire de l'aveu conteste le défaut de tradition.
Il ne s'agit pas ici d'un fait illicite et délictueux; il n'est donc pas
possible de reproduire ici l'argument proposé ci-dessus. Voici
comment ils raisonnent : Avouer que l'on doit mille, en déclarant
immédiatement après que cette obligation n'a pas de cause, c'est
énoncer deux propositions contradictoires. Vous ne devez pas
mille, puisque vous ne les devriez qu'en échange de l'objet que votre
adversaire était tenu de vous livrer. Vous auriez donc dû dire : *« Je
» ne dois rien, car je n'ai pas reçu la chose, objet du contrat. »*
Mais avouant devoir le prix, il y a lieu de retenir votre déclaration,
sans tenir compte du correctif que vous y avez apporté. C'est d'ailleurs la solution indiquée au chapitre de la vente.

En effet, si une contestation s'élève sur le payement du prix, et
que l'acquéreur reconnaisse le devoir, il est présumé, jusqu'à
preuve contraire, avoir reçu l'objet; d'où cette conséquence que son
aveu ne peut être accueilli que pour la première partie.

---

(1) C'est d'ailleurs un véritable aveu en matière criminelle, et, s'il était suffisant
chez les Hébreux et chez les Romains, il ne l'est pas dans notre droit.

Mais voici venir des espèces où la divisibilité de l'aveu semble moins évidente. Toutefois, la loi musulmane ne se place pas au point de vue de l'indivisibilité : elle déclare simplement que le correctif, dans ces hypothèses, ne peut être rejeté et que, par conséquent, l'aveu n'a rien d'obligatoire pour l'avouant.

Il s'agit d'ailleurs, non pas d'un aveu proprement dit, mais d'une déclaration antérieure, dont l'avouant conteste le caractère obligatoire, en raison de la situation spéciale dans laquelle il se trouvait.

Ainsi, Primus réclame mille à Secundus; il offre de prouver que son débiteur a reconnu ce fait, et il en rapporte la preuve. Mais Secundus objecte que son aveu est nul, parce que, dit-il, à ce moment-là, il était impubère, et que, par conséquent, il n'avait aucune capacité légale. L'aveu est en effet inopérant, parce que Secundus allègue un fait conforme à la vraisemblance et qui, dès lors, ne pourrait être détruit que par la preuve contraire. Il est certain, en effet, sans que Secundus ait aucune justification à faire, qu'il a été impubère, tous les hommes sans distinction passant par cette phase de développement physique.

Dire : « *Je dormais!* » c'est infirmer la valeur de l'aveu, par les mêmes motifs.

Soutenir qu'un aveu n'engage pas, parce qu'il a été fait en état de maladie, c'est se créer une situation moins favorable. En effet, la maladie est un fait vraisemblable, voilà tout; il est donc nécessaire qu'elle soit établie, au moins par la notoriété publique.

Dire : « *Je ne sais si j'étais pubère ou impubère, au moment de l'aveu,* » c'est repousser victorieusement les conséquences qu'il entraîne, aussi longtemps que la preuve contraire n'est pas rapportée.

Mais l'aveu est obligatoire pour celui qui dit : « *Je ne sais si je jouissais de mon plein discernement,* » la démence étant un état exceptionnel, contraire à la vraisemblance.

« *Je reconnais avoir détourné mille, mais j'étais alors un enfant* » constitue un aveu obligatoire, car l'enfant est responsable des actes délictueux ou criminels qu'il commet; son incapacité est purement contractuelle (1).

Celui qui, répondant à une réclamation, s'écrie : « *Adressez-vous à mon fils* » n'est pas considéré comme avouant la dette; on suppose qu'il n'a eu d'autre but que de se débarrasser d'un importun.

Il en est de même de celui qui dit : « *Un tel m'a prêté mille que je lui ai rendus.* » Il n'y a là qu'un éloge saisissant, tout oriental, de la générosité de la personne dont on parle; aussi n'y a-t-il là aucun aveu, divisible ou indivisible.

435. PRÉSOMPTIONS. — S'il est nécessaire que la personne du

---

(1) L'impubère, disent les auteurs, est interdit *en parole, non en action.* En effet,

créancier soit connue, la détermination de la chose avouée n'est pas indispensable; il peut arriver qu'on doive sans savoir exactement ce que l'on doit. Ainsi l'auteur d'un quasi-délit ignore le plus souvent le chiffre de la réparation due par lui; il se borne à reconnaître, d'une façon abstraite, le droit de la personne lésée à une indemnité qui sera ultérieurement fixée. Il y a mieux : l'écriture est fort peu répandue chez les musulmans; ils dédaignent l'utile et commode secours que les livres de commerce prêtent à la mémoire; ils songent même rarement à exiger la reconnaissance écrite d'un prêt. De là, et pour de simples dettes, une incertitude que des à comptes versés, des déductions consenties peuvent encore augmenter. Qu'enfin le débiteur soit de mauvaise foi, qu'il n'ose pas ouvertement nier l'obligation qui pèse sur lui, mais qu'il se plaise à user de ces formules vagues, fuyantes, auxquelles la langue arabe se prête merveilleusement, la chose avouée ne sera pas déterminée; et pourtant l'aveu, malgré ses obscurités, est acquis au créancier. Aussi, dans toutes ces circonstances de fait, la loi a-t-elle établi des présomptions qui, le débiteur ne voulant pas ou ne pouvant pas préciser ce qu'il doit, donnent à la chose avouée la précision qui lui manque, et qui, si elle n'est pas indispensable juridiquement parlant, l'est pourtant en fait, pour que le créancier soit en situation de tirer avantage de l'aveu.

Voici quelques-unes de ces présomptions établies par la loi.

Dire :

Je dois une somme,	c'est avouer une dette	de 20 dinars (1);
Je dois tant de dirhems,	id.	de 20 dirhems (2);
Je dois tant et tant de dirhems,	id.	de 21 dirhems;
Je dois tant, plus tant de dirhems,	id.	de 11 dirhems;
Je dois plusieurs dirhems,	id.	de 3 dirhems;
Je dois beaucoup,	id.	de 4 dirhems;
Je ne dois ni peu ni beaucoup,	id.	de 4 dirhems;
Je dois un dirhem avec un autre,	id.	de 2 dirhems;
Je dois un dirhem sans un autre,	id.	id.
Je dois un dirhem avant un autre,	id.	id.
Je dois un dirhem après un autre,	id.	id.
Je dois un dirhem plus un autre,	id.	id.
Je dois presque cent dirhems,	id.	de 66 dirhems;
Je dois environ cent dirhems,	id.	id.
Je dois cent dirhems et plus,	id.	de 100 dirhems.

Dire :

Je dois dix dirhems et plus, c'est avouer une dette de dix dir-

---

pour contracter, il faut *parler* : « Je vends, » — « J'achète, » — « Je donne en » gage. » Pour commettre un crime ou un délit on ne parle pas, *on agit.*

(1) Le *dinar* est une monnaie de convention valant 5 fr. 40 cent.

(2) Le *dirhem* est une monnaie de compte; trente dirhems valent 0,75 cent.

hems, et le dire du débiteur fait foi pour le surplus, en ce sens que, s'il déclare ensuite ne devoir que dix, il est cru sur parole.

Je dois un dirhem, non, deux dinars, équivaut à l'aveu d'une dette de deux dinars (1). Mais il n'en serait plus de même si l'on disait : « *Je dois à Primus, non, à Secundus;* » dans ce cas, on doit à Primus et à Secundus.

Quand l'aveu porte sur deux objets dont l'un sert de récipient au second, certaines distinctions sont nécessaires. Dire : « *J'ai chez moi, appartenant à un tel, un vêtement enfermé dans une caisse,* » ce n'est pas avouer que l'on doit la caisse, car le vêtement peut y avoir été simplement déposé par mesure de précaution. Mais s'il s'agit d'une certaine quantité d'huile renfermée dans une jarre, il n'en est plus de même, un liquide ayant pour accessoire obligé le vase qui le contient. Toutefois ces solutions sont controversées, par le motif que rien n'obligeait le débiteur à avouer le contenant et le contenu, et que, s'il a avoué l'un et l'autre, il y a lieu de supposer qu'il les devait tous deux au même titre. S'il est question d'un animal dans une écurie, tous les commentateurs sont d'accord pour décider que l'animal seul est dû.

Avoue-t-on devoir tel objet ou tel autre, comme une brebis ou une chamelle, on est tenu du moindre, sauf le droit du créancier de déférer le serment au débiteur, en ce qui concerne l'autre objet. Quand il s'agit de deux objets de même espèce, comme deux vêtements, l'avouant est requis de désigner celui qu'il doit; s'il s'y refuse, le créancier peut choisir le meilleur, à charge d'affirmer par serment que c'est bien là l'objet qui lui appartient. Allègue-t-il à son tour son ignorance, créancier et débiteur sont astreints à jurer qu'ils ne savent pas quel est l'objet qui leur appartient, et ils deviennent copropriétaires par indivis des deux objets.

Il est permis de diminuer l'effet d'un aveu, dans son objet même; d'où, à tout prendre, une véritable indivisibilité. Ainsi, on peut dire : « *Je reconnais que telle maison, sauf telle chambre, est » la propriété de Primus,* » ou bien : « *Je déclare devoir telle » somme, moins un vêtement, à Secundus.* » Mais la formule entière doit être prononcée sans désemparer, à moins qu'on n'en soit empêché par un accès de toux ou par un évanouissement. Dans la première hypothèse, la chambre exceptée demeure la propriété de l'avouant. Dans la seconde, on défalque de la somme avouée la valeur moyenne d'un vêtement.

Déclarer que l'on tient tel individu quitte de toute dette ou de toute obligation, sans réserve, libère absolument celui-ci, même des conséquences civiles d'un crime ou d'un délit. Le créancier, produisît-il même un titre écrit, n'a plus aucune action contre son débiteur, à moins de prouver que la dette est postérieure à la déclaration.

(1) Il s'agit ici, évidemment, d'une application juridique de ce que l'on appelle, en grammaire, *le permutatif d'erreur (conf.* Caspari, gramm. arabe, page 419).

APPENDICE I

DE L'AVEU DE PATERNITÉ

(ISTILHAQ)

—

436. GÉNÉRALITÉS. — La condition juridique de l'enfant est d'une simplicité extrême, en droit musulman. Tout enfant né de parents unis par un mariage valable, ou au moins réputé tel, est légitime (1). Tout autre enfant, qu'il provienne d'un concubinage, d'un adultère, d'une union au degré prohibé, est illégitime; on l'appelle *enfant de la fornication* (2). Or, la fornication est un crime, ou un délit, suivant les circonstances; il n'est donc pas admissible que l'auteur d'un acte de ce genre s'en fasse un titre pour réclamer la paternité d'un enfant né dans de pareilles conditions. En supposant même qu'un fornicateur la réclame, elle lui sera refusée, car, suivant l'expression arabe, l'enfant illégitime est *annexé à la mère,* sauf en ce qui touche la religion qui est toujours celle du père.

L'aveu de paternité ne s'applique donc qu'à l'enfant légitime. Il ne faut pas oublier qu'il n'y a pas, chez les musulmans, de registres de l'état civil, que le mariage est un simple contrat, dont l'existence peut être difficile ou impossible à prouver. Dès lors, hypothèse invraisemblable en droit français, il s'agit ici, purement et simplement, du père qui est censé tenir le langage suivant : « Voici » un enfant que je revendique parce que je suis légalement son » père, sa mère ayant été sous ma puissance légale. »

Il n'y a, en droit musulman, aucun moyen de légitimer un enfant qui n'est pas né légitime. S'il est illégitime, la tache est indélébile.

437. DÉFINITION. — L'aveu de paternité est le fait par quelqu'un de prétendre qu'il est le père d'une autre personne.

438. CAPACITÉ. — L'avouant doit être pubère-discernant (3). Que serait l'aveu d'un individu dépourvu de discernement? Comment un impubère, inhabile à consommer le mariage pourrait-il valable-

---

(1) J'ajoute, pour mémoire, qu'il en est de même de l'enfant né du commerce du maître avec son esclave femelle. En droit pur, il faut avoir un droit légitime sur la femme, pour tirer d'elle un enfant légitime, *annexé au père*.

(2) *Conf.* mon *Essai d'un traité méthodique de droit musulman,* page 46, note, sur le sens du mot *fornication*.

(3) *Conf. suprà,* nᵒˢ 183 et suiv.

ment, rationnellement, prétendre qu'il est le père d'un enfant quelconque.

439. Conditions de validité. — Les jurisconsultes décident que l'aveu de paternité est le privilège exclusif du père, en ce sens que le grand-père, par exemple, n'est pas admis à revendiquer un enfant comme son petit-fils ou sa petite-fille (1). Ils refusent à la mère le droit d'indiquer quel est le père de son enfant. En effet, disent-ils, si elle est d'accord avec le père à cet égard, sa déclaration est sans utilité, puisqu'elle fait double emploi; si elle est en désaccord avec le père, sa prétention est inadmissible, par cela même qu'elle est en opposition avec celle du père.

Quant à l'enfant lui-même, il ne lui est jamais permis de contester l'aveu de paternité dont il est l'objet; d'où cette conséquence que la recherche de la paternité n'est pas admise, en droit musulman.

Pour que l'aveu de paternité soit valable, il faut qu'il s'applique à un enfant, impubère ou pubère, mâle ou du sexe féminin, dont la filiation soit inconnue (2). En effet, si sa filiation était connue, ce serait créer un véritable conflit, dans le cas où il aurait une possession d'état contraire à l'aveu; et l'aveu serait inutile, si l'enfant était déjà reconnu comme le fils ou la fille de l'avouant.

Il faut encore que l'aveu ne soit contredit ni par la raison, ni par une présomption contraire. Un impubère se dit-il le père d'un enfant, l'avouant est-il plus jeune que l'avoué, le premier n'a-t-il jamais été marié, n'a-t-il jamais séjourné dans le pays éloigné où il prétend avoir donné le jour à celui dont il revendique la paternité, il est certain que la reconnaissance n'a aucune valeur.

440. Rétractation de l'aveu. — Lorsqu'un individu, après avoir avoué la paternité d'un enfant, se rétracte ensuite, il perd tout droit à la succession de cet enfant; mais il n'en est pas de même de ses héritiers qui, étrangers à la rétractation, ne sauraient en être victimes. Les biens laissés par l'enfant sont donc immobilisés (3), pour ainsi dire, jusqu'au décès du rétractant; puis ils sont partagés entre les héritiers de ce dernier.

Le père meurt-il, après avoir désavoué l'enfant qu'il avait d'abord avoué, celui-ci conserve tous ses droits dans la succession du défunt.

(1) Toutefois la question est controversée. Le grand-père, d'après l'opinion la plus rationnelle, a le droit de dire : « *Le père d'un tel est mon fils,* et non : « *Voici le fils de mon fils,* » ce qui revient à dire qu'au père seul appartient l'aveu de paternité.

(2) Nous verrons que la reconnaissance d'un enfant trouvé n'est possible qu'à certaines conditions spéciales *(conf. infra,* chap. XXIV).

(3) Nous dirions *consignés.*

Quand le père décédé laisse des dettes, elles sont acquittées, malgré sa rétractation, avec les biens laissés par l'enfant prédécédé. Ce principe n'a rien d'irrationnel, puisque les dettes sont toujours prélevées, avant tout partage, sur l'actif de la succession.

Mais, ce qui est plus difficile à expliquer, les créanciers du père même vivant sont autorisés, après le décès du fils avoué puis désavoué, à se faire payer sur les biens immobilisés de ce dernier. N'est-ce pas rendre, par voie indirecte, au père ce que la loi lui enlève, puisque son désaveu l'exclut de la succession de son fils ? Il faut supposer que les créanciers, qui, tout d'abord, n'auraient consenti aucun prêt au père, s'il n'avaient pas su qu'à son décès ils seraient désintéressés, sont admis à exiger par anticipation le paye-ment de leurs créances. Toujours est-il que le père peut, par ce détour, contracter des dettes et participer ainsi, en éludant la loi, à la succession de son fils.

APPENDICE II

DE L'AVEU DE PARENTÉ

(IKRAR EN-NESSEB)

—

441. GÉNÉRALITÉS. — Les auteurs enseignent que c'est par un véritable abus de mots que l'on donne le nom d'aveu au fait juri-dique dont il s'agit ici, et dont voici la physionomie. Deux frères, par exemple, peuvent déclarer qu'un tel est leur frère, et attribuer ainsi à ce dernier la qualité d'héritier dans une succession où ils sont appelés. Or, disent les jurisconsultes, il est permis d'avouer ce que l'on croit vrai, sans être absolument certain de l'exactitude de la chose avouée; mais, pour l'aveu de parenté, il n'en est pas ainsi; il faut être convaincu de l'exactitude de la déclaration que l'on fait. D'où cette conséquence que, à la rigueur, le père est auto-risé à reconnaître un enfant, sans avoir la conviction que cet enfant est réellement issu de lui; mais que, pour déclarer que l'on est le frère d'un tel, on doit être rigoureusement de bonne foi.

C'est là une anomalie, au moins en apparence; car, ce frère ainsi avoué devient le fils de l'auteur commun, et on impose à ce dernier un enfant que, nous l'avons vu précédemment, il avait seul qualité pour reconnaître. Mais, en y réfléchissant, on découvre bien vite qu'il n'y a là aucune dérogation aux principes.

En effet, si le père, en vertu de son droit éminent, est seul armé du droit d'avouer un enfant comme sien, sans avoir aucune justification à produire, pourvu que son aveu ne soit contraire ni à la raison, ni à l'usage (1), les autres membres d'une famille ne jouissent d'aucune faculté de ce genre; leur aveu de parenté en faveur d'un tiers n'aurait aucune valeur juridique; la loi prend de minutieuses précautions, comme nous allons le voir (2), pour assurer la sincérité de leur déclaration qui doit offrir toutes les garanties imposées aux témoignages judiciaires. Quand leur témoignage est irréprochable, quand le fait par eux affirmé est tenu pour juridiquement exact, il produit des conséquences légitimes auxquels le père lui-même ne peut se soustraire.

En d'autres termes, le père introduit, par sa volonté seule, un cohéritier dans sa succession; il n'a aucune condition de moralité à remplir, pourvu que son aveu ne soit pas en contradiction avec les présomptions légales que j'ai indiquées, l'enfant reconnu par lui est admis dans la famille. Les parents, tels que des cousins, des oncles, des frères, doivent remplir toutes les conditions de moralité — et elles sont très rigoureuses — imposées aux témoins, leur déclaration est un véritable témoignage; elle doit être conforme à la vérité.

Là, de simples présomptions suffisent; ici, elles seraient sans aucune autorité (3).

442. Définition. — L'aveu de parenté est une déclaration par laquelle deux parents du même degré affirment qu'un tiers occupe le même rang qu'eux dans l'ordre de successibilité.

Cette définition, exempte d'ailleurs de toute obscurité, trouvera son commentaire naturel dans les explications qui suivent.

443. Capacité. — Nous venons de voir que les deux parents qui en reconnaissent un troisième sont de véritables témoins, en ce sens que leur déclaration est un témoignage. Ils doivent, par voie de conséquence logique, avoir la capacité exigée des témoins proprement dits.

Cette capacité se résume en un mot : L'irréprochabilité. Le témoin irréprochable (4) est celui qui ne peut pas être reproché (5),

---

(1) *Conf. suprà,* n° 439.

(2) *Conf. infrà,* n° 442.

(3) Il est bon d'ajouter que cette reconnaissance de parenté ne se produit, en pratique, qu'après le décès du père commun et au moment du partage de la succession. C'est, en effet, le moment où elle est utile. En réalité, on n'impose donc pas l'enfant au père, puisqu'il est décédé.

(4) *Conf.* Code de proc. civ., art. 283 et 285.

(5) J'emploie ces mots dans le sens juridique. *Conf.* mon *Essai d'un traité méthodique de droit musulman,* tome 1er, page 87, note 1.

Mais les causes de reproche sont beaucoup plus nombreuses en droit musulman qu'en droit français. Pour être irréprochable, il faut être : 1° de condition libre; 2° musulman; 3° sain d'esprit; 4° pubère; 5° de mœurs pures (1); 6° non interdit (2); 7° non hérétique (3).

444. CONDITIONS DE VALIDITÉ. — Pour que la reconnaissance soit valable, elle doit émaner de deux parents et attribuer au tiers reconnu un degré de parenté du même degré. Ainsi Primus et Secundus, frères, fils, oncles du défunt peuvent déclarer que Tertius est comme eux, frère, fils, oncle de l'auteur commun. Mais deux étrangers seraient mal fondés à dire que Tertius est le parent, à un degré quelconque, d'un tel; et, de même, deux frères n'auraient aucune qualité pour affirmer que Tertius est le fils ou l'oncle du défunt.

En effet, la personne à laquelle deux étrangers attribueraient un lien de parenté avec un tel se trouverait ainsi admise à la succession au détriment des héritiers et malgré leur volonté contraire; de même, si cette personne était appelée au partage en qualité de frère par deux parents d'un degré différent, les héritiers seraient encore lésés. Il faut qu'elle soit placée, par la déclaration faite en sa faveur, au même degré que les deux déclarants; car, alors elle touche une portion de l'émolument attribué à ces derniers, sans que les autres héritiers subissent, en thèse générale, aucune diminution de part. C'est, d'ailleurs, là un moyen certain d'assurer la sincérité de l'aveu, puisque les deux déclarants en sont les victimes directes et exclusives.

445. EFFET DE L'AVEU DE LA PARENTÉ. — Lorsque l'aveu est régulier, en ce sens qu'il émane de deux parents du même degré, doués de la capacité exigée par la loi, le tiers ainsi reconnu devient le parent du *de cujus;* d'où, pour lui, un avantage et une charge : un avantage, car il touche sa part dans la succession; une charge, car il lui est interdit d'épouser, dans sa nouvelle famille, une femme au degré prohibé (4).

Aucun des deux parents n'est-il irréprochable, leur déclaration ne produit pas d'effet au point de vue de la parenté, mais ils se trouvent avoir fait un aveu dont le bénéfice est acquis au tiers

(1) C'est le contraire du *fasik* don j'ai parlé dans mon *Essai d'un traité méthodique,* tome 1er, p. 64, note 4. Ainsi le fornicateur, l'ivrogne, le voleur sont des *fasik.*

(2) Sont interdits : le safih, le fou, etc. *Conf. suprà,* n°s 187, 188 et suiv.).

(3) L'hérétique est celui qui n'appartient pas à l'une des quatre écoles orthodoxes.

(4) *Conf. suprà,* n°s 42 et suiv.

avoué; celui-ci n'est, il est vrai, pas le parent du défunt, mais il n'en a pas moins le droit de recevoir, sur la part successorale des deux déclarants, l'émolument qu'ils lui ont attribué (1). Ce principe ne souffre qu'une exception : quand les avouants sont impubères, leur aveu est absolument inefficace.

Quand l'aveu de parenté n'est fait que par un seul parent, d'ailleurs irréprochable, sa déclaration ne peut plus être frappée d'inefficacité ; mais elle est insuffisante, d'après les lois de la procédure, la preuve complète devant être administrée par deux témoins. Dans cette hypothèse, le tiers avoué doit compléter la preuve par un serment conforme, et, à ce prix, il est admis à prendre sa part dans la succession, mais sans être pour cela élevé au rang de parent, la parenté n'étant établie que par deux témoignages irréprochables (2).

Si l'aveu de parenté émane d'un seul parent non irréprochable, la solution est la même que s'il s'agissait de deux parents non irréprochables, avec cette différence qu'au lieu d'entrer en partage avec deux parents, l'avoué n'acquiert des droits que sur l'émolument successoral du parent unique qui l'a avoué.

Lorsqu'un héritier unique dit : « *Primus est mon frère, non, je me trompe, c'est Secundus,* » Primus touche la moitié de l'émolument de l'avouant, Secundus la moitié de ce qui reste. En effet, enseignent les auteurs, une rétractation ne peut pas annuler un droit acquis dès le moment où il est proclamé (3). Mais il faut qu'il se soit écoulé un intervalle entre la première déclaration et la seconde, sinon la seconde seule est valable.

---

(1) Il y a ici une nuance à saisir. Nous avons vu quelle est la capacité requise pour faire un aveu valable *(conf. suprà*, n° 432). L'irréprochabilité n'est pas exigée de la part de l'avouant. Ici, si l'irréprochabilité est exigée, c'est qu'il ne s'agit pas d'un aveu proprement dit *(conf. suprà*, n° 441), mais d'un véritable témoignage ; or, un témoignage valable ne peut être fourni que par un témoin irréprochable. On peut avouer, disent les auteurs, ce dont on n'est pas parfaitement certain, mais on ne peut pas témoigner dans les mêmes conditions. Il faut donc distinguer entre l'aveu de parenté qui ne résulte que de deux témoignages irréprochables, et qui constitue alors un témoignage bien plus qu'un aveu, et les conséquences de l'aveu qui, bien que ne constituant pas un témoignage juridique, entraîne pour l'avouant l'obligation de partager son émolument avec l'avoué, ce dernier demeurant d'ailleurs un simple étranger par rapport à l'avouant.

(2) Ce point est controversé. Nous y reviendrons au chapitre des Successions.

(3) *Conf. suprà*, n° 434.

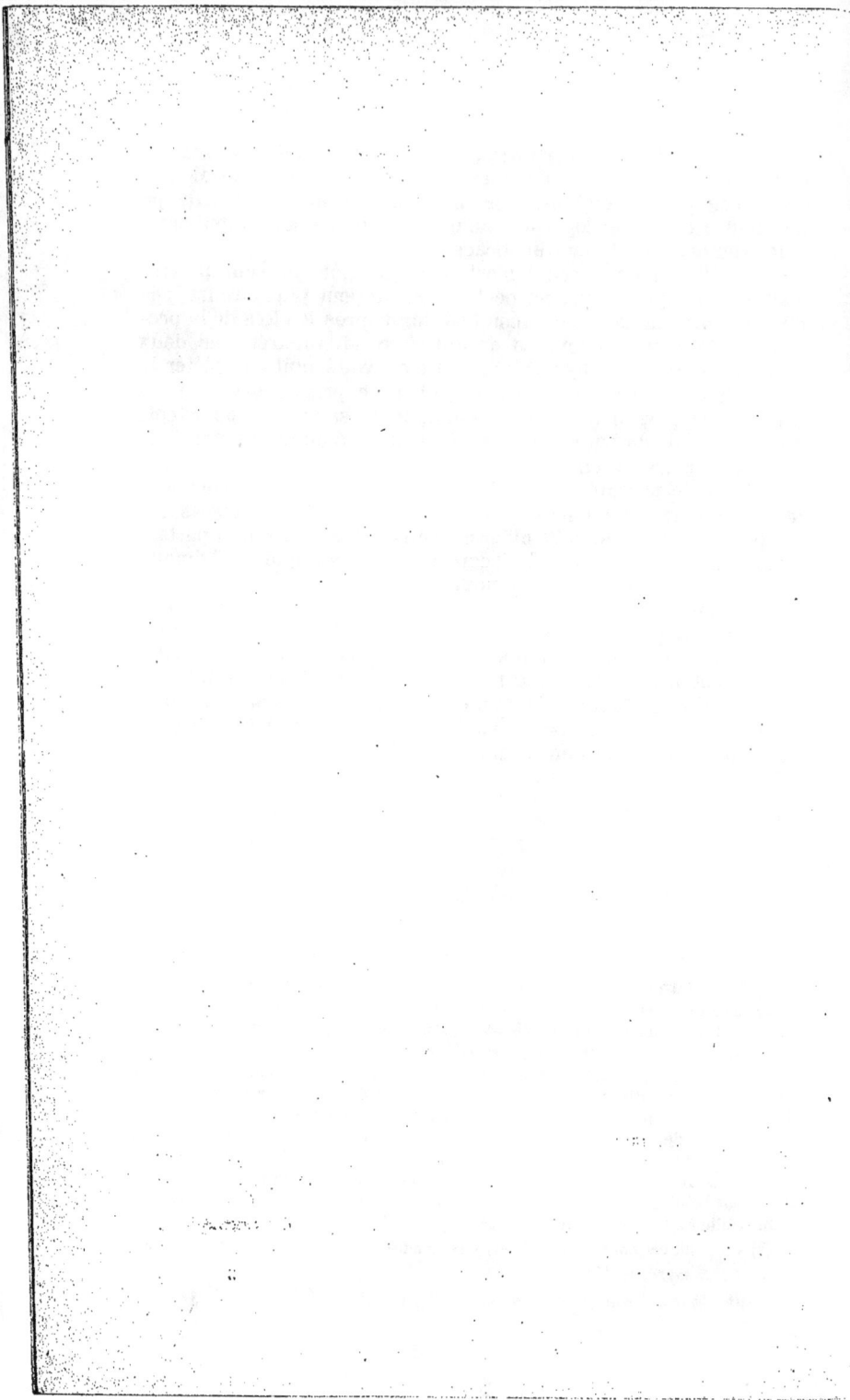

CHAPITRE XII

DU DÉPOT

(IDAA')

—

446. Généralités. — Pour saisir le mécanisme de ce contrat, qui joue un rôle important en droit musulman, il est nécessaire de se souvenir que la société islamique, au moment où elle a été fondée, ignorait tous les perfectionnements de la civilisation, et qu'elle est née à une époque où la force primait le droit. L'homme qui possédait quelque aisance n'avait à sa disposition ni les caisses de dépôts, ni les banques. Obligé de conserver chez lui ses biens et surtout son numéraire, il était exposé aux attaques à main armée, aux entreprises de la ruse, et, plus il était faible, plus il risquait de se voir dépouillé de son modeste avoir. Il n'est donc pas étonnant que l'usage se soit établi de confier à des personnes puissantes et d'une honorabilité sans tache les objets précieux qui pouvaient exciter la convoitise d'autrui. Cette pratique s'imposait surtout à ceux qui allaient en pèlerinage, laissant leur demeure à l'abandon (1).

De là la nature spéciale et complexe du dépôt. Il est avant tout un contrat de *confiance,* en ce sens que le dépositaire, étant un homme honorable, n'est astreint qu'à une responsabilité limitée au cas où il viole ses obligations; son dire, quand il affirme ne pas être en faute, mérite créance; la loi semble dire au déposant : « Vous avez eu assez de confiance en telle personne pour lui » confier votre bien; vous n'êtes pas recevable à douter de son » affirmation, lorsqu'elle déclare être innocente de la perte de la » chose. »

La sagacité des jurisconsultes s'est exercée sur le point de savoir quel est le caractère du dépôt, en raison des circonstances qui l'ont amené. Ils décident qu'il est *obligatoire,* de la part du

(1) Le dépôt musulman est donc, presque toujours, une sorte de *dépositum miserabile.*

déposant, quand celui-ci s'expose à perdre son bien (1); de la part du dépositaire, quand son refus produirait le même résultat. Le dépôt est *recommandé*, lorsque, le pays n'étant pas sûr, le déposant étant faible, la perte du bien est simplement possible. Il est *défendu* au dépositaire dès qu'il a pour but de dissimuler son actif à ses créanciers; au déposant, dans le même cas, et, de plus, s'il s'agit de recevoir une chose illicite (2). Ici encore, par conséquent, le droit subit l'influence religieuse.

Quant au principe de la gratuité du dépôt, il est moins rigoureusement admis qu'en droit romain.

Le dépôt n'est qu'une variété du mandat, restreint à la garde de la chose; il ne fait passer ni la propriété, ni même la possession de l'objet déposé entre les mains du dépositaire qui n'est qu'un détenteur.

447. DÉFINITION. — Le dépôt est un mandat de veiller à la conservation d'une chose mobilière.

Cette définition indique clairement que le dépôt ne peut avoir pour objet qu'une *chose;* d'où l'exclusion des personnes; ainsi, le fait de déposer un enfant entre les mains d'un tuteur chargé de veiller à la conservation de sa personne ne constitue pas un dépôt.

De même encore, le dépôt ne s'applique pas aux immeubles (3); mais rien ne s'oppose à ce qu'il ait pour objet des titres, ceux-ci étant des *biens,* sinon par eux-mêmes, au moins par voie indirecte.

448. CAPACITÉ. — Le dépôt étant un véritable mandat, le déposant et le dépositaire doivent avoir la capacité exigée du mandant et du mandataire (4).

449. CONDITIONS DE VALIDITÉ. — Le contrat est parfait par l'échange des consentements, suivi de la remise effective de l'objet entre les mains du dépositaire. En effet, le simple échange des consentements serait insuffisant, chacune des parties pouvant se dédire, et la tradition seule donnant à la convention toute sa perfection, puisque le dépôt implique nécessairement un déplacement réel ou fictif de l'objet.

---

(1) *Conf. suprà,* tome Iᵉʳ, page 117, *E.*

(2) *Conf.* tome Iᵉʳ, page 117, E. L'obligation est encore plus étroite lorsque la perte du bien entraîne l'insolvabilité et, par conséquent, frustre les créanciers.

(3) *Conf.* Code civil, art. 1918. La question est controversée, en droit musulman; mais j'indique la solution la plus rationnelle. *(Dictum est de eo quod ponitur)* (Ulpien).

(4) *Conf. suprà,* n° 423. On tolère, néanmoins, le dépôt effectué par un impubère, lorsque celui-ci a des motifs sérieux pour craindre la perte de la chose.

Il faut donc, comme dans tous les contrats, que les parties prononcent une formule d'où résulte, du chef du dépositaire l'intention de déposer la chose, du chef du déposant l'intention de la recevoir et de la garder. Mais, bien entendu, tous les équivalents admis par l'usage produisent le même effet.

On va même très loin dans cette voie. Voici une espèce curieuse proposée par les auteurs. Primus dépose un objet devant Secundus, et se retire sans proférer une parole. Si Secundus quitte la place en abandonnant l'objet, il est responsable en cas de perte. Or, je le demande, comment Secundus sait-il que Primus a eu l'intention de lui confier la garde de la chose? Où réside la faute de Secundus, puisqu'il n'a pas accepté le dépôt? Il aurait dû protester, dit-on; son silence (1) vaut acceptation. Cette solution me paraît antijuridique au premier chef, s'agit-il même d'un dépôt obligatoire (2), le devoir de recevoir la chose étant purement moral, et dès lors dépourvu de toute sanction civile (3).

450. DES OBLIGATIONS DU DÉPOSITAIRE. — Le dépositaire doit : 1° veiller à la conservation de la chose (4); 2° la restituer quand il en est requis (5).

451. *A*. DE LA GARDE. — Bien que les auteurs ne le disent pas formellement, il est certain que le dépositaire doit veiller à la conservation de la chose déposée comme il veillerait à la garde de ses propres biens. Mais ce qui manque absolument dans les traités musulmans, c'est une classification des fautes. Mohammed Kharchi se borne à poser en principe que l'immunité du dépositaire est la règle, que sa responsabilité est l'exception; que la négligence et la faute, le fait involontaire et le fait volontaire produisent les mêmes effets et fondent, au même titre, la responsabilité du dépositaire.

Ainsi, il est responsable en cas de perte totale ou partielle :

1° Lorsque, par maladresse, il laisse tomber un corps sur la chose déposée, ou lorsqu'il la laisse choir elle-même, à moins d'avoir été autorisé à la manier;

2° Lorsqu'il la transporte, sans nécessité, d'un lieu dans un autre,

---

(1) *Conf. suprà*, n° 343, 2°, et n° 381, et note 7.

(2) *Conf. suprà*, n° 445.

(3) Mohammed Kharchi s'efforce de légitimer le *dépôt tacite*. Voici son raisonnement : « Qu'est-ce que le dépôt? C'est un mandat; or, le mandat peut être tacite; donc, par application des règles du mandat, le dépôt peut être tacite. » *(Conf. suprà*, n° 425, et le renvoi). Je n'ai pas besoin de faire remarquer combien cet argument est spécieux.

(4) Code civil, art. 1927.

(5) Code civil, art. 1932.

ou lorsque, le déplacement étant nécessaire, il emploie un mode de transport non consacré par l'usage ;

3° Lorsque, dans le but de dissimuler le dépôt, il le mêle à une chose de même espèce lui appartenant. Ici, le mélange même engage la responsabilité du dépositaire, qu'il y ait perte ou non, sauf le cas où son intention était, par exemple, de mettre le dépôt à l'abri de quelque entreprise violente. Dans cette dernière hypothèse, la perte se produisant, elle est commune au déposant et au dépositaire (1), à moins qu'il ne soit possible de discerner ce qui leur appartenait respectivement ;

4° Lorsque le dépositaire a détruit le dépôt, fût-ce avec le consentement du déposant (2) ;

5° Quand il se dessaisit du dépôt et le confie à un tiers, sans le consentement du déposant, celui-ci n'ayant évidemment accordé sa confiance qu'au dépositaire ;

6° Quand, au moment d'entreprendre un voyage, il emporte le dépôt avec lui, hors le cas de nécessité absolue, et à moins qu'à son retour il n'ait réintégré la chose en son lieu. Il doit d'abord la restituer au déposant, si faire se peut, c'est-à-dire si celui-ci n'est ni absent, ni emprisonné. A défaut, il est tenu de la confier à un tiers digne de confiance. Ce n'est que dans le cas où il ne se trouve aucune personne de confiance dans sa famille ou dans la localité, qu'il y a nécessité d'emporter le dépôt avec soi. Dans tous les cas, dès qu'il est de retour, il est obligatoire pour lui de reprendre la garde du dépôt, car il en est le gardien direct ;

7° Lorsqu'il a contrevenu aux instructions du déposant, et appelé, par exemple, l'attention des voleurs sur la chose, en prenant des précautions maladroites. Ainsi, la placer dans un vase de cuivre, dans un coffre fermé à clé, alors qu'il lui avait été enjoint de la mettre dans un vase de terre ou dans une caisse ouverte, c'est signaler le dépôt à la convoitise d'autrui ;

8° Quand il a usé de la chose sans autorisation du déposant. S'agit-il de choses non-fongibles (3), il lui est interdit, qu'il soit solvable ou non (4), d'en user. En effet, en cas de perte, il serait impos-

---

(1) Application : Primus possède cent litres d'huile ; il en reçoit deux cents, à titre de dépôt, des mains de Secundus, et les mêle aux siens. La perte étant de soixante litres, elle sera supportée pour un tiers par Primus, et pour deux tiers par Secundus.

(2) Dieu défend *la perte du bien (conf. suprà*, page 117, *E.)*

(3) *Conf. suprà*, n° 277, note 4.

(4) Le texte porte *riche ou pauvre*. Le riche est celui qui possède des biens suffisants pour assurer la restitution du dépôt ou de l'équivalent du dépôt, après en avoir usé. Le pauvre est l'homme qui ne possède rien, ou qui ne possède que la valeur de la chose dont il a usé, *et même quelque chose de plus*. Sont assimilés au pauvre : 1° le mauvais payeur ; 2° l'homme qui a déjà commis quelque acte indélicat ; 3° celui qui, ne respectant pas la loi religieuse, ne craint pas de détenir des choses prohibées *(conf. suprà*, n° 201, 1° et 3°). Ce sont, en effet, des individus de moralité suspecte.

sible au dépositaire de restituer l'objet dont il se serait servi; d'où un préjudice éventuel pour le déposant, même si on lui rendait la valeur de l'objet, ou un objet semblable. S'agit-il de choses fongibles, l'usage n'en est défendu qu'au dépositaire insolvable. Ici le péril réside dans *la pauvreté* du dépositaire; solvable, il serait en état de restituer une chose de même espèce, et le déposant serait à l'abri de tout dommage;

9° Lorsque, ayant chargé un tiers de rapporter la chose à son propriétaire, elle périt durant le trajet. Si le déposant a autorisé ce mode de transport, si le dépositaire accompagne le tiers, ou s'il opère la restitution en personne, il n'est soumis qu'à la responsabilité générale résultant de sa négligence;

10° Lorsqu'il meurt sans avoir déclaré le dépôt à ses héritiers, celui-ci ne se retrouvant pas en nature dans la succession, à moins qu'il ne se soit passé environ dix ans depuis le jour où la chose lui a été confiée (1).

452. *B*. DE LA RESTITUTION. — Le dépositaire doit rendre la chose même qu'il a reçue, quand il s'agit d'une chose non fongible (2). Quand il a été autorisé à faire usage d'une chose fongible, il ne doit nécessairement rendre qu'une chose de même quantité, espèce et qualité. Pour les choses qui, sans être fongibles, peuvent être remplacées par des choses semblables (3), il en est de même.

Il n'est tenu de restituer le dépôt que dans l'état où il se trouve au moment de la restitution, sauf le cas où il est coupable de faute ou de négligence (4). Son obligation est éteinte si, tenu de rendre un corps certain, celui-ci a péri sans sa faute (5).

Quand il a encouru une responsabilité par sa faute ou par sa négligence, et que la chose a péri totalement ou partiellement, le bon sens indique qu'il doit la valeur de l'objet anéanti, ou de la détérioration survenue.

---

(1) J'ai dû simplifier beaucoup toute cette théorie que les auteurs musulmans exposent avec une complaisance exagérée. On trouvera tous les développements désirables dans mon *Essai d'un traité méthodique de droit musulman*.

(2) Code civil, art. 1932. En droit français, les choses ne sont jamais fongibles, en matière de dépôt.

(3) Bien que les choses fongibles soient très peu nombreuses, en droit musulman *(conf. suprà*, n° 277, note 4), et que toutes les autres choses, sauf le numéraire, soient non fongibles, il est évident que certaines choses non fongibles, jaugeables, mesurables, sont considérées ici comme fongibles. Mais il faut distinguer : sont-elles faciles à trouver dans la nature, comme des fruits, des légumes, elles sont assimilées aux choses fongibles ; sont-elles rares, comme le corail, les perles de grandeur exceptionnelle, elles conservent leur nature de choses non fongibles. Le numéraire d'or et d'argent est également assimilé aux choses fongibles, en matière de dépôt.

(4) Code civil, art. 1933.

(5) Code civil, art. 1302.

Le dépositaire doit restituer le dépôt à celui qui le lui a confié (1), ou à son mandataire, ou à son tuteur, le déposant étant frappé d'interdiction au moment de la restitution (2).

Si le déposant est décédé à ce moment, la restitution doit se faire à ses héritiers, et non plus à son mandataire, que celui-ci soit fiduciaire ou spécialement chargé de la réception du dépôt (3).

La restitution du dépôt doit avoir lieu aussitôt que le déposant le réclame. Mais le dépositaire a-t-il le droit d'obliger le déposant à recevoir le dépôt, ce dernier s'y refusant? Sans aucun doute, car le contrat est résiliable à la volonté de chacune des parties.

Le dépositaire n'a jamais le droit de se payer sur le dépôt de ce qui lui est dû par le propriétaire de la chose, alors même qu'il aurait été précédemment victime de la mauvaise foi de ce dernier, en matière de dépôt ou en toute autre matière (4).

453. DES OBLIGATIONS DU DÉPOSANT. — Le déposant doit indemniser le dépositaire des dépenses qu'il a faites pour la garde ou la conservation de la chose. Ainsi, et bien que le dépôt soit gratuit de sa nature (5), il est tenu de lui payer la location de l'emplacement occupé par la chose, quand elle est encombrante.

Rien ne s'oppose d'ailleurs à ce qu'un salaire soit stipulé, lorsque la coutume locale ne s'y oppose pas. Dans cette hypothèse, le déposant est obligé de payer le salaire convenu.

454. COMMENT LE CONTRAT DE DÉPÔT PREND FIN. — Le contrat de dépôt prend fin par la restitution de la chose à celui qui l'avait déposée.

Il en est de même lorsque le dépositaire devient propriétaire de la chose.

455. CONTESTATIONS. — Nous l'avons vu, le dépositaire tire de sa situation même une situation privilégiée, en ce sens que, jugé digne par le déposant de recevoir une chose en dépôt, il a pour lui une présomption de probité que sa mauvaise foi, dûment constatée, peut seule lui enlever.

_____

(1) Code civil, art. 1937.

(2) Code civil, art. 1940.

(3) *Conf. suprà*, n° 424.

(4) Ce principe repose sur un hadits du prophète : « Soyez probes envers qui a » confiance en votre probité ; ne trahissez pas qui vous a trahi. » Cette consultation fut donnée, dit-on, à un individu qui, ayant confié sa femme à un de ses voisins, avait été trompé par ce dernier, et qui, chargé par le séducteur de veiller à son tour sur la vertu de sa femme, s'était cru le droit d'user de représailles.

(5) C'est ravaler la dignité de ce contrat, qui repose sur la moralité du déposant, que d'exiger une rémunération du service rendu.

De là, dans toutes les contestations auxquelles le dépôt donne lieu, la confiance que doivent inspirer ses déclarations quelles qu'elles soient.

Ainsi : 1° Lorsqu'il déclare que la chose a péri, sans négligence ou faute de sa part, ou même lorsque, un incendie, un naufrage s'étant produit, il déclare ignorer si la chose a péri, il est cru sur parole ; il n'est astreint au serment que si sa déclaration paraît suspecte. Refuse-t-il de jurer, le serment est référé au déposant ;

2° Quand il affirme avoir restitué la chose, il est encore cru sur parole, sauf le cas où le déposant a, par un sentiment de méfiance, requis témoignage du dépôt. En effet, dans cette hypothèse, le dépositaire ne jouit plus de sa position privilégiée. Suspect au moment où le contrat a été noué, il continue à l'être quand il allègue, contrairement au dire du déposant, la restitution de la chose ;

3° Lorsque, mis en demeure de rendre le dépôt, il répond que la perte est déjà ancienne, et que, s'il n'en a pas informé le propriétaire, c'était dans l'espoir de retrouver la chose.

La situation change dès que, par un fait quelconque, le dépositaire a diminué lui-même la confiance qu'il inspirait. Dit-il, par exemple, après avoir refusé la restitution du dépôt, que celui-ci avait péri précédemment, on lui fait légitimement grief d'avoir divisé sa réponse et de n'avoir pas, dès le principe, allégué la perte de la chose. Dans ce cas, non seulement il n'est pas cru sur parole, mais encore il est responsable de la perte. Cependant s'il affirme n'avoir dénoncé tardivement la perte de la chose que parce qu'il l'ignorait au moment de sa première déclaration, on ajoute encore foi à son dire, et il n'est astreint au serment que s'il existe contre lui des présomptions sérieuses de mauvaise foi.

Le dépositaire est encore suspect quand, un dépôt lui ayant été remis sans acte écrit, sans assistance de témoins, en un mot, sans aucune sûreté, il refuse de le rendre ailleurs qu'en présence d'un magistrat. En effet, puisqu'on a eu pleine confiance en lui, puisqu'on n'a pris aucune précaution contre lui, pourquoi n'agit-il pas de même ? Il y a lieu de craindre que le dépôt n'ait péri à ce moment-là déjà, et qu'il n'ait soulevé une véritable exception dilatoire. Toutefois, s'il restitue ensuite le dépôt devant le juge, il demeure indemne. Mais s'il se déclare incapable de le rendre, il n'est pas cru sur parole, et il est garant de la perte. Le bon sens indique que si l'on a pris des précautions quelconques contre lui, si l'on a fait dresser, par exemple, un acte constatant le dépôt, la solution contraire s'impose, et le dépositaire ne tire aucun avantage de l'exigence du dépositaire refusant de se libérer hors la présence d'un tiers.

— 43 —

CHAPITRE XIII

DU PRÊT A USAGE OU COMMODAT

(A'RIA)

—

456. GÉNÉRALITÉS. — Le concept juridique du commodat musulman ne diffère pas sensiblement de celui de notre prêt à usage français. L'*a'ria*, toutefois, est un contrat recommandable, en ce sens qu'il est méritoire (1) de venir au secours d'un frère pauvre : « Faites » le bien, vous serez heureux; » (2) « Toute libéralité est une au- » mône; » (3) « Le prêt et l'amitié ont l'approbation de Dieu (4), » sont des préceptes que les auteurs citent volontiers pour exhorter les fidèles à mettre leurs biens à la diposition de celui qui en a besoin (5).

Il n'est donc pas surprenant que la gratuité la plus complète soit de l'essence même de ce contrat, alors surtout qu'il ne peut jamais se transformer, pas plus que le *mutuum* (6), en prêt à intérêt, sous peine de devenir usuraire (7).

457. DÉFINITION. — Le commodat est un contrat par lequel on octroie à quelqu'un la jouissance temporaire et gratuite d'une chose (8).

Cette définition est juridiquement exacte. Par ces mots *la jouissance* de la chose, on distingue le commodat de tous les contrats à titre onéreux ou à titre gratuit qui ont pour effet d'octroyer à une per-

---

(1) *Conf. suprà,* n° 340, note 2.
(2) Coran, XXII, 76.
(3) Hadits.
(4) Hadits.
(5) Sur la foi d'une étymologie suspecte, Mohammed Kharchi dit que « emprun-
» ter est une honte. » Ainsi, prêter est méritoire, emprunter est humiliant.
(6) *Conf. suprà,* n° 311.
(7) *Conf. suprà,* n° 314, note 3.
(8) Code civil, art. 1875 et 1876.

sonne *la propriété* de la chose. Cette concession de jouissance doit être limitée, faute de quoi le contrat constituerait un habous (1); elle doit être gratuite, en ce sens que si le prêteur exigeait une redevance de l'emprunteur, le commodat deviendrait un louage (2).

458. CONDITIONS DE VALIDITÉ. — Les conditions de validité auxquelles ce contrat est soumis se rapportent : 1° au prêteur; 2° à l'emprunteur; 3° à la chose prêtée; 4° à la formule.

459. A. DU PRÊTEUR. — Le prêteur doit être capable de disposer de la chose à titre gratuit (3), ce qui exclut l'impubère, le *safih* (4), la femme mariée pour ce qui dépasse le tiers de ses biens (5), le malade (6).

Ce n'est pas tout. Il faut que le prêteur soit, sinon propriétaire, au moins commodataire ou locataire de la chose, et que, dans ce cas, le propriétaire ne lui ait pas interdit de la prêter à usage à un tiers. S'il est possesseur à titre précaire de la chose, et s'il est autorisé à la prêter, il lui est encore défendu de donner à l'emprunteur plus de droits qu'il n'en a lui-même. Ainsi, a-t-il loué un cheval pour le monter ou pour faire des transports, il ne doit le prêter que pour être monté ou pour servir de bête de somme.

L'officieux (7) n'a pas qualité pour prêter une chose appartenant à autrui. L'insolvable judiciairement déclaré (8) ne peut prêter puisqu'il ne peut disposer à titre gratuit, ses biens étant le gage commun de ses créanciers.

460. B. DE L'EMPRUNTEUR. — L'emprunteur doit être, indépendamment de la capacité générale exigée pour contracter, capable de jouir de la chose, en d'autres termes, il ne doit pas être de ceux auxquels la loi refuse le droit de s'en servir. Cette interdiction procède à la fois de la nature de la chose et de la qualité de la personne (9), aussi l'étudierons-nous au numéro suivant.

---

(1) Certains auteurs, toutefois, admettent que le habous peut être temporaire.

(2) Code civil, art. 1876.

(3) *Conf. suprà*, n° 361.

(4) *Conf. suprà*, n° 188.

(5) *Conf. suprà*, n° 192. Ce n'est évidemment pas la valeur de la chose qu'il faut considérer pour évaluer ce tiers, mais la valeur de la jouissance, car, disent les auteurs, le contrat porte sur la jouissance et non sur la propriété. Cette théorie soulève des critiques. En effet, si la chose périt pour le prêteur, il se trouvera avoir disposé de plus du tiers de ses biens à la fois.

(6) *Conf. suprà*, n° 191.

(7) *Conf. suprà*, n° 201, 4°, *D*.

(8) *Conf. suprà*, n° 190.

(9) Je cite, à titre de curiosité, l'opinion de Derdir qui affirme sérieusement

461. *C.* DE LA CHOSE PRÊTÉE. — La chose doit être « douée d'utilité, » c'est-à-dire susceptible de procurer un avantage à l'emprunteur (1). Il ne faut pas qu'elles soit de celles qui se consomment par l'usage qu'on en fait ; s'il en était autrement, le contrat ne serait plus un commodat, mais un *mutuum* (2). On peut donc prêter des meubles autres que de l'or et l'argent (3), des animaux, des immeubles, non du numéraire (4), ou des denrées alimentaires, ou des substances liquides destinées à être consommées sous forme de boisson. En un mot, le propriétaire de la chose n'abdiquant ni ses droits de propriété, ni même la possession de la chose, celle-ci doit être de celles qui pourront lui être rendues quand l'emprunteur en aura joui (5).

Certaines choses, propres en elles-mêmes à faire l'objet d'un prêt de consommation, ne peuvent plus recevoir cet emploi quand l'emprunteur est de ceux auxquels la loi en refuse l'usage. Ainsi, prêter le Coran, les recueils de hadits, les livres de droit à un infidèle est prohibé (6). Il en est de même des armes, des munitions de guerre (7), qu'on ne doit ni vendre, ni prêter à un *harbi* (8).

462. *D.* DE LA FORMULE. — La formule n'a rien de sacramentel ; elle doit indiquer clairement l'intention des parties. Tendre la chose à une personne qui en a sollicité le prêt est considéré comme un signe qui a toute la valeur d'une formule labiale.

---

qu'on ne peut pas prêter une chose à un animal, à un objet inanimé, comme une pierre.

(1) *Conf. suprà*, n° 201, 2°. L'objet de tout contrat doit être utile. Ce n'est pas dans ce sens qu'il faut entendre les mots « douée d'utilité. » On veut dire qu'elle doit être susceptible de procurer une utilité, un avantage à l'emprunter.

(2) *Conf. suprà*, n° 313. *Non potest commodari quod usu consumitur.* (Instit.). Code civil, art. 1875.

(3) *Conf. suprà*, n° 322, note 1.

(4) On le voit, bien que le numéraire ne soit ni fongible *(conf. suprà*, n° 277, note 4), ni non-fongible, la logique oblige les musulmans à le traiter comme s'il était une chose fongible. Pour assurer *le maintien de la substance*, quand il s'agit de numéraire, il faudrait l'enfermer sous scellé, et alors l'emprunteur ne pourrait plus en tirer aucune utilité.

(5) Code civil, art. 1875.

(6) C'est pour cela que nous avons tant de peine à nous procurer les livres de droit que possèdent les musulmans. Ils obéissent à leur loi qui leur interdit de nous les prêter « *de peur que la vraie religion ne tombe dans le mépris des infidèles.* » Il faut se souvenir que les commentaires sont remplis de citations tirées du Coran, la loi civile n'étant qu'une émanation de la loi religieuse *(conf. suprà*, n° 201, 3°).

(7) Ici le motif est politique. Les indigènes seraient donc mal fondés à se plaindre de trouver une interdiction identique dans les lois algériennes. Nul n'est tenu de fournir des armes à ses ennemis *(conf. suprà*, n° 201, 3°).

(8) *Conf. suprà*, n° 161, et la note.

463. DES ENGAGEMENTS DE L'EMPRUNTEUR. — L'emprunteur est tenu de veiller à la conservation de la chose (1). Il n'est autorisé à l'employer qu'à l'usage déterminé par la convention, ou à un usage équivalent. Ainsi, lui a-t-on prêté un cheval pour aller de tel endroit à tel endroit, ou pour transporter telle marchandise, il ne commet aucune faute en parcourant, dans une autre direction, une distance égale, ou en transportant une marchandise différente de poids égal. La distance est-elle plus grande, le poids est-il plus considérable, il y a lieu de distinguer. Si le cheval n'a pas souffert de cette aggravation de travail, l'emprunteur devient locataire de l'animal pour l'abus qu'il a commis, tout en demeurant emprunteur pour ce qu'il était autorisé à faire. Si le cheval a été simplement blessé par le surcroît de fatigue qui lui a été imposé, l'emprunteur doit la somme la plus élevée de celle qu'il devrait comme loyer de l'abus dont il s'est rendu coupable, et de celle dont il serait comptable à titre de réparation de la détérioration infligée à l'animal (2). Si celui-ci a péri, il en doit la valeur au jour de la perte.

Si le prêt a eu lieu pour une durée déterminée, les mêmes principes s'appliquent dans le cas où l'emprunteur conserve la chose au delà du terme fixé.

Si le prêt a été fait sans fixation de durée, ou sans indication d'un emploi déterminé, le prêteur a le droit d'exiger la restitution de la chose à sa fantaisie.

Quand la chose se détériore ou périt par le seul effet de l'emploi légitime qui en a été fait, l'emprunteur est indemne (3).

464. DES ENGAGEMENTS DU PRÊTEUR. — Nous venons de voir que le prêteur n'a pas le droit de retirer la chose avant l'expiration du terme fixé par la convention, ou avant que le besoin de l'emprunteur ait cessé, quand le prêt a expressément eu lieu en vue de ce besoin.

Dans le silence du contrat, au contraire, le prêteur est seul juge de l'opportunité de la restitution de sa chose (4).

Les frais de délivrance de la chose, ceux de la restitution, la nourriture de l'animal prêté, sont à la charge de l'emprunteur, qui doit rendre au prêteur un service purement gratuit (5).

---

(1) Code civil, art. 1880.

(2) Primus a emprunté un cheval valant 500 francs pour parcourir 10 kilomètres ; il en a parcouru 20. Si le cheval est restitué sain et sauf, Primus devra, supposons-le, 5 francs à titre de loyer de l'animal pour les 10 kilomètres parcourus à tort. Si le cheval a été blessé ou estropié, dans les mêmes conditions, et si, expertise faite, il a subi par là une dépréciation de 100 francs, Primus sera débiteur de cette somme, et non plus de la somme représentant le loyer, cette dernière étant la plus faible. Si le cheval périt, Primus devra 500 francs, valeur de l'animal.

(3) Code civil, art. 1884.

(4) Code civil, art. 1888.

(5) Cette solution est controversée.

465. CONTESTATIONS. — Nous retrouvons ici la division des choses en *apparentes* et en *cachées* (1). Lorsque le prêt consiste en choses cachées, comme des bijoux, des vêtements, l'emprunteur est garant de la perte, quand il n'est pas en état de prouver qu'elles ont péri par cas fortuit. Pour les choses apparentes, comme les animaux, les immeubles, il est cru sur sa simple affirmation, sauf le cas où il y aurait un motif sérieux de suspecter sa bonne foi. Ainsi, dit-il que la chose a péri tel jour, si l'on prouve qu'à la date indiquée, cette chose a été vue en sa possession, comme il est convaincu d'avoir menti, il est à présumer qu'il a aussi commis un mensonge en affirmant que la perte est purement fortuite; il est garant de la perte.

S'il prétend avoir rendu la chose et si celle-ci est une chose apparente, il est encore cru sur parole, à moins que le prêteur, n'ayant qu'une confiance limitée dans l'emprunteur, s'arrange, dès le moment où le contrat se noue, pour retirer à ce dernier le bénéfice de cette disposition, en stipulant, par exemple, que la restitution ne pourra avoir lieu que devant témoins.

Quand les parties sont en désaccord sur la nature du contrat, le propriétaire de la chose prétendant l'avoir louée, le détenteur soutenant l'avoir reçue à titre de prêt, c'est le premier qui est cru, à charge de prêter serment. Mais si le propriétaire, eu égard à la haute position qu'il occupe, à la grande fortune qu'il possède, n'est pas digne de foi quand il allègue avoir loué un objet de mince valeur, le détenteur est admis à jurer que l'objet lui a été prêté et non loué.

Un tiers déclare-t-il avoir été envoyé pour emprunter une chose, la lui livre-t-on, et périt-elle, l'emprunteur est responsable de la perte, à moins qu'il ne désavoue le prétendu envoyé, lequel est alors seul garant, à moins que, nonobstant le serment de celui qui nie l'avoir envoyé, il ne soit en état de prouver son allégation.

Enfin, si le tiers avoue n'avoir reçu aucune mission pour emprunter la chose, il est garant de la perte, à moins qu'il ne soit impubère ou safih, aucune responsabilité ne pouvant être encourue par un interdit, au moins en principe (2).

---

(1) *Conf. suprà*, nᵒ 245, *A*, et note 2.
(2) *Conf. infrà*, nᵒ 466.

CHAPITRE XIV

DE L'USURPATION, — DU TROUBLE DE LA REVENDICATION

—

Section I. — *De l'usurpation*

(R'AÇB)

466. GÉNÉRALITÉS. — Nous sortons ici du domaine contractuel proprement dit. Il ne s'agit plus, en effet, de deux sujets de droits échangeant librement leurs consentements pour former, modifier ou défaire une convention. Bien au contraire, il s'agit d'un propriétaire qui, dépouillé de sa chose, la suit dans les mains de celui qui la lui a enlevée ou dans les mains d'un tiers.

Mais toutes les obligations, même en droit français, se forment-elles donc par convention? L'article 1370 du Code civil répond à cette question, et il en résulte que bien des obligations se forment sans convention.

Les unes résultent de l'autorité seule de la loi. Nous en avons vu des exemples en matière de société légale (1), de quasi-société, où le voisinage crée entre propriétaires des engagements involontaires (2).

Les autres résultent d'un fait personnel de l'homme, quasi-contrat, quasi-délit ou délit (3).

_____

(1) *Conf. suprà,* n° 395 et suiv.

(2) *Conf. suprà,* n° 409 et suiv.

(3) *Obligamur... aut consensu, aut jure..., aut... ex peccato. (Digeste).* Domat, Pothier procèdent de même, bien qu'on puisse dire avec Toullier : « Toute obliga-
» tion vient de la loi; c'est la loi qui la produit. Les conventions n'obligent qu'en
» vertu de la loi, qui commande de tenir la parole que nous avons donnée... »
Ce n'est qu'une querelle de mots, et Toullier l'a reconnu lui-même dans la suite de son ouvrage. *Délit civil,* expression créée par un jurisconsulte ingénieux, ne serait pas exact ici, car l'usurpation est un véritable délit criminel, qui se double d'un délit civil.

L'usurpation est la théorie des engagements qui se forment par suite d'un délit (1). Elle est punissable en ce qu'elle constitue un attentat contre l'inviolabilité de la propriété, en ce qu'elle prive le légitime propriétaire de la jouissance de son bien. L'intention est un des caractères constitutifs de la violation, car celui qui s'empare d'une chose, la croyant sienne, n'est plus un usurpateur; il est tenu de se dessaisir de ce qui, somme toute, ne lui appartient pas, mais il n'encourt aucune responsabilité pénale.

L'intérêt de ce chapitre réside surtout dans l'étude de *l'accession*, que Sidi Khalil a considérée comme une dépendance naturelle de son sujet. En effet, en matière mobilière au moins, il est évident que les règles de l'accession s'appliquent presque toujours aux conflits qui naissent à l'occasion d'une chose possédée de mauvaise foi; aussi, sans même rechercher, pour le moment, si l'adage *en fait de meubles possession vaut titre* (2) est juridique en droit musulman, le grand jurisconsulte malékite peut être facilement justifié d'avoir placé ici une théorie qu'il eût été embarrassé de traiter ailleurs. Quant à l'accession immobilière, il était d'autant plus autorisé à s'en occuper que l'usurpation s'attaquant aussi bien aux immeubles qu'aux meubles, tout lui commandait de ne pas scinder une matière d'une pareille importance.

467. DÉFINITION. — L'usurpation est la préhension (3) illégitime et violente du bien d'autrui, à un titre autre qu'à celui de simple usage, et sans intimidation par les armes.

La capture doit être *illégitime;* ce premier point est évident; prendre une chose qui vous appartient, comme un dépôt, ne constitue pas un fait d'usurpation. Il suffit même que le propriétaire de la chose en fasse l'abandon pour que la préhension soit légitime.

Elle doit être *violente*, et non obtenue par la ruse, faute de quoi l'acte changerait de nature et deviendrait un vol.

Elle doit être à la fois *illégitime et violente*, et s'exercer sur le bien d'autrui, car, nous l'avons déjà vu, le propriétaire d'une chose est autorisé à la reprendre partout où il la retrouve, à certaines conditions que j'ai indiquées précédemment (4).

---

(1) *Code civil*, art. 1382.

(2) *Code civil*, art. 2279, § 1 et 2. *Conf. Accarias* (Précis de droit romain, tome 1er, n° 266), où l'on trouvera l'exposé de la doctrine des Sabiniens et de celle des Proculéiens, dont le concept musulman se rapproche beaucoup, la chose *spécifiée* appartenant à celui qui l'a créée, sauf juste indemnité au propriétaire de la matière première.

(3) Seignette traduit *la détention*, ce qui n'est pas absolument exact. L'usurpation est commise dès que l'usurpateur a fait main basse sur la chose; celle-ci périssant immédiatement après la préhension, il n'y aurait pas *détention*, et pourtant il y aurait usurpation. Au surplus le mot arabe *akhd'ou*, nom d'action du verbe *akhad'a*, signifie littéralement *l'action de prendre*.

(4) *Conf.* tome 1er, page 209, note 3.

Si l'usurpateur ne capture la chose que pour en user à titre de simple usage, le fait cesse d'être une usurpation, pour devenir un *trouble* (1).

Lorsque la préhension a lieu les armes à la main, l'usurpation se transforme en *brigandage* (2).

468. DE L'USURPATEUR. — L'interdiction a pour effet de rendre une personne incapable de contracter; elle ne peut pas *parler*, or pour contracter, il faut parler (3). Son tuteur a le pouvoir de provoquer l'annulation de ses engagements quand ils sont préjudiciables pour elle, car si elle est frappée d'incapacité c'est surtout dans son intérêt.

Quand l'incapable *agit*, c'est-à-dire quand il commet un acte délictueux, une réparation est due à la partie lésée, et il est matériellement impossible d'annuler cet acte (4). Il n'est plus question que d'apprécier le discernement de l'agent, abstraction faite de son

---

(1) *Conf. infrà*, no 485.

(2) Je n'ai pas à m'occuper ici du Code pénal musulman, les tribunaux répressifs musulmans n'existant plus en Algérie. Toutes ces distinctions seront étudiées dans mon *Essai d'un traité méthodique de droit musulman*. On pourra consulter, en attendant, le *Code musulman* de Seignette, pages 609 et 622.

(3) *Conf. suprà*, no 434, *in fine*, et note.

(4) Au point de vue pénal, les auteurs ont imaginé un raisonnement bien bizarre que j'emprunte à Derdir : « L'usurpateur discernant est frappé d'une peine » arbitraire, fût-il impubère, en vertu de la loi religieuse, quand même la partie » lésée lui aurait pardonné. Il est frappé de verges, ou incarcéré, ou soumis à » ces deux châtiments à la fois, ou condamné au banissement, suivant les cas; » car, tantôt il est coutumier du fait, tantôt rebelle à tout repentir et impie, tantôt accessible aux bons sentiments, tantôt pubère, tantôt impubère; et il appartient au juge de peser toutes ces circonstances. On a soutenu que l'impubère » discernant n'est pas puni, en raison de ce hadits : « Il n'écrit pas les actions » de trois catégories de personnes.... », et l'impubère est mentionné dans cette » tradition prophétique. Mais on répond à cela que l'on punit l'impubère pour le » moraliser, de même qu'on le punit dans l'intérêt de son instruction, et qu'on » punit un animal dans le même but. Lorsqu'un enfant lit mal le Coran ou un » autre livre, par malice, et malgré les avertissements qu'on lui a donnés, il mérite évidemment un châtiment, afin qu'il se corrige. Il en est de même quand » il commet une usurpation. » Ainsi, pour l'impubère, le châtiment est moralisateur.

La peine *définie* est celle que le Coran a établie et que le juge ne peut ni augmenter, ni atténuer. La peine *arbitraire* est celle qui, n'étant pas fixée par le Coran, est laissée, comme maximum ou comme minimum, à l'appréciation du juge.

Voici le texte complet du hadits cité en abrégé par Dadir : Deux anges sont chargés d'écrire, l'un les bonnes, l'autre les mauvaises actions des hommes. (*Coran, LXXXII*, 10 et 11). Ils se nomment *les deux conservateurs* ou *les deux gardiens*. Or, d'après un propos de Mohammed, lorsque l'ange chargé d'inscrire les mauvaises actions, est appelé à en noter une commise par un fou, ou par un impubère, ou par une personne endormie, *il lève la plume*, et n'écrit pas.

état de puberté ou d'impuberté, lequel n'est plus à considérer; qu'un fou se rende coupable d'une usurpation, il en supporte les conséquences, il est responsable dès qu'il est établi qu'il était dans un moment lucide. De même, l'impubère est soumis à la responsabilité civile, lorsqu'il est prouvé qu'il a agi avec discernement, qu'il était *jam injuriœ capax.*

Cette théorie n'est, toutefois, pas admise par tous les auteurs. Il en est qui, l'impubère et le fou eussent-ils agi sans discernement, les considèrent comme civilement responsables; la seule atténuation par eux admise, c'est de ne prendre sur les biens de l'impubère non discernant ou du fou, que les dommages-intérêts dont le chiffre est peu important; dès que ce chiffre atteint le tiers de leurs biens, la réparation civile est supportée par *l'akila* (1).

469. DE LA RESPONSABILITÉ. — Dès que l'usurpateur s'est emparé de la chose, il en devient responsable, sans qu'il soit nécessaire qu'il la transporte chez lui, et il est tenu même des cas fortuits.

Il importe de rechercher sous quelle forme se traduit cette responsabilité quand l'usurpation porte :

1° Sur une chose mobilière;
2° Sur une chose immobilière.

470. *A*. MEUBLES ET CHOSES FONGIBLES (2). — Quand l'usurpé (3) rencontre l'usurpateur dans la localité même où l'usurpation s'est produite, et encore nanti de la chose, il a le droit d'exiger qu'on lui restitue une chose *semblable* (4), ou sa chose elle-même, ce qui, dans cette seconde alternative, paraît être en contradiction avec la définition de la chose fongible. En effet, puisque par une sorte de novation, le débiteur d'une chose fongible est admis à se libérer par la livraison d'une chose semblable, comment le créancier peut-il exiger la restitution de l'objet usurpé lui-même? A ce propos, il ne faut pas perdre de vue que le créancier d'une chose non fongible determinée a une action réelle pour se la faire restituer; périt-elle, *l'espèce entière périt pour lui ;* il ne dispose plus que d'une

---

(1) *Conf.* sur *l'akila* une intéressante notice de Seignette *(Code musulman,* page 707). C'est, dit le regretté traducteur de Khalil, « la tribu envisagée sous le » rapport du lien civil qui unit tous ses membres et leur impose, en compensa-» tion de certains avantages, la charge solidaire de payer le dommage causé in-» volontairement à autrui par l'un d'eux. » On le voit, la responsabilité collective n'est pas d'invention française.

(2) *Conf. suprà,* n° 277, note 4.

(3) Je demande la naturalisation de ce mot, en raison de sa concision et de sa stricte conformité avec l'expression arabe qu'il traduit.

(4) C'est-à-dire une chose de même espèce et de même qualité, en quantité égale.

action personnelle pour obliger son débiteur à lui payer la valeur de l'objet en numéraire. Sans doute, il en est autrement du créancier d'une chose fongible non déterminée par le jaugeage — ce qui est toujours le cas en matière d'usurpation; — périt-elle, *l'espèce entière survit pour lui ;* il dispose d'une action que je serais tenté d'appeler mixte, pour contraindre le débiteur à lui livrer une chose de même espèce et de même qualité. Mais, s'il retrouve le débiteur, au lieu même de l'usurpation, encore nanti de la chose, celle-ci, toujours fongible de sa nature, devient, juridiquement, non-fongible, et surtout déterminée, en ce sens qu'elle a une existence propre entre les mains de son détenteur. De là l'option conférée au créancier. Les auteurs, pour expliquer cette dérogation aux principes, proposent un argument qui me semble moins juridique que le mien : « L'usurpé, dit Desouki, a sur sa chose un droit émi-
» nent qui prime toute autre considération ; à tel point que, même
» fongible de sa nature, elle devient un véritable corps certain par
» rapport à l'usurpateur pour qui elle est un *bien illicite,* tandis
» qu'elle n'a jamais cessé d'être un *bien licite* pour l'usurpé. »
  Il y a donc là un conflit entre la bonne foi de l'un et la mauvaise foi de l'autre, et, la bonne foi l'emportant, les principes doivent fléchir en faveur du propriétaire dépouillé injustement de son bien (1).
  Lorsque l'usurpateur, surpris au lieu de l'usurpation, a détérioré ou fait périr la chose, il est tenu de rendre une chose semblable, quand même elle serait alors en baisse. Ainsi, le blé usurpé valant cent au moment de l'usurpation, et cette denrée ne valant plus que quatre-vingt-dix au moment de la restitution, il se libère valablement en rendant une quantité égale de grain de même espèce et de même qualité. Cette solution paraît illogique (2), l'usurpateur tirant ainsi profit du méfait qu'il a commis, et le propriétaire de la chose subissant un préjudice. C'est par respect pour les principes que la question est résolue dans ce sens; en effet, il est de l'essence des choses fongibles de *se remplacer* exactement, sans qu'il y ait à tenir compte de leur valeur (3).

  (1) La chose existe, on la saisit entre les mains de l'usurpateur pris sur le fait ; celui-ci ne peut, en invoquant la nature de la chose, refuser de la restituer. Le droit de l'usurpé est supérieur au sien, ce qui, en fait, n'est pas douteux.

  (2) Aussi Seignette s'y est-il trompé ; il a traduit ainsi ce passage de Sidi Khalil : « Les choses fongibles usurpées seront remboursées en nature, même en » cas de hausse. » (*Code musulman,* art. 820).

  (3) Lakhmi, auteur recommandable, autorise, dans ce cas, le propriétaire à exiger la valeur en numéraire qu'avait la chose au moment de l'usurpation. La solution est plus équitable, mais elle est contraire à l'esprit de la loi; aussi n'a-t-elle pas été adoptée. On pourrait pourtant en démontrer la légalité; c'est ce que je tenterai dans mon *Essai méthodique.* Il va de soi que si le blé est plus cher au moment de la restitution qu'il ne l'était au moment de l'usurpation, l'usurpateur subit le préjudice, ce qui n'est que juste.

Dans le cas où la victime de l'usurpation rencontre l'usurpateur hors de la localité où le fait délictueux s'est produit, deux hypothèses sont à examiner :

1° *L'usurpateur est encore nanti de la chose.* — Dans ce cas, il n'est pas permis à l'usurpé d'en exiger la restitution *in individuo*, ni sur place, ni au lieu de l'usurpation, parce que la chose est réputée avoir péri (1), en raison des frais de transport dont elle serait grevée pour être réintégrée au lieu d'où elle a été enlevée. La créance de l'usurpé est novée, en ce sens que l'usurpateur ne doit plus l'objet même dont il s'était emparé, lequel devient sa propriété, mais un objet de même espèce et de même qualité, livrable au lieu de l'usurpation. Si ce dernier objet était livré sur place, il serait également considéré comme ayant péri, à cause des frais de transport qui le grèveraient. L'usurpé ne saurait exiger que la chose usurpée soit réintégrée au lieu de l'usurpation, parce que les frais de transport (2) aggraveraient outre mesure la position de l'usurpateur; or, s'il a commis une injustice, cela n'autorise pas l'usurpé à en commettre une à son tour. L'usurpé ne peut pas non plus exiger que la chose usurpée lui soit restituée sur place, alors même qu'il y trouverait un avantage, et ce en raison de l'obstacle de droit tiré de la nature de la chose fongible; il s'opère encore ici une sorte de novation, en vertu de laquelle ce n'est plus la chose qui est due, mais le *semblable* de cette chose. Toutefois, et par tolérance, comme il s'agit d'un droit de créance, le *semblable* peut, par une seconde novation, se transformer en numéraire, ce numéraire prenant alors le caractère de chose fongible. Mais alors, le payement doit être immédiat, faute de quoi les parties se rendraient coupables d'usure. En effet, la créance originaire (chose fongible) se transforme en une créance nouvelle (numéraire), et, si le payement est différé, le débiteur retire un avantage du terme à

(1) Il en est de même en matière de vente imparfaite. (*Conf. suprà*, n° 225). Il y a toutefois une différence notable entre les deux situations : dans la vente imparfaite, la chose n'est censée avoir péri que lorsque les frais de transport sont considérables, qu'il s'agisse d'une chose fongible ou d'une chose non-fongible. Ici, le transport des choses fongibles équivaut à la perte, quels que soient les frais; cette disposition est toute en faveur de l'usurpé, l'usurpateur, *détenteur de mauvaise foi*, ne méritant aucune faveur; dans la vente imparfaite, l'acheteur est un *détenteur qui peut être de bonne foi;* dans tous les cas, il détient en vertu d'un contrat, tandis que l'usurpateur détient à la suite d'un délit.

(2) Il faut entendre ces mots « *frais de transport* » dans le sens le plus large. Il y a *difficulté de transport* quand la chose est pesante, difficile à manier, sujette à des droits d'entrée, périlleuse à transporter, le pays à traverser étant infesté de voleurs, etc. Il y a *facilité de transport* lorsque la chose est légère, facile à manier, etc. Une chose peut être facile à transporter par elle-même, comme un animal *(se movens)*, et néanmoins difficile à transporter, en fait, la route n'offrant aucune sécurité.

lui concédé : c'est donc un acte *d'usure de retard* (1). — Mais il est à craindre que, abusant de la situation, l'usurpateur ne dispose, entre temps, de la chose ainsi abandonnée à sa discrétion, puisqu'il en devient propriétaire, et ne devienne ensuite insolvable. Aussi l'usurpé est-il armé du droit de la frapper d'interdit entre les mains de l'usurpateur et de l'empêcher judiciairement de l'aliéner, à titre onéreux ou à titre gratuit, jusqu'à ce qu'il ait fourni une caution ou un gage (2). La détourne-t-il avant d'avoir donné une sûreté, le tiers acquéreur est solidairement tenu avec lui (3). Rien n'empêche d'ailleurs l'usurpé d'autoriser, ou même de ratifier l'aliénation, quand la chose est atteinte d'un vice qui menace d'en entraîner la perte; dans ce cas, l'autorisation est irrévocable; alors même que le vice viendrait à disparaître, l'usurpé n'a qu'à s'en prendre à sa propre négligence; avec un plus grand souci de ses intérêts, il aurait vérifié la nature du vice et constaté qu'il n'était que passager.

2° *L'usurpateur n'est plus nanti de la chose.* — Celle-ci a péri, non plus virtuellement, mais réellement. L'usurpateur doit une chose semblable, replacée au lieu de l'usurpation, ou le prix de la chose usurpée, suivant les conditions indiquées. Le prix est toujours dû, si la chose semblable est introuvable; en effet, *l'espèce entière a péri* pour le propriétaire, dans cette hypothèse, et la chose devient, intellectuellement, non-fongible.

Dans tous les cas où l'usurpateur doit une chose semblable, l'usurpé est tenu d'attendre qu'elle puisse être trouvée, si elle est de celles qui ne se produisent qu'à certaines époques de l'année, comme les grains.

471. *B.* CHOSES JAUGEABLES OU MESURABLES. — Bien que la chose fongible du droit musulman ne soit pas celle du droit français (4), les jurisconsultes arabes n'ont pas réussi à échapper aux nécessités juridiques imposées par la nature même des choses. Ils ont donc été amenés à considérer parfois les choses jaugeables et mesurables comme de véritables choses fongibles pour expliquer et légitimer les solutions qui suivent :

La théorie que nous allons exposer se présente sous plusieurs aspects, les choses dont nous nous occupons demeurant infon-

(1) *Conf. suprà*, n° 314, note 3.

(2) Confirmation éclatante de la théorie qui précède, et de la théorie du nantissement (*Conf. suprà*, n° 325). Il s'agit bien d'un simple droit de créance, puisque le débiteur est astreint à fournir un gage. Cette notion n'est d'ailleurs pas inconciliable avec celle de la saisie de la chose, jusqu'au moment où la sûreté a été fournie. La saisie n'a que la valeur d'un acte conservatoire.

(3) Quand il est de mauvaise foi, c'est-à-dire quand il a connu la source délictueuse de la détention de la chose par l'usurpateur.

(4) *Conf. suprà*, n° 277, note 4.

gibles, conformément à leur nature, ou devenant fongibles, juridiquement parlant, suivant les circonstances.

Il est évident qu'il suffit de poser le principe de cette transformation juridique, sans reproduire les hypothèses relatives aux
choses fongibles; en effet, quand une chose jaujeable est considérée comme fongible, elle est, au point de vue de l'usurpation, traitée comme la chose fongible par sa nature; dans le cas contraire,
elle est réputée non-fongible, conformément à sa nature, et elle
est régie par les règles que nous exposerons ci-dessous et qui se
rapportent aux choses non-fongibles proprement dites.

Or, en thèse générale, quand la quantité de la chose jaugeable
peut être exactement déterminée, celle-ci est tenue pour fongible,
en raison de ce que, pour en déterminer la quantité, il faut. recourir à une unité de jauge, de poids, de compte, ce qui est le propre des choses fongibles. Ainsi, Primus a usurpé une faible quantité de fruits, et il est trouvé nanti de ces fruits; rien de plus facile
que de les compter ou de les jauger, et dès lors il devra, soit des
fruits semblables, soit la valeur de ces fruits, suivant les distinctions établies plus haut.

Supposons maintenant, la donnée restant la même, que les fruits
ont péri. Le jaugeage n'est plus possible; la nature propre de ces
fruits, lesquels ne sont pas fongibles par eux-mêmes, réapparaît
aussitôt. Primus en devra la valeur estimée au jour de l'usurpation.

Que Primus ait usurpé une quantité trop considérable de ces
fruits pour qu'il soit possible de la jauger (1), il en doit encore la
valeur au jour de l'usurpation, la chose demeurant non-fongible,
conformément à sa nature.

Enfin, si Primus a transformé la chose jaugeable par spécification (2), celle-ci périt intellectuellement, parce qu'elle n'est plus
susceptible d'être jaugée; il en doit encore la valeur (3).

Mais, dira-t-on, comment apprécier la valeur d'une chose dont la
quantité n'est pas déterminable? Ce sera une question à régler au
moyen d'une enquête ou d'une expertise. Secundus, l'usurpé, a été
dépouillé de tous les fruits de son jardin; il établira par témoins
que, bon an, mal an, son jardin lui rapporte mille; ou bien les experts commis par justice rechercheront quel est le produit moyen
de tant d'arbres existant dans le jardin de Secundus.

On n'arrivera sans doute jamais qu'à une évaluation approximative, mais à qui la faute? A l'usurpateur, lequel n'est pas intéressant.

---

(1) Il convient de se reporter à la *Vente en bloc* pour saisir le mécanisme de
toute cette théorie (*Conf. suprà*, nos 203 et suiv.).

(2) *Conf. infrà*, no 474.

(3) Il en sera de même d'une chose fongible de sa nature qui aura été transformée par spécification, comme du blé mis en farine, en pâte, etc. Elle deviendra
infongible, juridiquement.

472. *C*. Choses non-fongibles. — Les explications qui précèdent me dispensent d'entrer dans de longs développements au sujet des choses non-fongibles, lesquelles peuvent être telles en principe, ou par suite d'une défongibilisation juridique.

Lorsque la chose se retrouve intacte entre les mains de l'usurpateur, il en doit la restitution, car elle constitue un corps certain sur lequel l'usurpé a un droit réel.

Retrouve-t-il l'usurpateur dans une localité autre que celle de l'usurpation, et ce dernier est-il encore nanti de la chose, il faut distinguer : le transport est-il coûteux ou périlleux, il doit également la valeur de la chose au jour de l'usurpation ; le transport est-il peu coûteux et n'offre-t-il aucun danger, l'usurpé reprend l'objet.

La chose a-t-elle péri, la valeur en est due, au jour de l'usurpation.

Mais que décider dans le cas où l'usurpateur étant retrouvé, hors du lieu de l'usurpation, sans la chose, celle-ci existe encore dans la localité où elle a été usurpée? L'espèce est curieuse, et mérite de de nous arrêter un instant. Primus a usurpé la montre de Secundus à Alger, et l'a laissée à Alger ; puis il est parti pour Blidah où Secundus réussit à l'arrêter. Quel sera le droit de Secundus, ou, ce qui revient au même, l'obligation de Primus?

Primus n'est pas absolument certain de recouvrer sa montre. L'usurpateur lui a, il est vrai, affirmé que la chose était à Alger, soit à son domicile, soit chez un tiers. Mais qu'est-ce qui garantit la véracité de cette déclaration? Qu'est-ce qui garantit, en outre, que la montre est en bon état? Aussi Secundus obligera-t-il l'usurpateur à lui fournir une sûreté, caution ou gage, que je qualifierai de provisoire, et qui devra garantir le payement de la valeur de la montre, pour le cas où, par une circonstance quelconque, elle ne serait pas restituée, ou ne serait pas restituée en bon état. Puis Secundus obtiendra du juge l'autorisation et les moyens d'obliger Primus, ou le mandataire de ce dernier, à l'accompagner au lieu de l'usurpation, et à lui rendre l'objet usurpé. La restitution se produisant, la caution ou le gage tombera, ainsi que l'obligation de payer la valeur de la montre, et Secundus exercera le droit réel que lui donne la loi de rentrer en possession de la chose même usurpée.

A première vue cette solution semble être en contradiction avec la théorie du cautionnement (1) et avec celle du gage (2), puisque, je l'ai établi, la détermination de l'objet dû s'oppose à la constitution d'un gage ou d'une caution. Mais, qu'on veuille bien y réfléchir, l'existence de la chose, bien que celle-ci soit déterminée, est problématique ; de là la parfaite légitimité de la procédure que je viens d'indiquer (3).

---

(1) *Conf. suprà*, n° 359.

(2) *Conf. suprà*, n° 325.

(3) La contrainte exercée sur la personne même de l'usurpateur n'a rien d'anti-

473. *D.* IMMEUBLES. — Lorsque l'usurpation porte sur un immeuble, urbain ou rural, le propriétaire de celui-ci a évidemment le droit de le reprendre; ce point ne souffre aucune difficulté.

Mais si l'usurpateur, non content de s'être emparé de l'immeuble, y fait des constructions ou des plantations, le problème se complique d'un élément nouveau. C'est là le terrain propre de l'accession immobilière. Pour ne pas scinder le sujet, il convient d'exposer, sous une rubrique commune, la théorie complète de l'accession mobilière et immobilière.

474. ACCESSION MOBILIÈRE. — *A.* SPÉCIFICATION. — Lorsqu'une chose, appartenant à une personne, a été mise en œuvre par une autre personne, et convertie ainsi en un objet nouveau, elle est considérée comme perdue intellectuellement pour le propriétaire. S'agit-il d'une chose fongible, ou d'une chose jaugeable, dont la quantité était déterminée, le spécificateur en doit *le semblable ;* il en doit la valeur, quand la quantité est indéterminable. L'objet nouveau périt-il réellement, il doit encore la valeur de la matière première, la quantité ne pouvant plus en être déterminée.

Ainsi, Primus a usurpé du blé, du minerai d'or ou d'argent, de l'argile, du fil; il les a tranformés en farine, en numéraire ou en bijoux, en briques, en tissu, Secundus est irrévocablement dépouillé de sa chose, dont la propriété est transférée à Primus, parce qu'il est un véritable créateur, et que son obligation ne porte plus que sur un objet qui a cessé d'exister (1).

Quand la chose est non-fongible, comme une pièce de bois dont l'usurpateur a fait une porte ou une table, il en doit la valeur.

Mais, s'il s'agit de raisin que l'usurpateur a pressé, une distinction est néessaire, la spécification étant un fait naturel et le vin étant illicite (2). Le jus de raisin s'est-il vinifié, et le propriétaire est-il musulman, il ne peut recevoir que le semblable ou la valeur du raisin, selon que la quantité en était ou n'en était pas déterminable. Le *dimmi* (3) pourra sans inconvénient reprendre sa chose sous cette forme nouvelle, aucune prohibition légale ne s'y opposant.

La fermentation a-t-elle été acide, le propriétaire même musulman doit reprendre la chose elle-même, le vinaigre n'étant pas illicite.

---

juridique. Il ne s'agit pas ici d'une obligation de faire qui se résout en dommages-intérêts, mais d'une véritable responsabilité pénale, à laquelle s'ajoute une responsabilité civile. L'usurpateur est incarcéré sur la plainte de celui qu'il a lésé, et, dès lors, sa personne même étant sous main de justice, il est contraint judiciairement à se rendre dans la localité où le délit a été commis, et à restituer la chose usurpée.

(1) *Quia, quod factum est, antea nullius erat* (Dig.).

(2) *Conf. suprá*, n° 201, 3°.

(3) *Conf, suprá*, tome I, p. 272, note 1, sur le *dimmi* ou *tributaire.*

L'usurpateur s'est-il emparé d'un œuf, l'a-t-il donné à couver à sa poule, le poussin lui appartient, à la charge de remettre au propriétaire un œuf semblable à celui qui lui a été enlevé. Ici, l'éclosion du poulet est bien un acte de spécification naturelle, mais la poule de l'usurpateur en a été l'instrument. D'autre part, les œufs se vendent au compte, ils sont donc assimilés aux choses fongibles (1).

475. *B.* Confusion. — Primus a usurpé la farine de Secundus, et l'a mélangée avec du beurre ou du miel qui lui appartenait. Il doit le semblable de la farine, si la quantité de celle-ci est déterminable ; sinon, la valeur.

476. *C.* Adjonction. — Une étoffe appartenant à Secundus a été usurpée par Primus qui l'a fait teindre. Quel sera le droit de Secundus ? Il est armé de la faculté d'opter entre les deux alternatives suivantes : ou bien reprendre l'étoffe en remboursant la valeur de la teinture, ou bien exiger la valeur de l'étoffe au jour de l'usurpation, pourvu que la chose n'ait rien perdu de sa valeur par le fait de la teinture ; dans le cas contraire, d'après quelques auteurs, l'option porte sur la reprise de l'étoffe sans indemnité pour l'usurpateur, ou sur la réception de la valeur de l'étoffe avant la teinture. Cette solution s'impose en quelque sorte, les deux choses appartenant à deux maîtres différents étant inséparables. Si elles étaient séparables, l'usurpé pourrait exiger la disjonction des deux choses et la restitution de la sienne, ou abandonner le tout à l'usurpateur tenu, dans ce cas, à lui rembourser la valeur de la chose usurpée. Il en est ainsi de celui qui a usurpé une étoffe dont il a fait une doublure pour un vêtement lui appartenant.

477. Accession immobilière. — Les constructions et plantations qui se trouvent sur un terrain sont présumées appartenir au propriétaire de ce terrain, et avoir été faites par lui et avec ses matérianx (2), à moins que le contraire ne soit prouvé.

Il faut donc, pour que la question d'accession se pose, ou que le propriétaire du sol ait fait des travaux avec des matériaux qui ne lui appartenaient pas, ou que le propriétaire des matériaux ait fait des travaux sur un terrain qui ne lui appartenait pas. Il faut, en d'autres termes, qu'il y ait une usurpation, portant tantôt sur les matériaux, tantôt sur le sol. Et il serait inexact de dire que,

---

(1) Si l'usurpateur s'était emparé de la poule et des œufs d'un tiers, la poule (corps certain non-fongible) devrait être restituée avec ses poussins, ceux-ci étant l'accessoire de leur mère.

(2) *Conf. suprà*, n° 286.

dans la première hypothèse, il y a usurpation d'un meuble, celui-ci ayant été absorbé par son incorporation avec le sol, de façon à ne plus former avec lui qu'une seule chose, un seul bien ; non pas, sans doute, que la séparation de ces deux éléments ne soit possible, en fait ou en droit ; mais ce qui demeure incontestable, c'est le droit supérieur du propriétaire du sol d'imposer sa loi à l'usurpateur.

Nous allons examiner chacune de ces deux hypothèses :

1° *Le propriétaire du sol a usurpé les matériaux d'autrui.* — Lorsque le propriétaire d'un terrain usurpe des matériaux, pierres, bois, etc., ou des arbres, et les emploie à édifier une construction, ou à faire des plantations, le propriétaire des matériaux ou des arbres peut en demander la restitution en nature, s'il n'aime mieux consentir au maintien de l'ouvrage en exigeant la valeur de la chose usurpée.

Cette solution est fondée sur ce que l'usurpateur n'est digne d'aucun intérêt, en raison même de sa qualité. Mais, autoriser dans tous les cas le propriétaire des matériaux à provoquer la démolition de la construction a paru excessif à plusieurs auteurs recommandables (1). N'est-ce pas aller contre la parole divine qui interdit *la perte du bien* (2) ? Quel avantage l'usurpé tirera-t-il de cette destruction d'une chose utile ? Et, si l'usurpateur n'est pas intéressant, l'intérêt bien entendu de l'usurpé ne commande-t-il pas de lui attribuer la valeur de ses matériaux, au lieu de les lui restituer détériorés par la démolition même, alors surtout que, tous les jurisconsultes sont d'accord sur ce point, la perte serait pour lui en vertu du principe : *res perit domino* (3) ?

Il importe de rappeler que les matériaux doivent avoir été usurpés, et que le propriétaire du sol qui invoquerait même un titre apparent pour justifier l'emploi de ces matériaux, ne serait pas traité aussi rigoureusement que l'exigent les partisans du premier des deux systèmes que je résume ici (4) ;

2° *Le propriétaire des matériaux a usurpé le sol d'autrui.* — Celui qui usurpe un terrain et qui y élève une construction, est tenu, à première réquisition, de la démolir et de niveler le sol. Mais le propriétaire du terrain peut retenir la construction (5), en payant

---

(1) Ibnou El-Kassar, entre autres.

(2) *Conf. suprà*, tome Ier, page 117.

(3) *Code civil*, art. 554. *Extinctæ res vindicari non possunt.* Il n'y a plus ni poutres, ni pierres, ni arbres, il y a un sol bâti, ou planté. Le droit romain indique encore un motif d'ordre public pour empêcher ces dévastations : « *Ne aspectus urbis ruinis deformetur*, etc. »

(4) Si les matériaux n'ont pas encore été employés, ils constituent une chose mobilière fongible ou non-fongible, suivant les distinctions indiquées plus haut. (*Conf. suprà*, nos 470 et suiv.).

(5) *Code civil*, art. 555. Il n'y a ici pas à distinguer entre la bonne et la mau-

la valeur des matériaux qui conserveraient de la valeur une fois détachés du sol (1), déduction faite des frais d'enlèvement et de nivellement que l'usurpateur aurait eu à supporter si l'enlèvement avait été ordonné. Si ce dernier se charge de la démolition, il n'a droit, de ce chef, à aucun salaire.

Il en est de même pour les plantations.

Ce n'est pas tout. Le propriétaire du sol a, en outre, à recevoir le prix de la location de son terrain, quand il opte pour la suppression des travaux; il le retient sur le prix des matériaux, quand il se prononce pour la seconde alternative. Mais l'examen de cette question comporte certaines distinctions que nous étudierons plus loin (2).

478. TRANSITION. — Lorsqu'un individu usurpe une chose quelconque, celle-ci peut être frugifère ; d'autre part, il est possible qu'il ait fait des impenses utiles ou voluptuaires; d'autre part, encore, elle est susceptible de subir des détériorations entre ses mains; enfin, l'usurpation ne se présente pas toujours sous sa physionomie propre, en d'autres termes, certains faits juridiques, sans constituer la préhension physique d'une chose, n'en n'ont pas moins la valeur juridique d'une véritable usurpation.

Telles sont les questions qu'il nous reste à étudier pour épuiser notre sujet.

479. DES PRODUITS DE LA CHOSE USURPÉE. — En thèse générale, que la chose soit ou non frugifère, l'usurpateur n'est tenu que des produits dont il a tiré profit. Ainsi, monte-t-il la bête usurpée, habite-t-il la maison usurpée, il en doit le loyer. S'est-il borné à déposer l'animal dans son écurie sans s'en servir, a-t-il laissé close et inhabitée la maison, il n'est soumis qu'à la responsabilité générale dont nous avons déterminé la nature, et il est indemne au point de vue des produits de la chose. Il en est ainsi, à plus forte raison, quand la chose ne produit pas de fruits, comme une terre inculte qu'il a laissée telle qu'il l'a trouvée, sans y faire aucun travail de culture.

Mais si, s'étant emparé d'un esclave, il l'a envoyé chasser à son profit, le gibier qui sera pris appartiendra au maître de l'esclave. De même pour un chien de chasse, pour un faucon, pour un filet de pêche, pour un arc ou un fusil.

Quand l'usurpation porte sur une terre, et que l'usurpateur y a

vaise foi du constructeur, puisqu'il s'agit d'un terrain usurpé, c'est-à-dire occupé de mauvaise foi.

(1) Le propriétaire du sol n'a rien à payer pour les matériaux qui, une fois enlevés, n'auraient plus aucune valeur, comme le mortier, le béton, les peintures ou les badigeons.

(2) *Conf. infrà*, n° 479.

bâti, il ne doit que le prix de location du sol nu, et s'il tire des produits de la maison, soit en l'habitant lui-même, soit en la louant à un tiers, il ne doit rien de ces produits qui lui sont exclusivement attribués.

A-t-il simplement cultivé la terre, sans y construire aucun édifice, les produits appartiennent au propriétaire, mais sous déduction des frais de culture.

Celui qui a usurpé un navire avarié, qui l'a réparé et qui s'en est servi ensuite, ne doit au propriétaire que le loyer d'un navire avarié, à dire d'experts.

480. DES IMPENSES. — Il est conforme à l'équité que l'usurpateur soit indemnisé de toutes les dépenses qu'il a faites pour l'entretien de la chose, lorsque, bien entendu, celle-ci a besoin d'entretien.

Il y a donc lieu de distinguer, à cet égard, entre les impenses nécessaires, utiles ou voluptuaires.

Un arbre a besoin d'être arrosé, dans certaines localités, suivant sa nature. L'arrose-t-on sans nécessité, aucune indemnité n'est due.

Un animal doit toujours être nourri.

En principe, lorsque les dépenses sont telles que l'usurpé lui-même serait obligé de les faire, l'usurpateur est restituable. D'autre part, l'entretien de la chose doit être prélevé sur ses produits, avec d'autant plus de raison que c'est par l'industrie de l'usurpateur, malgré ses torts, que la conservation de la chose a été assurée.

Mais que décider dans le cas où les dépenses d'entretien ont été supérieures aux produits? Ici, par la volonté arbitraire de la loi, l'usurpateur n'a aucun recours contre le propriétaire. Quand les produits sont supérieurs, ce dernier exerce, au contraire, son recours contre l'usurpateur.

Quand les dépenses et les produits se balancent, il s'opère une véritable compensation (1).

Les impenses voluptuaires demeurent évidemment à la charge exclusive de l'usurpateur.

481. DÉTÉRIORATIONS. — Dès qu'un fait d'usurpation a eu lieu (2), l'usurpateur devient responsable de la chose, dans les conditions et suivant les distinctions que nous avons indiquées plus haut (3).

Mais le problème peut se compliquer, lorsque la chose en elle-même, *in individuo*, est restituable. En effet, elle peut avoir subi une moins-value entre les mains de l'usurpateur. Ainsi l'animal

(1) Nouvelle dérogation aux principes de la compensation (*Conf. suprà*, n° 315).
(2) *Conf. suprà*, n° 467.
(3) *Conf. suprà*, n° 469.

dout il s'est emparé a maigri, l'esclave a oublié le métier qu'on lui avait enseigné, ou la chose, en raison des fluctuations du marché, est en baisse, ou le bijou s'est brisé, etc.

Si, malgré cette diminution physique ou intellectuelle, l'objet revient à son premier état, naturellement ou par l'industrie de l'usurpateur, il est indemne.

Dans le cas contraire, c'est-à-dire si la détérioration persiste, l'usurpateur est tenu d'indemniser le propriétaire jusqu'à due concurrence.

Cette solution s'applique à tous les exemples qui précèdent, sauf pourtant à l'avant-dernier. Nous avons déjà vu (1) que la hausse et la baisse n'entrent jamais en ligne de compte, parce qu'elles ont des faits indépendants de la volonté des hommes. L'usurpateur ne doit que la chose, et il en est ainsi alors même qu'il la rapporterait d'un long voyage, pourvu qu'elle fût en bon état.

482. FAITS DE L'HOMME ASSIMILÉS A L'USURPATION. — Sidi Khalil énumère un certain nombre de faits qui constituent une véritable usurpation, bien qu'ils ne paraissent pas, à première vue, rentrer dans la définition d'Ibn Arfa (2).

Ainsi : 1° Nier un dépôt est une usurpation, car c'est transformer la détention légitime de la chose en une détention illégitime;

2° Contraindre un tiers à détruire une chose est également une usurpation, le propriétaire de la chose s'en trouvant, en fait, dépouillé. Ici l'auteur de la destruction, agent direct, est tenu avant l'instigateur, sauf le cas où le premier serait moins solvable que le second;

3° Creuser sans droit, ou dans l'intention de nuire, un puits au fond duquel tombe un objet qui se brise ou qui périt, est encore un fait délictueux assimilé à l'usurpation. La chose a-t-elle été précipitée volontairement par un tiers dans le puits ainsi creusé, l'auteur direct de la perte de l'objet est également tenu avant le premier, sauf le cas où ils seraient convaincus d'avoir agi de complicité;

4° Exposer une chose à un péril qui en amène la perte, comme le fait d'ouvrir l'écurie où se trouve un animal, la cage qui contient un oiseau, l'outre qui renferme un liquide, lait, miel, c'est commettre le délit d'usurpation.

483. DE L'USURPATION CONSIDÉRÉE COMME MODE D'ACQUÉRIR LA PROPRIÉTÉ. — Il est certain que si l'usurpé consent à vendre la chose usurpée à celui qui s'en est emparé, ou s'il lui en fait donation, le vice de la possession de l'usurpateur est purgé, et encore,

(1) *Conf. suprà*, n° 470.
(2) *Conf. suprà*, n° 467.

nous l'avons vu, certains auteurs exigent que la chose ait d'abord été rendue à son légitime propriétaire (1).

Dans cette espèce particulière, l'usurpation n'est pas à considérer comme un mode d'acquérir la propriété; tout au contraire, l'usurpateur ayant acquis la chose par un procédé régulier, de droit commun, toutes les conséquences du fait délictueux qu'il a commis se trouvent, pour ainsi dire, abolies.

Ce n'est donc pas là le terrain de la thèse que je pose.

Mais, supposons-le, l'usurpateur est dans une des situations où, en vertu de la loi, il est débiteur, non plus de la chose elle-même, mais de sa valeur (2). Voici dans quels termes Sidi Khalil résout le problème : « L'usurpateur acquiert la propriété de la chose....... » quand il est constitué débiteur de sa valeur...... » A prendre ce passage au pied de la lettre, l'usurpation serait donc un mode d'acquérir la propriété. Je l'avoue, cette solution me paraît antijuridique au premier chef; encore si, l'usurpateur ayant détenu la chose pendant un certain temps, on disait qu'il l'acquiert par la prescription, malgré le vice originel de sa détention, toutes les critiques tomberaient d'elles-mêmes. Mais quoi! on m'a dépouillé de mon bien, sans titre, sans droit, et, par une fiction légale, l'auteur de cet attentat pourra trouver, immédiatement, dans sa mauvaise action, le principe d'un droit de propriété qu'il a violé dans ma personne! Ne serait-ce pas là le comble de l'immoralité (3)?

La vérité est que, l'usurpateur ayant réparé le préjudice qu'il a causé, et cela en restituant à la partie lésée la valeur de la chose usurpée, c'est en vertu de cette restitution qu'il acquiert la propriété de l'objet dont il s'était emparé. L'usurpation ne saurait donc, à aucun point de vue, être considérée comme la source de l'acquisition de la chose par l'usurpateur (4).

484. Contestations. — Quand la contestation porte sur la perte de la chose, l'usurpateur l'alléguant, et l'usurpé la niant, le dire du premier, appuyé d'un serment, l'emporte.

Pourquoi cette préférence accordée à la parole d'un homme que sa qualité même devrait rendre suspect? Il est débiteur, disent les auteurs. Ce motif de procédure me semble peu satisfaisant, et je crois pouvoir en proposer un meilleur. L'usurpateur est tenu même

---

(1) *Conf. suprà*, n° 201, 4°, B.

(2) *Conf. suprà*, n° 470.

(3) Surtout dans une législation qui pousse le scrupule jusqu'à exiger que l'usurpé soit remis en possession de sa chose avant de pouvoir la vendre valablement à l'usurpateur, et jusqu'à permettre à ce dernier, lorsqu'il a vendu la chose et qu'il en devient ensuite propriétaire par voie d'héritage, de provoquer l'annulation de la vente. (*Conf. suprà*, n° 201, 4°, *B.*)

(4) L'argumentation est la même dans l'hypothèse où l'usurpateur doit le *semblable* de la chose.

des cas fortuits (1) ; quoi qu'il arrive, que la chose existe ou non, il est toujours débiteur soit de la chose elle-même, soit du *semblable* de celle-ci, soit de sa valeur. Il importe donc peu qu'on ajoute foi à ses allégations, d'autant plus que pour le convaincre de mensonge, il faudra procéder à une enquête, durant laquelle il disparaîtra, ou deviendra insolvable.

La même solution s'applique lorsque le conflit se produit sur la qualité ou la quantité de la chose ; mais l'explication donnée ci-dessus est moins concluante. En effet, si l'usurpateur est toujours débiteur, il importe beaucoup à l'usurpé que son adversaire ne soit pas cru sur parole en ce qui touche la qualité ou la quantité de la chose. Néanmoins, il vaut encore mieux passer condamnation que de subir les lenteurs d'une enquête.

J'ajoute que, pour la quantité et la qualité de la chose, on ne s'en rapporte au dire de l'usurpateur qu'à défaut de preuve, et quand les faits articulés par lui sont vraisemblables (2) ; faute de quoi, et pour peu que ceux exposés par l'usurpé soient conformes à la vraisemblance, le serment sera déféré à ce dernier. Quand les articulations des deux plaideurs sont vraisemblables, on les astreint tous deux au serment, chacun d'eux étant tenu d'affirmer l'exactitude de sa prétention et la fausseté du dire de sa partie adverse ; les deux serments s'entre-détruisent (3), et le juge établit une moyenne entre les deux articulations (4).

Mais voici une procédure encore plus bizarre, et qui démontre combien il est périlleux de tout subordonner à des principes inflexibles.

Primus a été victime d'une usurpation. Il produit deux témoins : le premier déclare avoir vu commettre l'usurpation ; le second avoir entendu Secundus faire l'aveu qu'il a commis l'usurpation au préjudice de Primus ; — ou bien le premier affirme que la chose appartient à Primus ; le second qu'il a vu Secundus commettre l'usurpation.

On supposerait que la preuve est complète et qu'il ne reste plus qu'à attribuer la chose à Primus. En effet, dans la première hypothèse, le fait matériel de l'usurpation est établi, et, de plus, l'usur-

---

(1) *Conf. suprà*, n° 469.

(2) La vraisemblance des articulations joue un grand rôle dans la procédure musulmane. A défaut de preuve, le juge pèse la vraisemblance des allégations respectives des parties. Ainsi, en matière de dissolution de mariage, quand chacun des époux réclame certains objets mobiliers, si la femme déclare qu'un sabre, un fusil lui appartiennent, la vraisemblance est contre elle, les armes appartenant généralement aux hommes.

(3) Pour ces duels de serments, *Conf. suprà*, n° 338, 3°.

(4) Exemple : D'après Primus, le blé usurpé à son préjudice était d'excellente qualité ; d'après Secundus, l'usurpateur, le blé était de qualité inférieure. Dans le premier cas, il vaudrait 100 ; dans le second, 60 ; le juge fixe la valeur à 80.

pateur en a fait l'aveu; dans le second le droit de propriété de Primus est prouvé, et l'usurpation l'est également.

Mais il n'en est pas ainsi, et voici le raisonnement des auteurs musulmans : Dans les deux cas, le droit de propriété de Primus n'est affirmé que par un témoin unique, ce qui constitue une preuve incomplète, ou, si l'on aime mieux, un commencement de preuve. Aussi Primus n'en tirera-t-il d'autre avantage que de triompher au possessoire. S'il veut reconquérir sa chose, au point de vue pétitoire, il devra, suivant les règles de la procédure, compléter la preuve par le serment, et jurer que la chose lui appartient (1).

Ce n'est pas tout encore. La preuve ainsi complétée, il reste à Primus à détruire une dernière présomption. Son droit de propriété placé hors de toute contestation, il devra encore prêter serment qu'il n'avait pas aliéné sa chose à titre gratuit ou à titre onéreux, la possession de Secundus pouvant être légitime.

SECTION II. — *Du trouble*

(*TAA'DDI*)

485. GÉNÉRALITÉS. — Usurper une chose, c'est, nous l'avons vu, s'en emparer injustement, violemment, non pas seulement dans le but d'en user, mais pour se l'approprier.

Mais, lorsqu'un individu, sans priver un tiers de la propriété de sa chose, en use abusivement, ou même se borne à lui en enlever malicieusement l'usage, il commet un délit d'une nature différente ; il *trouble* le propriétaire dans sa légitime jouissance (2).

486. DÉFINITION. — Le trouble est l'action de tirer profit des produits de la chose d'autrui, sans y avoir aucun droit et sans avoir l'intention de l'acquérir, ou la destruction totale ou partielle de cette chose sans intention d'en devenir propriétaire (3).

487. RESPONSABILITÉ. — Lorsque la détérioration rend la chose absolument impropre à l'usage normal auquel elle est destinée, le

---

(1) Je me borne à ébaucher cette théorie de pure procédure. Nous la retrouverons au chapitre du témoignage. (*Conf. infrà*, chap. XXVI.)

(2) Je traduis par *trouble*, le mot arabe *taa'ddi* qui signifie littéralement : *la transgression, l'action de dépasser*.

(3) Autre définition : Le trouble est l'action de tirer profit, sans droit, d'un bien appartenant à autrui, intentionnellement ou non ; c'est également l'action de modifier l'état de la chose, sans autorisation du propriétaire ou de justice. Le commandité, le locataire qui usent au delà de leur titre, commettent un trouble comme celui qui agit sans titre aucun.

propriétaire a le choix, soit de la reprendre dans l'état où elle se trouve, avec des dommages-intérêts, soit d'en exiger la valeur totale. Ainsi, couper la queue ou les oreilles d'une monture de luxe, raccourcir le voile qui recouvre le turban d'un magistrat ou d'un administrateur, faire tarir le lait d'une brebis ou d'une chèvre laitière, constituent des troubles graves qui abolisent la légitime jouissance du propriétaire et qui confèrent à ce dernier l'option dont il vient d'être parlé.

Quand la détérioration diminue simplement la valeur de la chose, il n'est dû au propriétaire qu'une indemnité proportionnelle. On range dans cette catégorie le fait de faire tarir le lait d'une vache, celle-ci pouvant encore être utilisée comme bête de trait.

L'auteur du trouble est toujours garant des fruits qu'il a empêché la chose de produire, ou de ceux dont il a retardé la production.

Il ne répond jamais des cas fortuits.

Section III. — *De la revendication*

(ISTIHKAK)

488. Généralités. — Bien que la revendication soit placée par Sidi Khalil immédiatement après l'usurpation et le trouble, elle n'a, pour ainsi dire, rien de commun avec ces deux matières. La victime d'une dépossession injuste et violente dispose d'une action spéciale; elle n'a donc pas à réclamer sa chose par la voie de la revendication, celle-ci n'étant ouverte qu'au propriétaire *antérieur* contre un propriétaire ou un possesseur *postérieur,* dont le droit est au moins apparent. Ainsi, Primus a acheté un cheval à Secundus, lequel n'en était pas propriétaire; la bonne foi de Primus étant certaine, si le véritable propriétaire du cheval entend l'évincer, il devra agir par voie de revendication. Au contraire, s'il s'en prend à l'usurpateur lui-même, avant que Primus ne se soit rendu acquéreur de l'animal, il n'y a pas lieu à revendication, le fait même de l'usurpation donnant au propriétaire une action pour faire cesser le préjudice dont il souffre et faire rentrer dans son domaine l'objet dont il a été injustement dépouillé.

489. Définition. — La revendication est l'action de repousser un droit de propriété en se fondant sur un droit antérieur de propriété, sans avoir à offrir aucun équivalent au possesseur évincé.

Cette définition d'Ibn Arfa offre quelques obscurités que les commentateurs s'efforcent de dissiper.

Ainsi, dit Alich, si j'ai fait donation de la chose, je ne puis évidemment pas invoquer mon droit antérieur de propriété pour faire tomber celui que le donataire a légitimement acquis par mon fait.

En d'autres termes, aucune circonstance légale ne doit m'avoir dépouillé de mon droit antérieur pour que je sois admis à le faire valoir.

De même encore, je n'ai aucune action utile, fondée sur la revendication, pour réclamer la chose dont je viens d'hériter, car je n'avais aucun droit antérieur, dans cette hypothèse, mon droit étant né postérieurement. Mais ici il faut s'entendre. En effet, s'il s'agit d'une chose que mon auteur était fondé à revendiquer, je me substitue à lui par le seul fait de son décès, et j'exerce utilement les actions dont il était armé lui-même. Mais il en est autrement pour ma part dans sa succession ; là je n'ai évidemment aucun droit antérieur; or l'action en revendication me sera refusée avec d'autant plus de raison que, si je suis héritier, j'acquiers, en vertu de la saisine, la propriété de ma part héréditaire par le seul fait du décès de mon auteur, et si je suis légataire, je dispose d'une action spéciale en délivrance de la chose léguée.

Il est certain que le revendiquant n'a aucun équivalent à offrir, car il n'acquiert rien ; il se borne à évincer le propriétaire apparent et à reprendre la position qu'il occupait antérieurement. Avoir à désintéresser ce dernier, ce serait reconnaître son droit et se condamner soi-même.

Parfois le *droit antérieur* se présente sous un aspect bizarre. Supposons le cas où un habous a été constitué au profit des pauvres ou des savants, sans désignation de personnes. Il est permis à un individu, dès qu'il justifie qu'il rentre dans une de ces catégories, de revendiquer sa part de jouissance des biens immobilisés. A vrai dire, son droit antérieur n'a aucune existence légale ; au contraire, les savants ou les pauvres nantis de la chose habousée peuvent invoquer l'antériorité de leur droit. Mais il est facile de répondre à cette objection. En effet, les usufruitiers du moment sont soumis, par leur titre même, à une diminution de part éventuelle dès qu'un nouveau venu se présente, et celui-ci a un droit antérieur résultant de la constitution même du habous.

490. DE L'EXERCICE DE L'ACTION. — Lorsqu'on élève la prétention de revendiquer un objet, on doit d'abord établir que cet objet vous appartient et qu'il n'est pas sorti de votre domaine (1).

Ce premier point acquis, tous les doutes qui pourraient s'élever sur l'identité de la chose doivent être levés. Au besoin, le juge désigne une ou deux personnes de confiance, qui se transportent au lieu où la chose se trouve, et là, en leur présence, les témoins sont requis d'affirmer que c'est bien là l'objet sur lequel leur témoignage a porté.

---

(1) Ne pas confondre le droit de propriété avec la simple possession. Il est certain que la chose est sortie de la *possession* de son propriétaire ; s'il n'en était pas ainsi, il n'aurait pas à la revendiquer.

Puis, le détenteur de cet objet est interpellé (1). S'il passe condamnation, le revendiquant obtient gain de cause; formule-t-il une opposition, terme et délai lui est accordé pour produire ses défenses.

D'après quelques auteurs, le revendiquant, indépendamment des preuves qu'il fournit, est astreint au serment. Mais la question est controversée (2).

Il ne faut pas s'étonner de ce luxe de formalités. La propriété est un droit sacré ; détenir un objet, c'est avoir un titre au moins apparent ; pour en détruire la valeur, le revendiquant est mis en demeure de détruire toutes les présomptions qui lui sont contraires.

Certains faits, loin de détruire ces présomptions, les consolident, pour ainsi dire. Acheter la chose, même pour en empêcher le divertissement, rend l'action en revendication irrecevable, à moins que le revendiquant ne fasse constater au préalable le motif pour lequel il a agi ; cette précaution prise, il n'encourt aucune fin de non-recevoir tirée de l'acquisition de l'objet, soit qu'il ait en vue de gagner du temps pour se procurer une preuve qui lui manque encore, soit qu'il juge prudent de déjouer les manœuvres du possesseur. Assister sans protestation à la possession de ce dernier produit le même effet (3). Mais quelle doit être la durée de cette inaction, les jurisconsultes négligent de nous l'indiquer.

491. LIEU DE L'ACTION. — La définition même de la revendication (4) démontre clairement que l'usurpation et le trouble ne sont pas le terrain propre de cette action spéciale. En effet, l'usurpateur, pour ne parler que de lui, n'a aucun titre, le véritable propriétaire n'a donc aucun droit de propriété à repousser en se fondant sur un droit antérieur.

Aussi, dans la rigueur des termes, il n'y a lieu à revendication que dans le cas où le détenteur est armé d'un titre au moins apparent, soit par lui-même, soit par celui de qui il a eu la chose; il doit être de bonne foi dans sa résistance; cela est si vrai que, Khalil le proclame, il fait les fruits siens jusqu'à la décision judiciaire par laquelle il est évincé, ce qui n'est pas vrai pour l'usurpateur ou pour l'auteur d'un trouble.

(1) Sur cette interpellation *Conf. Recueil d'actes arabes traduits et accompagnés de notes juridiques* par MM. Zeys et Mohammed Ould Sidi Saïd, page 25, note 67.

(2) Le serment est indispensable, d'après Ibnou El-Kassim, Ibnou Ouaheb et Sahnoun; il est inutile, d'après Ibnou Kouteba ; les jurisconsultes audalousiens ne l'exigent que pour les biens meubles, la présomption *en fait de meubles possession vaut titre* devant être détruite. Enfin, El-Badji ne dispense du serment que celui qui réclame un objet usurpé.

(3) Les auteurs musulmans résument cette théorie en deux mots : l'action en revendication devient irrecevable par *le fait* ou par *l'abstention* du revendiquant.

(4) *Conf.* aussi *suprà*, n° 489.

Néanmoins, et par une sorte d'abus admis par les auteurs, lorsque l'usurpateur résiste à la demande d'éviction dirigée contre lui, en alléguant la légitimité de sa possession, le propriétaire n'a d'autre ressource que de recourir à la procédure de la revendication. Celle-ci admise, on procède comme il a été dit, suivant les circonstances (1).

Le terrain ainsi déblayé, il ne nous reste plus qu'à examiner comment se règle le conflit, lorsqu'il y a *réellement* lieu à la revendication, et celle-ci ayant été reconnue juste.

Quand le possesseur n'a tiré aucun profit de la chose, il est simplement tenu de la restituer. Mais il faut supposer qu'il l'a utilisée, directement ou par le fait d'un tiers.

Toutes les solutions qui suivent sont basées sur ce principe général que le possesseur de bonne foi fait les fruits siens jusqu'au jour de l'éviction judiciairement prononcée (2).

Le possesseur d'un immeuble rural l'a-t-il ensemencé, il doit la location de l'année si, au moment où l'éviction est prononcée, le propriétaire, en le supposant remis en possession immédiatement, pouvait encore ensemencer le terrain à son tour. Ainsi, l'éviction a lieu à la fin du mois d'octobre; les semailles du possesseur sont terminées, il est vrai; mais le propriétaire, si la terre était vierge de toute culture, pourrait encore l'ensemencer utilement. Dès lors, comme les fruits n'existent pas, le possesseur ne saurait les acquérir, et, d'autre part, il prive le propriétaire de ceux qu'il lui serait possible de récolter; il doit donc indemniser ce dernier. Sans doute, on entrevoit une autre solution plus pratique, celle par laquelle le propriétaire serait tenu de rembourser au possesseur évincé la valeur de sa semence; mais ce serait une combinaison illicite, car ce serait acheter des fruits non mûrs, ce que la loi défend comme aléatoire (3). — Quand la saison est trop avancée pour que le propriétaire puisse ensemencer le terrain à son tour, le possesseur a le droit de s'approprier la moisson, sans rien devoir en échange.

Le possesseur de l'immeuble rural l'a-t-il loué au lieu de l'exploiter lui-même, une distinction est nécessaire : 1° *le bail n'a été consenti que pour un an*. Si le jugement d'éviction est rendu avant tout labour ou ensemencement, le bail est résilié sans indemnité pour le bailleur ou pour le preneur; si le jugement intervient après les labours ou les semailles, le propriétaire a le choix, soit de maintenir la location dont le prix lui est alors payé, soit d'en exiger la résiliation en remboursant au locataire les frais des labours; 2° *le bail a été consenti pour plusieurs années*. Dans cette hypo-

---

(1) *Conf. suprà*, n° 490.

(2) Le possesseur est dit de bonne foi quand il possède en vertu d'un titre de vente, de donation, de succession, dont il ignore le vice. Les mots *vente* et *donation* sont pris dans le sens général d'acquisition à titre onéreux ou à titre gratuit.

(3) *Conf. suprà*, n° 288.

thèse, le propriétaire peut en provoquer l'annulation pour la durée non encore écoulée, ou le ratifier s'il est possible de déterminer le quantum du prix pour la période non encore écoulée; faute quoi le bail est forcément résiliable (1).

Lorsque le tiers, possesseur de bonne foi, a bâti ou planté sur l'immeuble qu'il détient, le propriétaire est autorisé à conserver les ouvrages en remboursant la plus-value qui en résulte pour lui. Mais, comme cette solution peut être onéreuse pour lui, sur son refus de l'accepter, le possesseur est admis à conserver le sol en en remboursant la valeur au propriétaire. Si, à son tour, le possesseur refuse de consentir à cette combinaison, ils demeurent tous deux copropriétaires indivis de la terre et des constructions ou des plantations, dans la proportion de leur apport respectif, estimé à dire d'experts, au jour du jugement (2).

Ces principes ne souffrent d'exception que dans deux cas : 1° Lorsque le constructeur a bâti sur une terre habousée, il n'a droit qu'à la valeur de ses matériaux, à moins que l'administrateur du habous ne juge plus avantageux de conserver l'édifice, au prix des matériaux séparés du sol (3); 2° lorsque la construction faite par le propriétaire apparent a été affectée par lui à un service religieux, le propriétaire réel peut en exiger la suppression, en raison de la gêne qui en résulte pour lui.

Il me resterait à parler du cas où la revendication ne porte que sur une partie de la chose. Mais cette question a déjà été traitée, et il me suffit de renvoyer aux développements précédemment donnés (4).

---

(1) Le motif en est qu'il est aléatoire.

(2) Combien l'usurpateur, *possesseur de mauvaise foi*, est traité plus durement! (*Conf. suprà*, n° 469).

(3) Cette dérogation au principe s'impose, car il n'est pas admissible que le constructeur devienne propriétaire d'un immeuble habousé par le fait de l'édifice qu'il y a placé. Ce serait un véritable attentat contre la pérennité du habous. Cela est si vrai que si, à défaut de revenus disponibles, un dévolutaire rembourse de ses deniers les matériaux, il n'acquiert pas là aucun droit de propriété sur l'édifice, celui-ci étant un accessoire du sol immobilisé, et ne pouvant être la propriété de personne.

(4) *Conf. suprà*, n° 268.

CHAPITRE XV

DU RETRAIT D'INDIVISION

—

(CHOUFA'A)

492. GÉNÉRALITÉS. — Le retrait n'est pas spécial au droit musulman; on le rencontre déjà dans la législation romaine, et surtout dans notre ancien droit français, où il se présente sous vingt-cinq formes différentes, depuis le *retrait à droit de lettre lue* jusqu'au *retrait sur les Juifs* (1). Il existait également chez les Arabes préislamiques : « Avant le prophète, dit Ibnou Rouchd, dans ses *Prolé-* » *gomènes,* lorsqu'un individu avait acheté un enclos, ou une mai- » son, ou une portion d'enclos ou de maison, le voisin ou le co- » propriétaire de l'immeuble se rendait auprès de l'acquéreur, et » le *suppliait* (2) de lui céder son marché, afin d'éloigner le préju- » dice qui résultait pour lui de ce marché. » Les Hanéfites ont conservé au retrait sa physionomie historique, car ils l'accordent non seulement aux communistes, mais même aux simples voisins. Les Malékites, plus rigoureux, ne l'attribuent qu'aux communistes.

Nous avons vu précédemment (3) que l'association, sous toutes ses formes, joue un rôle éminent chez les musulmans. Dieu seul, peut-on dire, n'a pas d'associés, et les hommes sont associés pour la vie de ce monde. Aussi l'indivision règne-t-elle en maîtresse souveraine sur la terre islamique (4). Elle constitue d'ailleurs une nécessité économique pour les membres de la famille arabe qui, groupés autour de son chef, vivent des produits de leurs pâturages et de leurs troupeaux, et pour lesquels l'intrusion d'un étranger est une cause de trouble profond. Le retrait n'est donc pas pour eux une atteinte à la propriété; au contraire, l'aliénation consentie par l'un d'eux est un véritable attentat contre le droit supérieur de la

---

(1) *Conf. Merlin*, Répertoire V° *Retrait*, tome XV, pages 342 et suiv.

(2) Le verbe *chafaa'* signifie proprement *prier, supplier, intercéder* et *augmenter.*

(3) *Conf. suprà*, n° 377.

(4) *Conf. suprà*, n° 409.

collectivité, l'intérêt de tous primant à un degré éminent l'intérêt particulier, et le choufa'a pouvant être rationnellement considéré comme une véritable expropriation pour cause d'utilité générale.

Il est certain que, dans le principe au moins, les copropriétaires d'un immeuble étaient tous unis par les liens de la parenté, que le retrait s'exerçait surtout sur les immeubles ruraux, et qu'il n'a été admis que par extension sur les immeubles urbains.

Quant à la nature juridique du choufaa', et bien que les juris-consultes s'efforcent de démontrer qu'il n'a rien de commun avec la revendication, celle-ci n'étant ouverte qu'au propriétaire ancien contre un propriétaire nouveau, et le premier n'ayant aucune in-demnité à offrir au possesseur évincé (1), il n'en est pas moins évi-dent que le communiste, *avant le partage,* a, sur la totalité de l'im-meuble, des droits anciens par rapport aux droits nouveaux que le contrat de vente confère à l'acquéreur étranger. Ce raisonnement a même l'avantage de donner au retrait un fondement légitime, et de rappeler l'opinion, scientifiquement exacte de Merlin : « Il ne s'agit » point, dit le grand écrivain, de *retirer,* mais d'empêcher qu'on » ne retire (2). » Si le retrayant est tenu de désintéresser le tiers acquéreur, il ne faut pas perdre de vue que, même en matière de revendication, ce dernier a droit à une juste indemnité; elle lui est payée par le vendeur, c'est là la seule différence entre les deux situations, celui-ci ayant agi sans titre, tandis que le retrayant la doit personnellement, le communiste vendeur ayant un titre et n'ayant eu que le tort d'en abuser.

L'étude du choufaa' nous démontre qu'il ne s'éloigne pas sensi-blement, au point de vue de son mécanisme, du retrait tel qu'il fonctionnait autrefois en pays coutumier. Il n'est pas jusqu'à l'obli-gation rigoureuse imposée au retrayant de rembourser le prix à l'acquéreur dans un terme fatal qui ne se retrouve dans la coutume d'Orléans (3). Le droit musulman n'est original que sur un point : il accorde la préférence à certaines catégories de communistes pour exercer le retrait, tandis que les coutumes d'Orléans et de Paris ne la donnent qu'au cohéritier le plus diligent et autorisent les autres à se joindre à celui-ci. Notre code s'est approprié ce sys-tème. Nous verrons que la différence que je signale entre les deux législations tient à l'organisation même de la loi successorale mu-sulmane.

493. DÉFINITION. — Le retrait d'indivision est le droit de tout copropriétaire indivis de reprendre des mains d'un acquéreur

(1) *Conf. supra,* n° 489.

(2) *Merlin,* Répertoire, V° *Droits successifs,* tome IV, n° 8.

(3) Il est de 24 heures dans la coutume d'Orléans (art. 370), et d'une heure seulement en droit musulman.

étranger, en le rendant indemne, ce que lui a vendu un autre co-propriétaire.

494. Du retrayant. — Pour exercer l'action en retrait, il faut remplir les conditions de capacité imposées à celui qui contracte à titre onéreux.

Il faut également, en thèse générale, être musulman, ou au moins *dimmi* (1). Mais si les trois parties, retrayant, vendeur et acquéreur, sont sujets tributaires, ce n'est qu'à la suite d'une déclaration de prorogation de compétence que le juge musulman devient compétent pour prononcer sur le mérite de l'action.

Celle-ci appartient exclusivement au copropriétaire; c'est ainsi que le dévolutaire d'un habous établi sur une partie indivise d'un immeuble n'est pas admis à l'exercer, alors même qu'il aurait l'intention d'immobiliser à son tour la partie par lui retirée des mains de l'acquéreur étranger. En effet, il n'est qu'un usufruitier, et, comme tel, il est sans qualité pour agir. Il suit de là que le constituant lui-même n'est pas frappé de cette incapacité; mais il est tenu de habouser ce qu'il acquiert ainsi.

Ce principe souffre toutefois des exceptions notables. Quand le habous est temporaire et que l'immeuble doit revenir entre les mains dn constituant au bout d'une période de temps déterminée, celui-ci peut valablement exercer l'action en retrait sans être astreint à immobiliser la partie reprise par lui. Il en est de même du dévolutaire dernier nommé dans une constitution de habous limitée à un certain nombre de personnes, avec stipulation que ce dernier deviendra propriétaire de l'immeuble.

L'État, devenu propriétaire des biens d'un criminel par suite de confiscation, peut valablement exercer l'action en retrait du chef du propriétaire auquel il se trouve substitué.

Un voisin, propriétaire d'une servitude de passage, ne jouit d'aucun droit de ce genre; pas plus que l'administrateur d'un habous, à moins que le constituant ne lui en ait expressément conféré le pouvoir; pas plus que le locataire d'un immeuble.

Le point de savoir si le représentant du *bit el mal* (2) est autorisé à exercer le retrait est controversé; mais l'affirmative réunit le plus grand nombre de suffrages.

495. De celui qui subit le retrait. — Primus et Secundus sont

---

(1) *Conf. suprà*, tome 1er, p. 272, note 1.

(2) Seignette l'appelle *le curateur aux successions vacantes.* Notre Code civil, art. 813, charge également ce préposé d'exercer et de poursuivre les droits dépendant d'une succession vacante. Il ne faut pas oublier que l'État est placé au douzième degré dans l'ordre des agnats, en droit musulman ; c'est pour cela que j'adopte la qualification de *représentant du bit el mal.*

copropriétaires d'un immeuble; il est évident qu'aucun d'eux ne pourra évincer l'autre par voie de retrait ; soutenir le contraire, ce serait admettre un véritable non-sens juridique; d'autant plus que chacun des deux propriétaires serait fondé, pour résister à l'action dirigée contre lui, à invoquer un droit égal, aussi respectable que celui de son adversaire. La seule faculté accordée au communiste qui prétend sortir de l'indivision, c'est de provoquer le partage, lequel aura pour effet de respecter les droits de tous les copartageants.

Il faut donc, pour éliminer quelqu'un de la propriété d'un immeuble, qu'il soit un *tiers*, par rapport au titre d'où résulte l'indivision; il faut que son titre soit nouveau. Ce n'est pas tout : ce titre nouveau doit être exempt de toute clause résolutoire ou suspensive. Ainsi, celui qui a acquis une portion d'immeuble sous réserve d'option, n'est pas propriétaire, surtout quand l'option a été stipulée au profit du vendeur (1). Aussi longtemps que le délai déterminé par la loi ou par la convention n'est pas expiré, il ne peut être évincé, son droit étant purement éventuel.

Par application de ces principes, l'acquéreur à évincer doit l'être devenu *librement*, c'est-à-dire non par un fait légal qui s'imposait à lui. La vente, et tous les modes d'acquérir à titre onéreux, tels que la donation à charge de récompense, la constitution de dot, la rançon payée en vertu du khola, sont considérés à cet égard comme des actes libres; on range dans les actes imposés la donation, l'aumône, le legs, l'émolument successoral. Comment, d'ailleurs, le bénéficiaire d'une libéralité pourrait-il être évincé? Il faudrait le rendre indemne, et il n'a rien payé; bien mieux, puisqu'il n'a rien payé, il serait impossible de déterminer la somme qui devrait lui être remboursée.

496. DE L'OBJET DU RETRAIT. — Le retrait ne s'exerce que sur les immeubles et ce qui en dépend, en fait de constructions, d'arbres; les meubles ne peuvent en faire l'objet qu'à titre accessoire, quand ils sont devenus des immeubles par destination.

D'après la plupart des auteurs, il ne faut pas que l'immeuble soit impartageable en nature, ce qu'ils entendent de la façon la plus étroite. Ainsi, pour eux, un établissement de bains n'est pas susceptible de partage, chacune des parties dont il se compose étant indispensable à son exploitation.

Aussi, le copropriétaire indivis d'un établissement de ce genre manifestant l'intention d'en vendre la portion qui lui appartient, l'immeuble est mis en adjudication; chacun des deux copropriétaires est autorisé à s'en rendre acquéreur au prix offert par un tiers. Faute par l'un d'eux de le faire, l'établissement est adjugé au

---

(1) *Conf. suprà*, n° 236.

dernier enchérisseur, et le prix est partagé entre les copropriétaires, au prorata de leurs droits.

C'est d'ailleurs la procédure suivie lorsqu'un objet mobilier est possédé indivisément par plusieurs personnes et que l'une d'elles veut en aliéner une portion, un objet mobilier n'étant que difficilement considéré comme divisible. Il est à peine nécessaire d'ajouter que le retrait n'est possible que pendant la durée de l'indivision ; le partage opéré, la portion de chacun des co-propriétaires une fois individualisée, il n'y a plus lieu à retrait. C'est ainsi que les différents étages d'une maison étant la propriété *divise* de plusieurs personnes, si l'une d'elles aliène, par exemple, le premier étage, le propriétaire du rez-de-chaussée ne pourra pas exercer le retrait.

497. DES OBLIGATIONS DU PRENEUR. — Le preneur est tenu de rendre indemne l'acquéreur qu'il évince, et ce remboursement est soumis à toutes les modalités du prix de la vente. Ce prix est-il payable comptant, l'acquéreur a-t-il été astreint à fournir une caution ou un gage, le retrayant doit se libérer au comptant, donner une caution ou un gage.

De plus, le preneur, par cela même qu'il doit rendre l'acquéreur indemne, est débiteur envers lui des frais et loyaux coûts du contrat originaire. On se pose même la question de savoir si, l'acquéreur ayant dû subir des frais frustratoires, le retrayant doit également les lui rembourser (1).

Il est certain que les conditions stipulées en faveur de l'acquéreur profitent au retrayant. Le premier a-t-il obtenu terme ou délai, le retrayant est autorisé à ne se libérer qu'à cette échéance, pourvu d'ailleurs qu'il soit notoirement solvable ; sinon, et faute par lui d'offrir une caution, il est irrecevable à réclamer le bénéfice du terme.

498. CLAUSES PROHIBÉES. — Le retrait est une faveur que la loi accorde aux communistes, car, en droit strict, il constitue un attentat à la propriété légalement acquise. Il n'est donc pas surprenant que certaines clauses, considérées comme abusives, soient prohibées.

Ainsi le retrait, même opéré, est frappé de nullité quand, par exemple, le retrayant s'est servi des fonds d'un tiers auquel il s'est engagé à céder son marché. Il en est de même lorsque l'acquéreur évincé délègue tout ou partie du prix à son vendeur, sur le retrayant.

499. TRANSITION. — Telle est, exposée à grands traits, la théorie

---

(1) Il s'agit ici de ce que nous appelons « le pot-de-vin. » Pour les uns, il est dû parce que l'acquéreur doit être rendu indemne ; pour les autres, *ce qui est payé injustement* n'est jamais dû.

du retrait d'indivision. En résumé, tout communiste peut écarter un étranger introduit sans son aveu dans la communauté, pourvu que celle-ci n'ait pas fait l'objet d'un partage, et pourvu qu'elle s'exerce sur un bien immobilier. C'est une sorte de droit de préemption ouvert, après coup, à un copropriétaire indivis dont la loi reconnaît le droit préférable à celui d'un tiers, qui peut jeter le trouble dans des intérêts respectables.

Les biens meubles, par leur fragilité même, ne méritent pas une protection exceptionnelle qu'il serait d'ailleurs difficile d'organiser. Mais certaines communautés, bien qu'elles n'aient pas, en théorie pure, le caractère de solidité et de durée qui s'attache à la jouissance des biens immobiliers proprement dits, s'en rapprochent à tel point qu'il a paru utile de leur attribuer le même privilège.

De là l'extension donnée à l'exercice de l'action en retrait, en faveur :

1° Des communistes qui ont bâti ou fait des plantations sur le terrain d'autrui ;

2° De ceux qui, par leur industrie commune, ont fait produire des fruits à une terre ;

3° De ceux qui possèdent en commun des eaux servant à arroser un terrain indivis entre eux ;

Mais ce ne sont pas là les seules questions que soulève l'étude raisonnée du retrait d'indivision. Il importe encore de rechercher :

4° Dans quelle proportion et dans quel ordre le retrait s'exerce quand la communauté compte plusieurs copropriétaires indivis, surtout dans le cas où leurs titres sont de valeur différente ;

5° Quel est l'effet du retrait au point de vue de la translation de la propriété ;

6° Comment il s'exerce après plusieurs aliénations succesives ;

7° Comment ce droit s'éteint ;

8° Enfin, quelles contestations il fait naître.

500. 1° DU RETRAIT EN FAVEUR DE CELUI QUI A BATI OU PLANTÉ SUR LE TERRAIN D'AUTRUI. — Ici, le problème se complique d'un élément nouveau :

Le communiste doit évidemment être protégé contre le caprice ou la malice d'un co-intéressé qui, en se retirant, introduit un tiers dans l'exploitation. Mais, la construction ou la plantation ayant eu lieu sur le terrain d'autrui, le propriétaire du sol a droit, lui aussi, à une protection d'autant plus légitime que son titre a une valeur très supérieure à celle du titre d'un simple possesseur, bien que celui-ci, il faut le supposer, soit de bonne foi.

Les jurisconsultes arabes examinent cette question à un double point de vue. Ils supposent le cas où deux individus ont reçu un terrain à titre de commodat, et y ont bâti ou planté avec l'autorisation du propriétaire, — et celui où deux dévolutaires d'un habous ont bâti ou planté sur l'immeuble habousé.

Dans la première hypothèse, si l'un des communistes aliène sa part indivise de l'édifice ou des plantations, l'autre a le droit d'exercer l'action en retrait contre le tiers acquéreur. Mais le propriétaire *est préféré* — c'est l'expression arabe — à l'acheteur et au retrayant, et il n'est tenu de payer que le moins élevé en somme, du prix de vente et de la valeur des matériaux ou des arbres en les supposant détachés du sol (1). Mais, il ne faut pas l'oublier, le propriétaire peut également exiger la suppression pure et simple des ouvrages. Le retrayant n'exerce donc son droit que faute par le propriétaire d'ordonner la démolition de l'édifice, ou d'exercer le retrait à son profit.

Dans la seconde hypothèse, voici comment l'espèce se pose : Primus et Secundus construisent ou font des plantations sur une terre habousée ; Secundus aliène sa part de la construction ou de la plantation. Primus a-t-il le droit d'exercer l'action en retrait? Si, lors de la construction, ou de la plantation, les parties ont déclaré qu'elle serait habousée au même titre que le sol, elle devient inaliénable et, ne pouvant être vendue, elle ne peut faire l'objet d'un retrait. Il en est de même si les parties ne se sont pas prononcées sur la nature — melk ou habous — de la maison ou de la plantation. Mais s'il a expressément déclaré qu'elle constituerait une propriété privée, exclue du habous, celui des copropriétaires qui est victime de l'aliénation consentie par l'autre communiste a le droit incontestable d'évincer le tiers acquéreur au moyen du retrait (2).

501. 2° DU RETRAIT EN FAVEUR DES COPRODUCTEURS DE FRUITS ET RÉCOLTES. — Nous venons de voir l'action en retrait concédée aux simples possesseurs, mais s'exerçant à l'occasion d'un immeuble ou des accessoires de cet immeuble. Ici, il ne s'agit plus que des fruits et des légumes produits par le travail de deux ou plusieurs communistes exploitant leur propre fonds indivis, ou le fonds d'autrui. Lorsque l'un d'eux vend sa part de ces fruits, même détachés de l'arbre ou du sol, les autres sont autorisés à évincer le tiers acheteur.

Mais il faut, pour que l'action en retrait puisse être valablement exercée, 1° qu'elle le soit avant la dessication du fruit ou du lé-

---

(1) Ainsi le tiers acquéreur a acheté une part de la construction moyennant mille, la valeur des matériaux est fixée à neuf cents à dire d'experts, le propriétaire rembourse neuf cents, sauf, bien entendu, le recours de l'acquéreur contre son vendeur.

(2) Nous retrouverons cette question au chapitre du *Habous* (*Conf. infrà*, chap. XXII). Il est toujours permis à un dévolutaire de faire des constructions ou des constructions sur le fonds habousé ; mais celles-ci sont présumées habous, si leur auteur n'a pas formellement spécifié le contraire.

gume; 2° que la plante qui le produit soit vivace et non pas annuelle; 3° que les fruits ou les légumes n'aient pas encore été partagés entre les co-ayants droit.

502. 3° DU RETRAIT EN FAVEUR DES COPROPRIÉTAIRES D'UN PUITS OU D'UNE SOURCE. — Quand un puits ou une source sert à l'irrigation d'un terrain possédé indivisément par plusieurs personnes, et que l'une d'elle en aliène sa part, les autres copropriétaires peuvent également exercer l'action en retrait. Le motif sur lequel cette disposition légale est fondée est facile à saisir. Introduire un tiers dans la jouissance des eaux d'irrigation, c'est évidemment porter un grave préjudice aux communistes et compromettre à leur égard l'exploitation du fonds.

503. 4° DE LA PROPORTION ET DE L'ORDRE DANS LESQUELS LE RETRAIT S'EXERCE. — L'action en retrait appartient évidemment à tous les copropriétaires, chacun en proportion même de sa part de propriété dans l'immeuble indivis. Si donc un immeuble appartient à trois personnes, dans la proportion de la moitié, du tiers et du sixième, et si le propriétaire de la moitié vend sa part à un étranger, les deux autres pourront exercer le retrait, l'un pour deux tiers, l'autre pour un tiers.

Quand c'est l'un des communistes qui acquiert la part d'un autre communiste, il a le droit de retenir, de ce qu'il a ainsi acquis, une part proportionnelle à celle qu'il possédait primitivement. Supposons le cas d'une maison indivise entre quatre propriétaires, dans la proportion de un quart, un huitième, un huitième, une moitié. Le propriétaire de la moitié vend sa part au propriétaire du quart; les deux communistes qui possèdent chacun un huitième de l'immeuble auront droit à la moitié de la portion vendue, et le retrayant à l'autre moitié.

Quant à l'acquéreur, il peut mettre tous les copropriétaires en demeure d'user de leur droit ou d'y renoncer, mais seulement quand son acquisition est devenue définitive; s'il obtenait cette renonciation avant la vente, elle serait frappée de nullité, car il disposerait d'une chose dont il ne serait pas encore propriétaire.

La solution de ces différentes questions n'offre aucune difficulté. Mais que décider quand plusieurs cohéritiers, de nature différente, sont en concurrence pour exercer le retrait (1)?

---

(1) Il serait nécessaire, pour résoudre cette délicate question, de connaître à fond le mécanisme de la loi successorale. Bornons-nous à dire qu'il y a, en droit musulman, deux catégories distinctes d'héritiers : 1° *les réservataires*, qui priment les autres, le Coran leur attribuant une portion déterminée de la succession, portion qu'ils doivent toujours recevoir (Coran, IV, *passim*); 2° *les agnats* qui ne sont admis au partage qu'après le prélèvement des réserves. — Lorsqu'il existe deux ou plusieurs réservataires du même degré, ils sont *associés* pour leur émolument; c'est là le point important pour comprendre la théorie qui va suivre.

Il y a, à cet égard, une sorte de hiérarchie qui, il faut le dire, est indiquée par le bon sens. Ainsi, tout d'abord, le copartageant d'une portion indivise a un droit de priorité sur les autres héritiers, sur les légataires et sur les étrangers, quand il s'agit de cette portion indivise. Un exemple rendra plus sensible cette règle qui domine la matière. Primus, propriétaire d'un immeuble, meurt, laissant pour recueillir sa succession, deux épouses, et d'autres héritiers réservataires ou agnats. L'une des épouses vend sa part de l'immeuble à un tiers quelconque ; l'autre épouse aura la priorité pour exercer le retrait. Pourquoi cette préférence ? On sait qu'un mari peut avoir jusqu'à quatre femmes légitimes. Or, celles-ci, quel que soit leur nombre, sont réservataires d'une portion déterminée de l'actif. N'y a-t-il qu'une femme, elle touche soit le quart, soit le huitième, suivant les circonstances. Y a-t-il deux, trois, quatre femmes, l'émolument demeure le même, elles se le partagent suivant leur nombre ; aussi sont-elles dites *associées dans la part ;* elles ont, les unes par rapport aux autres, un droit plus spécial que les autres héritiers sur ce qui constitue leur part commune ; elles sont des communistes d'un rang éminent quand il s'agit de cette part commune.

Il en serait de même pour deux ou plusieurs sœurs, deux ou plusieurs aïeules placées dans les mêmes conditions.

Ce principe reçoit une application remarquable et qui démontre combien il est absolu. Primus laisse pour héritiers une sœur germaine et une sœur consanguine. La sœur germaine est réservataire de la moitié, parce qu'elle est unique et qu'elle n'est pas, nous le supposons, en concours avec un mâle du même degré ; s'il existait deux ou plusieurs sœurs germaines, leur réserve serait des deux tiers. Mais ici, comme elle se trouve en concours avec une sœur consanguine, c'est-à-dire de rang inférieur, elle conserve sa moitié, et la sœur consanguine ne reçoit qu'un sixième, pour parfaire les deux tiers alloués par la loi aux sœurs quand elles sont au nombre de plus d'une. C'est donc fictivement que la sœur germaine et la sœur consanguine sont copartageantes d'une portion indivise ; il n'en est pas moins vrai que, la première aliénant sa part, la seconde a la priorité pour exercer le retrait (1). Si la sœur consanguine vend sa part, la préférence appartient à la sœur germaine, pour les mêmes motifs.

Là ne s'arrête pas la faveur accordée aux copartageants d'une portion indivise. La loi les autorise encore, le retrait étant exercé par de simples cohéritiers agnats, ou par des légataires, ou par des étrangers, à entrer en participation avec eux. Ainsi, le *de cujus*

---

(1) L'immeuble indivis vaut 60. Unique, la sœur germaine aurait 30 ; deux sœurs germaines auraient 40. Venant en concours avec une sœur consanguine, la germaine a toujours 30, la consanguine 10, ce qui complète les 40 que deux ou plusieurs sœurs germaines recevraient. Existe-t-il deux sœurs consanguines, elles se partagent les 10.

laisse trois filles, l'une d'elles meurt à la survivance d'une ou de plusieurs filles. Une des deux tantes de ces dernières vend sa part de l'immeuble; l'autre tante ne pourra pas exercer le retrait à son profit exclusif; les enfants de la sœur décédée y participeront dans la proportion de leur émolument, parce qu'il s'agit d'une portion indivise entre cette dernière et ses deux sœurs survivantes (1). Il va de soi que si l'aliénation avait pour auteur une des filles de la fille décédée, les tantes n'auraient aucun droit de priorité à invoquer. Il n'y a là, en somme, rien que de très juste, car les filles de la sœur décédée sont évidemment plus rapprochées de leur mère, au point de vue des liens du sang, que les sœurs de celle-ci.

Mais, supposons-le maintenant, le *de cujus* laisse deux filles et deux oncles paternels. L'un de ces derniers vend sa part; ce n'est pas le deuxième oncle seul qui exerce le retrait, car il n'est qu'un agnat. En vertu de leur droit de priorité, les deux filles, qui sont des réservataires, entrent en participation avec lui, au prorata de leur émolument. Bien entendu, si l'une des filles aliénait sa part indivise, le retrait appartiendrait exclusivement à l'autre fille, et les deux oncles n'auraient aucune prétention à élever.

Les héritiers, quels qu'ils soient, jouissent du même privilège de participation à l'égard des simples légataires. Ils ne peuvent, sans doute, pour les exclure, quand l'un de ceux-ci prend l'initiative du retrait, mais, l'un d'eux vendant sa part, l'autre n'est pas admis à exercer le retrait à son profit exclusif, il est contraint de subir la *société* de tous les héritiers, au prorata de leurs droits respectifs. Toutefois, cette règle souffre une exception, d'après certains jurisconsultes. Lorsque le défunt a institué plusieurs légataires auxquels il a attribué une part indivise d'un immeuble, ceux-ci sont traités comme des *associés de part;* l'un d'eux vendant sa portion du legs, les autres ont un droit de priorité, en vertu duquel tous les autres héritiers, quels qu'ils soient, sont exclus de toute participation au retrait.

Enfin, à défaut d'héritiers, de légataires, ou ces héritiers et légataires renonçant à exercer le retrait, l'action appartient et profite aux copropriétaires étrangers.

En résumé, il y a, pour ainsi dire, trois degrés dans l'indivision : tantôt elle règne entre les cohéritiers auxquels la loi (ou le testament du *de cujus)* attribue une fraction déterminée et indivise de l'hérédité; tantôt elle s'étend à tous les successibles sans distinction; tantôt, enfin, elle existe au profit des copropriétaires étrangers à la famille, qui tirent leur droit, non plus des dispositions de

---

(1) On soutient qu'il n'y a pas de droit de représentation dans la législation musulmane. Voilà pourtant une espèce qui s'en rapproche beaucoup! Il est vrai qu'il s'agit ici, non pas d'appeler des enfants à un partage, du chef de leur mère décédée, mais de sauvegarder, *jusqu'à l'excès,* le principe en vertu duquel le communisme spécial l'emporte, en matière de retrait, sur le communisme général ; on fait abstraction des personnes.

la loi successorale, mais d'un contrat d'acquisition quelconque (1).
Le droit d'exercer le retrait suit cette hiérarchie, dans les conditions et suivant les distinctions qui précèdent.

504. 5° EFFET DU RETRAIT AU POINT DE VUE DE LA TRANSLATION
DE LA PROPRIÉTÉ. — L'acquéreur, d'après les principes généraux
qui régissent la vente, devrait devenir propriétaire de la portion
indivise qu'il a achetée, dès qu'il a échangé son consentement
contre celui du communiste vendeur (2); ce qui, à première vue,
confirme cette opinion, c'est qu'il fait les fruits siens jusqu'au
jour où il est dépossédé par le retrayant (3). Mais il n'en est pas
ainsi, parce que la convention ne lui confère qu'un droit sujet à révocation du chef des autres communistes, et la perception des
fruits n'est que la rémunération de sa possession de bonne foi,
d'autant plus que, par voie corrélative, il est garant des risques (4).
Cela est si vrai que le retrayant est autorisé à provoquer l'annulation du habous, de la donation, consentis par l'acquéreur, sauf à
celui-ci, s'il a été de mauvaise foi, à verser le prix qu'il reçoit entre les mains du donataire évincé par sa faute (5). Aussi le retrayant
omisso medio devient-il propriétaire du chef du vendeur lui-même.
La propriété de la chose lui est transférée dès que le jugement qui
déclare son action fondée est rendu.
Il en est de même lorsque, sans recourir à la voie judiciaire, il a
rendu l'acquéreur indemne en lui remboursant le prix, ou en con-
signant ce prix faute par l'acquéreur de consentir à le recevoir. La
consignation produit un effet identique, quand l'acquéreur est absent et ne peut dès lors manifester son intention. Il suffit même
que le retrayant dénonce, en présence de témoins, sa volonté d'u-
ser du bénéfice de la loi.
L'acquéreur, de son côté, peut mettre le retrayant en demeure
de se prononcer immédiatement après le contrat, et de se libérer
sans retard; c'est tout au plus si, dans ce cas, ce dernier peut obtenir un délai de courte durée — une heure, par exemple — pour
délibérer ou pour visiter les lieux. En effet, le retrayant, copropriétaire de la chose, la connaissant, par conséquent, aurait mauvaise
grâce à se plaindre de cette rigueur; il jouit d'un droit exorbitant,
contraire à l'inviolabilité de la propriété; il est admis à ôter toute

---

(1) Cette théorie est très controversée; j'ai, comme toujours, adopté l'opinion
la plus rationnelle. La question sera exposée avec tous ses développements, avec
les controverses qu'elle soulève, dans mon *Essai d'un traité méthodique de droit
musulman*.
(2) *Conf. suprà*, n° 195.
(3) *Conf. suprà*, n° 259.
(4) *Conf. suprà*, n° 225.
(5) La question de savoir si les baux consentis par l'acquéreur sont sujets à
annulation est vivement controversée.

valeur à un contrat régulier par lequel le légitime propriétaire, capable à tous égards de s'engager, dispose de son bien en faveur d'un tiers capable de l'acquérir; encore faut-il qu'il se prononce rapidement, lorsqu'il en est formellement requis, afin de ne pas laisser en suspens une convention irréprochable à tous égards, et qu'il désintéresse sans désemparer l'acquéreur, évincé malgré le caractère respectable de son acquisition. Par tolérance, lorsque le retrayant, au lieu de dire : « J'ai exercé le retrait, » se sert de l'aoriste qui a le double sens du présent et du futur : « J'exerce le retrait, » il lui est accordé un délai de trois jours pour se libérer du prix (1); passé ce délai, l'action s'éteint.

Aussitôt que le retrayant a affirmé son intention d'exercer l'action qui lui est réservée, le retrait est obligatoire pour lui, en ce sens qu'il ne peut plus se dédire, à la seule condition que le prix moyennant lequel l'acquéreur a acheté la chose soit *connu*, c'est-à-dire déterterminé, car il s'agit d'une véritable vente soumise aux conditions ordinaires de validité de la vente (2). Faute par lui de se libérer, ses biens sont saisis et vendus par autorité de justice, pour le prix en être attribué, jusqu'à due concurrence, à l'acquéreur. Celui-ci n'est pas non plus admis à provoquer la rescision du retrait, s'il a fait la délivrance de la chose; dans le cas contraire, il a le choix de poursuivre la rescision du retrait ou le payement du prix par les voies ordinaires de droit (3).

505. 6° DE L'EXERCICE DU RETRAIT APRÈS PLUSIEURS ALIÉNATIONS SUCCESSIVES. — Il peut arriver que l'acquéreur d'une part indivise dans un immeuble l'ait revendue à un tiers, lequel l'a revendue à son tour, et ainsi de suite. Quand le prix de ces aliénations successives est le même, le problème n'offre aucune difficulté; c'est évidemment le dernier acquéreur, celui qui est en possession de la chose, qui touche le prix. Mais, supposons-le, la chose d'abord vendue cent, est revendue deux cents, ou cinquante.

Dans la première hypothèse, le détenteur de la chose, c'est-à-dire le deuxième acquéreur, touche le prix de la première vente (cent), et il a une action pour se faire indemniser du surplus (cent) par le premier acquéreur.

---

(1) *Conf. suprà*, n° 195, A.

(2) *Conf. suprà*, n° 201, 5°. En Tunisie, pour se mettre à l'abri d'un retrait éventuel, l'acquéreur, au moment de payer son prix, plonge sa main dans sa bourse et jette aux pauvres, sans les compter, les menues pièces de monnaie qu'il en retire. Quand il surgit un retrayant, l'acquéreur déclare qu'il a acheté moyennant tant, *plus les cinq ignorés*, c'est-à-dire plus la somme inconnue que contenait sa main (les cinq doigts).

(3) Dans notre ancien droit, le défendeur pouvait se réserver l'action révocatoire pour le cas où le retrayant ne remplirait pas ses obligations. C'est ce qu'on appelait *tendre le giron*.

Dans le second cas, le prix revient au deuxième vendeur.

Les auteurs imaginent même l'hypothèse assez peu vraisemblable où le retrayant, qui est d'ailleurs libre de le faire, déclare exercer son action contre le premier acquéreur, le prix de la première vente étant de cent, et le prix de la seconde seulement de cinquante; ils décident que le prix (cent) serait partagé également entre les deux acquéreurs.

Il ne faut pas perdre de vue que le retrayant n'est admis à choisir entre les ventes successives celle qui est la moins onéreuse pour lui, que dans le cas où il n'a pas eu connaissance de ces aliénations. Présent, s'il garde le silence, il ne peut s'en prendre qu'au dernier acquéreur, moyennant le prix payé par celui-ci.

Enfin, toutes les ventes postérieures à celle frappée par le retrait sont nulles de plein droit.

506. 7° De l'extinction du droit de retrait. — Le droit de retrait s'éteint d'abord par la renonciation expresse ou tacite du communiste fondé à s'en prévaloir. Il est présumé y avoir renoncé : 1° s'il propose à l'acquéreur de partager avec lui le lot qu'il a acheté, le partage dût-il ne pas avoir lieu; 2° s'il lui a acheté ce lot, surtout à un prix moindre ou supérieur; 3° si même il se borne à le marchander; 4° s'il le prend à bail ou à colonage; 5° s'il y laisse faire des constructions ou des démolitions; 6° s'il néglige d'agir dans les deux mois, ayant été présent au contrat, ou dans l'année, n'y ayant pas assisté; 7° s'il s'est absenté, ayant eu connaissance de la vente, à moins que, supposant pouvoir être de retour en temps utile, il n'ait été retardé par un cas de force majeure, et à charge de prêter serment qu'il a été empêché par un fait indépendant de sa volonté.

Le retrayant devient irrecevable dans sa demande dès qu'il a vendu sa part de l'immeuble indivis.

Il n'encourt aucune déchéance : 1° s'il était absent au moment de la vente et s'il n'en a pas eu connaissance; 2° si sa renonciation a été obtenue par erreur ou par fraude; 3° si la renonciation, œuvre de son tuteur, est manifestement contraire à son intérêt (1); 4° si son tuteur a exercé le retrait pour son compte personnel ou pour un autre pupille (2); 5° si l'acquéreur nie l'achat sous la foi du serment, alors que la vente est affirmée par le vendeur.

507. 8° Contestations. — L'exercice du retrait, par cela même qu'il est vexatoire pour le tiers acquéreur, produit de vives résis-

---

(1) Dans ce cas le délai d'un an ne court que du jour où l'impubère est devenu *sui juris*.

(2) Voici l'espèce : Le tuteur, copropriétaire avec deux pupilles, vend la part de l'un, et exerce le retrait, soit pour lui-même, soit pour le compte de l'autre pupille.

tances et de nombreuses contestations. Il est impossible de prévoir toutes ces difficultés ; aussi Khalil n'en examine-t-il que deux, qu'il considère comme les plus caractéristiques ; les autres devront être tranchées soit par analogie, soit d'après les règles générales de la procédure.

Lorsque la contestation porte sur le prix, le dire de l'acquéreur fait foi, à défaut de preuve contraire, s'il le corrobore par un serment, et si son allégation est vraisemblable ; faute de l'être, le dire du retrayant est accepté qnand il offre de la vraisemblance. Aucune des deux allégations contradictoires ne présentant ce caractère, le serment est déféré aux deux parties, et le juge fixe un prix moyen. Ainsi, l'acquéreur jure avoir acheté moyennant cent, le retrayant jure que le prix n'est que de cinquante ; le cadi décidera que le retrait sera exercé moyennant soixante-quinze. L'un des contestants refuse-t-il le serment, le dire de son adversaire est admis.

Si le demandeur en retrait nie avoir eu connaissance de la vente, et si dès lors il soutient être à l'abri de la déchéance que lui oppose l'acquéreur, il est cru sur parole à la condition de prêter serment.

CHAPITRE XVI

DU PARTAGE

—

(KISMA)

508. GÉNÉRALITÉS. — Bien que l'indivision ait, chez les Musulmans, toute la valeur d'un dogme juridique et économique, ils ont compris que ce serait détruire l'autonomie de la personne humaine, déjà gravement compromise par le fatalisme religieux, que de repousser le principe tutélaire formulé dans l'article 815 de notre Code civil. Sans doute, ils usent rarement de la faculté qui leur est accordée ; esclaves d'une tradition plus ancienne que l'islamisme lui-même, ils estiment que, si l'union fait la force, il en est ainsi surtout quand la famille, groupée autour de son chef, n'a qu'un but, qu'une pensée, qu'un patrimoine ; ils ne voient pas que le commerce et l'industrie, les deux grands véhicules du progrès, sont impossibles dans un État où la richesse immobilière, déjà rebelle par sa nature aux évolutions rapides, est tenue systématiquement à l'écart de la circulation, et que proclamer le droit supérieur de la collectivité, c'est paralyser tout effort individuel aux dépens de la collectivité elle-même. Aussi, sollicités par des considérations contradictoires, ont-ils organisé avec une sorte de regret la procédure du partage, et l'ont-ils compliquée avec un soin jaloux. Ils ont appelé à leur aide toutes les ressources que leur offrait la loi religieuse pour multiplier les obstacles autour du révolutionnaire assez peu respectueux des vieilles coutumes pour secouer la poussière de ses pieds sur le seuil de la maison de ses pères, pour se créer un foyer nouveau, des besoins distincts, et affaiblir ainsi, par sa retraite, ses associés de la veille. Le morcellement des patrimoines leur paraît une telle calamité que, non contents d'avoir donné au *choufaa'* une extension extraordinaire, ils n'ont pas craint de refuser à une catégorie entière de personnes l'exercice de l'action en partage. Qu'un étranger acquière une fraction de la chose commune, si les copropriétaires sont hors d'état de l'en expulser par le retrait, ils sont, sans doute, obligés de subir sa présence ; mais ils peuvent s'opposer à ce que cet intrus provoque la

partage, pourvu qu'ils allèguent et prouvent que son but réel a été de trafiquer de la portion acquise par lui, au lieu d'en user paisiblement avec ses associés. C'est ainsi que l'on double les postes dans une ville, quand l'ordre semble menacé. Je dirai quelque chose plus loin de cette disposition extraordinaire (1). Ceux qui, à une époque récente, se sont émus des dangers que l'intrusion d'un tiers européen fait courir à la propriété arabe (2), trouveront dans cette prohibition un argument imprévu en faveur de la thèse qu'ils soutiennent.

509. Définition. — Le partage est l'acte en vertu duquel on détermine, quant à la propriété, ou même seulement quant à la jouissance, la part de chacun des communistes dans une chose indivise entre deux ou plusieurs personnes. Le partage est légal ou conventionnel.

510. Division. — Il résulte de la définition qui précède que le partage est provisionnel, conventionnel ou légal. Bien que Khalil ne s'occupe que très accessoirement des deux premières formes du partage, il convient de les étudier en quelques mots.

§ 1er. — Du partage provisionnel

511. Définition. — Le partage provisionnel (3) est l'acte par lequel deux ou plusieurs communistes conviennent de mettre une chose indivise entre eux à la disposition respective de chacun d'eux, pour un temps déterminé, sous réserve de leurs droits de propriété.

Par le fait même du partage provisionnel, chacun des communistes est autorisé à jouir de la totalité de la chose sur laquelle il n'a qu'un droit partiel de propriété, à la charge par lui de concéder à l'autre ou aux autres communistes une jouissance de même nature et de même durée. C'est une sorte de libéralité réciproque, ou mieux encore, un louage, en ce sens que ce partage ne porte que sur l'usage de la chose pour un temps déterminé.

512. Choses susceptibles de partage provisionnel. — On peut, en thèse générale, appliquer cette forme de partage à tous les ob-

---

(1) *Conf. infrà*, no 520.

(2) *Conf.* Arrêt de la Cour d'Alger du 2 février 1880 et Circulaire du Gouverneur général du 9 juillet 1880.

(3) J'adopte ici la terminologie de Seignette qui, bien que le mot *provisionnel* ne soit pas arabe, est rigoureusement exacte. Le mot *tah'aïouhoun* signifie *l'action de mettre à la disposition* de quelqu'un.

jets, mobiliers ou immobiliers. Ainsi, il est valable de dire : « Lais-
» sez-moi user de cet esclave, de cette bête de somme, pendant un
» mois; vous en userez ensuite dans les mêmes conditions. » Il
en est de même de la convention par laquelle Primus habitera telle
maison pendant tant d'années, Secundus devant l'habiter à son
tour pendant un nombre égal d'années.

Mais il serait illégal de se partager les loyers de cette maison,
car les fruits civils d'un immeuble sont sujets à des variations,
d'où résulterait un défaut d'équilibre entre l'avantage concédé à
Primus et celui concédé à Secundus, comme, d'ailleurs, s'il s'agissait du prix de location d'un objet quelconque, vêtement, bête de
somme, etc.

§ 2. — *Du partage conventionnel*

513. Définition. — Le partage conventionnel est celui par lequel
tous les communistes s'accordent pour partager la chose indivise,
sans réserve d'aucune sorte.

Le partage provisionnel suppose également le consentement de
tous les copropriétaires, mais la convention ne porte que sur l'u-
sage; ici, elle s'applique à la propriété même de l'objet à partager.
Aussi le partage conventionnel a-t-il une véritable analogie avec
la vente, en ce qu'il est translatif de propriété. Mais il ne faut pas
accentuer outre mesure l'assimilation, car les copartageants peuvent sans inconvénient se dispenser de toute prisée (1), former
des lots inégaux, bien que leurs droits soient égaux, et, dans ce
cas, le partage se complique d'une libéralité (2); ils peuvent même
s'entendre pour prendre l'un telle espèce de grain, l'autre telle autre, l'un tel meuble, l'autre telle créance, ce qui est contraire à la
notion du partage légal où les meubles constitueraient une masse
à partager, les créances une autre masse (3), enfin, chaque espèce
de grain, une masse distincte.

514. Choses susceptibles de partage conventionnel. — Ce

---

(1) *Conf. infrà*, n° 519.

(2) Il est même permis de combiner le partage conventionnel avec le partage
légal, et voici comment : Il s'agit de partager cent kilos de blé; on forme deux
lots, l'un de quarante kilos, l'autre de soixante, et on décide que ces lots seront
tirés au sort; le bénéficiaire de la libéralité ne sera donc connu qu'après le tirage
au sort. De pareilles combinaisons sont inconciliables avec la notion du partage
légal, la volonté de la loi se substituant à celle des parties. *(Conf. infrà*, n° 517).

(3) Il faut toutefois, dans cette combinaison, que la créance soit de celles qui
sont susceptibles d'être vendues, ou, en d'autres termes, qu'elle soit de nature à
être recouvrée *(Conf. suprà*, n° 249, 13°), ce qui revient à dire qu'elle ne doit
pas être aléatoire, de peur que le copartageant qui l'accepte dans son lot ne risque de n'en rien toucher.

mode de partage peut s'appliquer à tous les biens, meubles ou immeubles, sans exception. En effet, du moment où les copartageants jouissent de leur pleine capacité contractuelle, ils ont évidemment le droit de s'entendre pour procéder au partage, sans subir aucune contrainte légale, pourvu qu'ils ne violent aucune prescription de la loi.

Le partage légal n'est organisé que pour le cas où l'entente est impossible. Le partage conventionnel est d'ailleurs bien plus avantageux, surtout dans le cas où un objet est indivisible, de sa nature, les contractants, en vertu même de la liberté dont ils jouissent, pouvant l'attribuer tout entier à l'un d'entre eux, moyennant le payement d'une soulte.

§ 3. — *Du partage légal*

515. DÉFINITION. — La définition du partage légal a déjà été donnée (1). Il suffit d'ajouter que ce partage ne saurait être assimilé ni au louage, ni à la vente. Il diffère du partage provisionnel en ce qu'il porte sur la propriété et non sur la jouissance temporaire de la chose; du partage conventionnel, en ce qu'il n'est pas translatif, mais simplement déclaratif de propriété; d'où cette conséquence qu'il est rescindable pour cause de lésion (2). Au surplus, d'après les auteurs musulmans, le partage légal se distingue du partage conventionnel en ce que : 1° celui qui résiste à l'action dirigée contre lui est contraint à la subir; 2° il est interdit de comprendre dans un lot la part de deux ou plusieurs copartageants, à moins qu'ils ne soient héritiers à réserve; 3° le partage légal est déclaratif, non translatif de propriété; 4° chaque masse partielle doit se composer de choses de même nature; 5° le tirage au sort est impraticable pour les choses fongibles.

Les explications qui vont suivre serviront de commentaire à ces règles.

516. FORMATION DE LA MASSE. — A. *Immeubles.* — Les immeubles sont partagés d'après leur valeur, non d'après leur nombre, ni d'après leur contenance, puis tirés au sort, comme nous le verrons.

Chaque nature de biens forme une masse absolument distincte : les maisons, les terrains clos de murs, les terres (3), ne peuvent à aucun titre être réunis en une masse unique. Bien plus, les arbres

---

(1) *Conf. suprà*, n° 509.

(2) *Conf. suprà*, n° 200.

(3) Les terres arrosées naturellement, par le sous-sol ou par la surface, sont considérées comme étant de même nature. Celles arrosées artificiellement forment une catégorie distincte.

fruitiers d'une espèce ne doivent pas être joints aux arbres d'une autre essence, à moins qu'il ne s'agisse d'un verger clos de murs ou de haies, dans lequel existent des arbres de différentes essences (1). Quand il est impossible de procéder autrement, les biens sont vendus et le partage porte sur le prix. Ce n'est pas tout encore : Il n'est permis de réunir en une masse que les immeubles de même nature et de même valeur qui ne sont pas séparés les uns des autres par une distance trop considérable, l'éloignement rompant l'équilibre de la valeur. Un mille est considéré comme une distance moyenne qui autorise la réunion; mais, dans ce cas, il faut que la réunion soit demandée par un des communistes qui désire avoir sa part dans une même localité; il est déféré à cette demande malgré l'opposition des autres copartageants.

Par exception, la maison qui a servi de résidence notoire à la famille (2), et pour laquelle un des communistes témoigne une affection particulière, peut, à sa demande, être isolée et constituer un lot unique, avec ou sans le consentement des autres ayants droit.

Est-il permis de diviser une maison par étages, en vue du partage à opérer (3)? La question est controversée. D'après l'opinion la plus accréditée, cette division n'est autorisée que si les communistes sont d'accord et procèdent par partage conventionnel.

Il est rigoureusement interdit de composer un lot sans issue, privé de l'accès des latrines ou des autres *utilités* communes d'un immeuble. Cette privation est-elle formellement stipulée, elle vicie le partage à tel point que, même ratifié par le consentement de tous les copartageants, il est frappé d'une nullité absolue (4). S'est-on borné à ne rien stipuler à cet égard, le partage demeure valable, mais tous les copartageants ont la faculté d'user du passage qui existe et des autres utilités communes.

Nul ne peut être contraint au partage d'un canal d'écoulement; mais les eaux courantes sont, de leur nature, susceptibles de partage d'après l'unité de jauge usitée dans le pays.

517. B. *Meubles.* — Les choses non-fongibles sont également partageables d'après leur valeur; mais, par cela même qu'elle est généralement inférieure à celle des immeubles, on se montre plus tolérant dans l'établissement des catégories. Ainsi, pour les vête-

---

(1) Il en est de même quand les arbres sont disséminés, car il ne serait pas admissible que le sol appartînt à un tel et les arbres à tel autre.

(2) *La maison paternelle*, d'après nos habitudes de langage.

(3) *Conf. suprà*, n° 201, 4° F.

(4) *Ce n'est pas un partage musulman*, dit énergiquement El Khirchi, en ce sens qu'il viole les obligations de solidarité imposées aux voisins *(Conf. suprà*, n° 409). Cette règle s'applique, par conséquent, au partage conventionnel comme au partage légal.

ments, il est permis de les réunir en une seule masse à partager,
qu'ils soient en coton, en soie, en laine, en lin, en fourrure, cousus ou non cousus; il suffit qu'ils soient tous destinés à l'habille-
ment, et qu'ils aient été estimés avec soin.

Quant à la laine, rien ne s'oppose à ce qu'elle soit partagée alors
qu'elle n'a pas encore été individualisée par la tonte, pourvu que
cette opération soit commencée et soit terminée à bref délai (1),
afin d'éviter tout changement de valeur (2).

Quant aux choses fongibles, l'appréciation de leur valeur est
subordonnée au pesage et au mesurage dont elles sont l'objet; il
est donc indispensable d'en rechercher d'abord la quantité, puisque
chacun des copartageants doit en recevoir une part égale, ou plutôt proportionnelle à son émolument, chaque espèce constituant
une masse spéciale. Ainsi, Primus et Secundus ayant des droits
égaux, et le partage portant sur cent kilos de blé et sur cent kilos
d'orge, on formera deux lots de cinquante kilos de chacune de ces
denrées.

Le criblage est obligatoire, quand le déchet dépasse le tiers de
la masse à partager; au-dessous du tiers, le criblage est simplement recommandé. On doit, dans les mêmes conditions, trier les
fruits ou les légumes.

Le partage des fruits ou des céréales avant le commencement de
la cueillette ou de la moisson est interdit. Il en est de même des
récoltes appréciées par mesure de surface ou par gerbes. Ces prohibitions ont pour but d'ôter au partage tout caractère aléatoire.

Le bon sens indique qu'un objet indivisible par nature, en ce
sens que la division en entraînerait la destruction, ne peut être
mis en deux ou plusieurs lots. Aussi les copartageants n'ont-ils
d'autre alternative que de recourir, de ce chef, à un partage conventionnel, ou, à défaut de s'entendre, de laisser vendre la chose
dont le prix leur est attribué au prorata de leur émolument respectif. Sont indivisibles : un bijou, une paire de chaussures, les deux
battants d'une porte, un fourreau de sabre, etc., etc. (3). Cette solution s'impose d'autant plus qu'il n'est pas permis, en matière de
partage légal, d'égaliser les lots par des soultes (4), à cause de l'incertitude où l'on serait sur le point de savoir, avant le tirage au
sort, lequel des copartageants toucherait ou payerait la soulte; d'où
cette conséquence qu'une opération sanctionnée par la loi, en dehors de la volonté des parties, serait entachée d'une véritable *alea*.

---

(1) Dans la quinzaine, par exemple.

(2) Un commentateur, Kerim Ed Din, enseigne que cette disposition est spéciale au partage conventionnel.

(3) La prohibition de procéder par voie de partage légal, quand il s'agit d'un
objet indivisible, repose sur ce que Dieu a défendu *la perte du bien (Conf. suprà*,
n° 201, 4°, E).

(4) A moins qu'elles ne soient de minime importance, un dixième, par exemple.

518. Du tirage au sort. — Les différentes masses à partager une fois formées, les lots constitués, les noms des copartageants sont inscrits sur des bulletins, et on procède à autant de tirages au sort qu'il y a de masses. On peut encore inscrire sur les bulletins la mention de chaque lot et les faire tirer au sort par chacun des ayants droit (1).

Il est interdit d'acheter à l'avance un bulletin; après le tirage, l'acquisition est licite.

Ici encore nous retrouvons, en partie du moins, l'application d'un principe qui nous est déjà connu (2). Les réservataires, *associés dans une part*, le sont également pour le tirage au sort. Ainsi deux épouses, deux sœurs, ne reçoivent qu'un bulletin unique. Les agnats, au contraire, tirent chacun pour sa part. Il est illicite de déroger à cette règle par des conventions particulières.

519. De la rescision. — Le partage légal est définitif, en thèse générale. Admettre le contraire, disent les auteurs musulmans, ce serait en appeler du connu à l'inconnu. La raison est, il faut l'avouer, peu juridique. Il vaudrait mieux raisonner ainsi : les conventions légalement formées engagent ceux qui les ont faites. Or, une convention se forme aussi bien par le consentement des parties que par l'autorité de la loi; dès lors, le partage régulier en la forme ne peut plus être rétracté que pour les causes autorisées par la loi elle-même, c'est-à-dire pour cause d'erreur ou de dol. Quand le préjudice qui en résulte est à ce point considérable qu'il est manifeste même pour des personnes non expertes en la matière, le partage est annulé.

Si l'affaire demeure douteuse, — ce sont les propres expressions

---

(1) *Conf. suprà*, n° 503.

(2) Mohammed Khirchi donne de minutieux détails sur le tirage au sort. Il indique trois procédés : 1° On divise chaque masse en autant de lots qu'il y a de copartageants, en prenant pour dénominateur celui de la fraction la plus faible; ainsi Primus ayant droit à 1/2, Secundus à 1/3, Tertius à 1/6, on divise la chose en 6/6; puis on inscrit le nom de chacun des trois copartageants sur un papier que l'on roule et que l'on enferme dans une boule de cire ou de terre glaise; puis on tire une des boules et on l'envoie rouler à l'extrémité du premier sixième de la chose; le papier est déroulé; s'il porte le nom de Tertius, ce lot lui est attribué puisqu'il n'a droit qu'à un sixième; si le bulletin porte le nom de Primus, on complète sa part qui est de la moitié, en reculant la boule de deux sixièmes; enfin, s'il porte le nom de Secundus, on recule la boule d'un sixième. On procède de même pour le second copartageant, et le troisième prend le surplus de la chose. Ce procédé enfantin n'est évidemment applicable qu'aux terres; 2° On prépare autant de bulletins qu'il y a de parts; on les numérote, et chacun des copartageants tire autant de bulletins qu'il doit recevoir de parts; 3° On établit autant de bulletins qu'il y a de parts et on les place sous un objet qui les dissimule; on procède de même pour les noms des copartageants; on tire d'abord un nom, puis on tire un numéro de part, et le communiste dont le nom est sorti prend le lot dont il a amené le numéro.

des auteurs — en ce sens que le préjudice n'est pas considérable, il doit être établi soit par titre, soit par témoins, et, la preuve faite, le partage est encore sujet à rescision.

Enfin, si le copartageant qui se prétend lésé par suite d'erreur ou de dol (1) est incapable d'établir sa prétention, le défendeur à l'action est astreint au serment. Jure-t-il que le partage est irréprochable, celui-ci est maintenu; refuse-t-il de jurer, il y a lieu à rescision.

En somme, le chiffre du préjudice allégué n'est pas à considérer; tout se réduit à une question de preuve.

Quant au partage conventionnel, il est également rescindable pour les mêmes causes et dans les mêmes conditions (2), pourvu que les parties aient chargé un expert de procéder à l'estimation des biens; dans le cas contraire, le partage est absolument définitif, fût-il vicié par l'erreur ou le dol. Cette solution paraît bizarre. Mais en voici l'explication. Le partage conventionnel, quand il est consenti par des communistes doués de leur pleine capacité légale, est à l'abri de toute critique, surtout s'il a eu lieu sans estimation préalable des biens à partager; en effet, d'une part, la convention forme la loi des parties; d'un autre côté, comme il n'y a pas eu, il faut le supposer, de prisée régulière, il serait difficile, si non impossible, d'apprécier le préjudice allégué. Si, même en adoptant la forme du partage conventionnel, on a pris la précaution d'exiger la prisée des biens, on a emprunté, jusqu'à un certain point, les formes du partage légal, d'où une sorte de partage mixte, les opérations peuvent être attaquées comme elles le seraient s'il s'agissait d'un partage légal; et, enfin, la demande en rescision repose sur un fondement solide, puisqu'il y a eu prisée.

520. DE L'ACTION EN PARTAGE. — Nul ne peut être contraint à demeurer dans l'indivision, et le partage peut toujours être exigé, nonobstant toute convention contraire (3), malgré la résistance des autres communistes, quelque faible que soit la part de celui qui le provoque. Mais il faut, pour que la demande soit recevable, que le partage ne diminue en rien la jouissance des autres copropriétaires, au point de vue de l'entrée et de la sortie de l'immeuble, de l'usage du lieu d'attache pour les bêtes de somme, etc.

Le père et le tuteur testamentaire ont seuls qualité pour intenter une action en partage au nom de l'impubère ou de l'interdit; le

(1) Seignette traduit par les mots *lésion* et *erreur*, qui manquent d'exactitude. *Djaour* signifie *l'injustice, le fait volontaire et injuste*, ce qui comprend le dol et la violence. *R'alath*, par opposition, est *le fait involontaire*.

(2) Toutefois, d'après certains jurisconsultes, il faut que le préjudice soit considérable. Le préjudice est dit considérable, en cette matière du partage, quand *il saute aux yeux*.

(3) *Code civil*, art. 815.

juge ou la personne qui a recueilli l'enfant trouvé, au nom de ce dernier; le juge, au nom de l'absent.

521. De la licitation. — Si le partage est impossible, en raison de la dépréciation qui en résulterait, ou du préjudice qu'il causerait aux autres communistes, ou de l'indivisibilité de la chose, les parties ne s'entendant pas pour un partage à l'amiable, il y a lieu à licitation.

Mais il s'en faut que l'action en licitation, tout comme l'action en partage, soit toujours recevable. Quand il est notoire qu'un individu n'a acquis une part dans un immeuble que dans un but de spéculation, afin d'en provoquer immédiatement le partage, ou surtout de la revendre, il n'a aucune action pour y contraindre les autres communistes. Il est indispensable que ceux-ci consentent à la vente ou au partage.

522. De l'action en garantie. — Quand l'un des copartageants, une fois le partage opéré, découvre dans un lot un vice rédhibitoire qui en déprécie la valeur de plus de la moitié (1), la loi lui accorde un droit d'option. Il peut, ou bien passer condamnation, et alors il n'a droit à aucune indemnité, ou bien provoquer la rescision du partage. Dans ce dernier cas, il est fait rapport de tous les autres lots exempts de vice, ainsi que du lot défectueux, et les parties sont respectivement replacées dans l'état où elles se trouvaient auparavant. Si quelques-uns des lots ont péri ou ont été aliénés, le rapport porte sur leur valeur; il en est de même du lot vicieux qui est compté pour sa valeur, déduction faite du vice, s'il a péri. Puis, en ce qui touche les lots rapportés en nature, ils redeviennent la propriété commune de tous les communistes au prorata de leurs droits primitifs, sauf nouveau partage; quant aux rapports en argent, ils sont immédiatement répartis dans la même proportion.

Lorsque la dépréciation est inférieure à la moitié (2), tous les copartageants doivent rendre le propriétaire du lot vicieux indemne au moyen d'une contribution calculée, pour chacun d'eux, d'après son émolument; le lot atteint de vice redevient propriété commune.

Dans le cas où l'un des copartageants subit une revendication de la moitié ou du tiers de son lot, il est autorisé à réclamer dans les autres lots une part indivise proportionnelle à l'émolument des autres communistes. L'éviction est-elle du quart, elle donne ouverture à la faculté d'exiger des autres coayants droit une indemnité calculée également d'après leur émolument. Enfin, lorsque l'éviction porte sur la majeure partie d'un lot, la rescision du partage est admise.

---

(1) De plus des deux tiers, d'après quelques auteurs.

(2) Aux deux tiers, selon l'opinion de quelques jurisconsultes.

S'il surgit, après le partage, un créancier ou un légataire, à titre particulier (1), qui agit soit contre les héritiers, soit contre l'un d'eux, soit contre un légataire à titre universel (2), le partage est également annulé, quand il a porté sur un immeuble ou sur un corps certain, animaux, vêtements, esclaves, à moins que tous les héritiers ne s'entendent pour désintéresser le créancier. Au contraire, le partage a-t-il eu pour objet du numéraire ou des choses fongibles, il est maintenu, et les copartageants sont tenus de désintéresser le créancier ou le légataire au prorata de leurs droits. Mais il importe de faire, à cet égard, une importante distinction. Les héritiers peuvent être de bonne ou de mauvaise foi; en d'autres termes, ils peuvent avoir ignoré l'existence de la dette, ou l'avoir connue. Dans le premier cas, l'insolvabilité de l'un d'eux les met à l'abri de tout recours pour la part contributive de ce dernier; dans le second cas, ils doivent également la part de l'insolvable ou de l'absent, au prorata de leur émolument.

Il est hors de doute que le créancier retardataire a un privilège sur toutes les choses qui proviennent de la masse indivise, pourvu qu'elles existent encore en nature entre les mains des héritiers, sauf à celui qui l'a désintéressé à exercer son recours contre les autres, au prorata de leur émolument.

---

(1) Le légataire particulier est celui auquel le défunt a attribué telle chose, telle somme d'argent, cent pièces d'or, par exemple.

(2) Le légataire universel est celui auquel le défunt a légué le tiers disponible de sa succession. Il ne faut pas perdre de vue que les créances et les legs sont toujours prélevés sur l'actif avant tout partage.

CHAPITRE XVII

DE LA COMMANDITE

—

(KIRAD')

523. GÉNÉRALITÉS. — Nous n'en avons pas fini avec la société (1). Les musulmans admettent encore une forme d'association, à laquelle, faute d'un équivalent exact, je donne le nom de commandite (2).

Ce contrat se distingue, à bien des points de vue, de la société proprement dite.

Chercher à gagner est un devoir pour le musulman, a dit le Prophète. Il y a quatre manières de gagner : 1° la guerre sainte, qui est la plus noble; 2° le métier, *qui garantit de la pauvreté,* d'après une autre tradition prophétique; 3° l'agriculture; 4° le commerce.

Le commerce, bien qu'il soit une nécessité sociale, surtout en Arabie, pays pauvre qui ne peut se suffire en raison du nombre limité et de la faible quantité de ses produits naturels, a quelque chose de dégradant pour l'homme honnête et bien élevé, car il consiste à acheter à bas prix et à vendre cher, *à soutenir des altercations*

---

(1) *Conf. suprà*, n° 377. Chateaubriand avait donné, dans la première édition d'*Atala*, cette étrange définition de Dieu, qui a disparu des éditions suivantes, sur le conseil judicieux de Morellet : « Dieu est lui-même, le grand solitaire de l'u-» nivers, l'éternel célibataire des mondes. » Les musulmans auraient considéré cette définition comme une paraphrase orthodoxe de leur formule : « Dieu seul » n'a pas d'associé.... il n'a ni femme, ni enfant. »

(2) *Kirad* signifie *coupure*, le commanditaire retranchant une partie de ses biens pour la verser entre les mains du commandité. On voit combien cette expression est vague. *(Conf. suprà*, n° 311, note 3). Dans l'Hedjaz et dans l'Irak, on appelle ce contrat *moud'araba*, et voici pourquoi. On lit dans le Koran (LXXIII; 20) : « Il y en a d'autres qui *voyagent dans le pays*, pour se procurer du bien par » la faveur de Dieu » *Voyager dans le pays* se dit métaphoriquement en arabe : *frapper sur la terre*; or, le commandité voyage pour les besoins de son négoce : de là ce nom de *moud'araba* qui veut dire *l'action de frapper*, de voyager, dans le but de se procurer des biens.

Traité élémentaire de droit musulman. — T. II.   7

tions, à ruser et à se débattre avec les acheteurs, à vanter outre mesure les marchandises qu'on veut vendre, et à se montrer opiniâtre et tenace dans la dispute (1).

D'autre part, *chaque homme ne peut pas augmenter et faire fructifier son bien par lui-même* (2), abandonner ses affections, traverser les montagnes, les fleuves, les déserts et les mers, pour aller chercher dans les pays lointains les choses nécessaires à la vie.

Aussi s'organisa-t-il de bonne heure, en Arabie, de véritables entreprises commerciales. Des caravanes partaient chaque année, presqu'à date fixe, du Sud pour se rendre dans le Nord, dans la Syrie, dans la Mésopotamie; là se tenaient des marchés annuels où abondaient les denrées que l'on rapportait au prix de mille fatigues. Le chef du convoi (3), homme énergique et d'une probité notoire, *commandité* par une ou plusieurs personnes riches, vendait, à son retour, les marchandises importées; le capital ainsi reconstitué était restitué, avec une portion des bénéfices réalisés, aux commanditaires; et l'année suivante on recommençait à nouveaux frais.

Telle est la notion historique et économique de la commandite, qui diffère surtout de la société, en ce que celle-ci fonctionne sur place, pour des intérêts de peu d'importance, entre personnes qui y jouent toutes un rôle actif, qui fournissent toutes leur part de l'apport social, alors que, dans la première, on rencontre un capitaliste qui ne *travaille* que par son argent, et un agent d'exécution qui opère seul, en grand, presque sans contrôle, loin du lieu où le contrat s'est formé.

Ici, le commanditaire fournit seul l'apport social (4); le commandité ne doit que son industrie. Si le premier se réserve le droit d'intervenir dans l'administration du second, le contrat n'est plus régulier, légalement parlant (5). Le commandité est le mandataire du commanditaire; mais les deux contractants ne se confèrent aucun mandat réciproque (6).

L'apport social ne doit, en thèse générale, consister qu'en numéraire, alors que, dans la société, il n'en est pas ainsi (7).

Bien que la commandite soit très pratiquée par les musulmans, et que le Prophète l'ait autorisée par son exemple, on la considère comme une sorte de tolérance. Mais il convient de ne pas s'exagérer la portée de cette opinion. Dans les contrats à titre onéreux,

---

(1) *Ibn Khaldoun.* Prolégomènes, traduction de Slane, tome II, page 355.
(2) Mohammed Kharchi.
(3) On se souvient que le Prophète lui-même fut d'abord conducteur de caravanes.
(4) *Conf. suprà*, n° 382.
(5) *Conf. infrà*, n° 527, G.
(6) *Conf. suprà*, n° 379, 380.
(7) *Conf. suprà*, n° 382.

comme la vente surtout, chacune des parties est tenue à une prestation qui est à peu près équivalente à celle qu'elle reçoit. Parfois même l'équivalence est rigoureusement exigée (1). De plus, le vendeur est armé du droit de rétention aussi longtemps que le prix ne lui a pas été payé (2); l'acheteur a une action réelle contre le vendeur, quand celui-ci s'est engagé à lui livrer un corps certain, et il est même admis à suivre la chose vendue entre les mains des tiers (3).

Rien de pareil ne se trouve dans la commandite. L'industrie du commandité est si peu l'équivalent de l'apport fait par le bailleur de fonds, que les parties jouissent d'une liberté absolue dans le partage des bénéfices réalisés, lesquels peuvent être attribués en totalité au commandité (4). Aussi la commandite est-elle souvent un acte de libéralité, le bailleur étant déterminé par le désir de rendre un bon office à une personne dépourvue des ressources nécessaires pour *chercher à gagner*.

En effet, si les deux contractants possèdent des biens, il leur est plus avantageux de former une société ordinaire, où chacun d'eux, mandataire légal de l'autre, exerce un contrôle efficace sur les opérations de son coassocié, lequel, à son tour, agit avec plus de circonspection, puisque des opérations hasardeuses compromettraient son propre avoir.

Dans la commandite, au contraire, le capitaliste est le plus exposé des deux; le *facteur* (5) risque simplement de ne rien gagner, et il est à craindre qu'il ne se montre trop entreprenant, dans l'espoir d'augmenter sa part dans les bénéfices. Le *maître du bien* (6) est à peu près désarmé; il n'a d'autre sécurité que celle que lui donne la probité du facteur; il n'a aucune action réelle contre ce dernier, il n'a qu'un simple droit de créance (7).

C'est dans ces conditions que la commandite est un contrat de tolérance, de *confiance*. On veut dire par là que, pour être régulier, il doit être strictement conforme à la loi, sous peine de perdre son nom et de subir des transformations plus ou moins radicales (8).

Il est d'ailleurs si peu un contrat de tolérance que, faveur insigne

(1) Il en est ainsi dans le change.

(2) *Conf. suprà*, n° 270.

(3) *Conf. suprà*, n° 201, 4°, D.

(4) *Conf. infrà*, n° 533. Il est vrai que, dans ce cas, la commandite devient une donation.

(5) C'est la traduction littérale du terme arabe *amil*.

(6) C'est également la traduction exacte de l'expression arabe *rebb el mal*.

(7) Le capital consistant en numéraire, n'est déterminé qu'en somme. Il est, d'ailleurs, destiné à subir une transformation par suite des achats que fera la commandite.

(8) *Conf. infrà*, n° 528.

dont j'indiquerai les motifs plus loin (1), il reçoit, comme le mariage, de véritables *étais* qui lui permettent de vivre, malgré ses imperfections originelles, ce qui n'aurait pas lieu dans les contrats ordinaires.

En résumé, la commandite est un des contrats les plus importants du droit musulman. Entré, bien avant l'islamisme, dans les habitudes des Arabes, auxquels il a rendu d'éminents services, il est l'objet d'une réglementation minutieuse et sévère; mais, lorsque la violation de la loi commise par les contractants n'est pas d'une gravité exceptionnelle, il ne périt pas; il est confirmé, dans le but de respecter les droits acquis du commandité (2).

524. DÉFINITION. — La commandite est un contrat par lequel on livre, à la condition de participer au bénéfice, un capital à une personne, afin que celle-ci en trafique. Bien que ces deux combinaisons soient vicieuses, le capital peut être constitué sous la forme d'une dette, ou pris sur les fonds d'un dépôt; mais alors le contrat change de nom.

Il est utile de compléter cette définition d'Ibn Arfa par celle plus juridique de Khalil : La commandite est un mandat conféré pour trafiquer avec uu capital effectivement livré, consistant en espèces monnayées, même adultérées, à la condition de participer au bénéfice. Le capital et le bénéfice doivent être déterminés.

Les développements qui suivent dissiperont les obscurités de ces deux définitions.

Il importe toutefois de rechercher dès à présent la nature juridique de la commandite.

Ce contrat n'est pas consensuel comme la vente; il est plutôt réel, en ce sens que, parfait dès que les parties ont échangé des consentements valables, il ne devient obligatoire (3) qu'à dater du moment où le commandité a commencé ses opérations (4). D'où cette conséquence importante que chacun des contractants a la faculté de se dédire aussi longtemps que le commandité ne s'est pas mis en route, fait qui est considéré comme le commencement de ses

---

(1) *Conf. infrà*, nº 528.

(2) *Conf. infrà*, nº 528.

(3) *Conf. suprà*, nº 209. On trouve là des explications sur le caractère du contrat *parfait-obligatoire*, et *parfait-non-obligatoire*.

(4) *Conf. infrà*, nº 536. Il ne faut pas oublier que ce n'est pas là la notion rigoureusement exacte du droit réel. *Comparaison n'est pas raison*. Le contrat réel, en droit romain, est celui qui a sa cause dans le consentement joint à la tradition, qu'il s'agisse, d'ailleurs, d'une tradition translative de propriété, comme dans le *mutuum* ou d'une simple *nuda traditio*, comme dans le commodat, dans le dépôt et dans le gage. Ici, en droit musulman, il faut le consentement, la *nuda traditio* et, condition de plus, l'emploi de la chose à l'usage en vue duquel elle a été livrée.

opérations; mais que, celles-ci étant entamées, le contrat ne pourrait plus être rétracté que du consentement mutuel des parties (1).

525. Capacité. — La commandite est une variété de la société; comme celle-ci, elle est régie, au point de vue de la capacité, par les règles du mandat, le commanditaire conférant au commandité un mandat que celui-ci exécute (2). Ainsi, il est bon que le musulman évite de commanditer un infidèle, pour les motifs que j'ai exposés précédemment (3).

526. Forme. — Les contractants, malgré le formalisme du droit musulman, ne sont presque jamais astreints à prononcer des formules sacramentelles (4). Il suffit, comme nous l'avons constaté souvent, que l'intention de conctracter sous une forme spéciale ne soit pas douteuse.

Toutefois, en matière de commandite, si le principe est le même, il n'en est pas moins vrai que, par la force des choses, la formule choisie par les parties doit être d'une précision particulière.

En effet, pour que le contrat soit irréprochable, il faut que le capital mis à la disposition du commandité soit déterminé, que la portion de bénéfice allouée à chacun des deux contractants soit spécifiée (5). Le bon sens indique donc que la formule employée est soumise à ces exigences. Encore peut-on admettre que la tradition du capital, faite au moment même où les consentements sont échangés, dispense le commanditaire d'énoncer le chiffre de la somme par lui versée Mais, pour le bénéfice, il doit être labialement débattu et fixé (6).

Somme toute, n'en serait-il pas de même dans tout autre contrat? Dans la vente, par exemple, n'est-il pas indispensable que les parties soient d'accord sur la chose et sur le prix, ce qui n'est possible que par un échange de discours, non point sacramentels, si l'on veut, mais au moins clairs, nets et précis.

Il importe d'ailleurs de ne pas perdre de vue que, d'après tous les

---

(1) Cette faculté de résiliation par consentement mutuel, quand le contrat est devenu parfait obligatoire, n'est pas en contradiction avec ce qui a été enseigné à l'occasion de la résiliation proprement dite (*Conf. suprà*, n° 277). Là, en effet, il y a eu tradition translative de propriété ; ici il n'y a qu'une *nuda traditio*.

(2) *Conf. suprà*, n° 423.

(3) *Conf. suprà*, n° 380.

(4) *Conf.*, toutefois, *suprà*, tome I, page 279, 5°.

(5) *Conf. suprà*, n° 422, et *infrà*, n° 527, B. et D.

(6) Dans tous les contrats, celui qui parle le premier est tenu d'*individualiser* la convention qu'il propose. Le second jouit d'une liberté beaucoup plus grande : *il accepte;* pourvu que son acceptation soit certaine, il est le maître absolu d'employer la formule qui lui convient, et celle-ci est toujours efficace.

auteurs, l'usage local, quand il est placé en dehors de toute contestation, est admis à combler les lacunes d'une formule manquant de précision. Ainsi, lorsque le commanditaire, remettant une somme au commandité, lui dit : « Opère avec ceci, et nous serons as» sociés pour les bénéfices », si, d'après l'usage constant du pays, le partage des bénéfices a lieu par moitié, le contrat est irréprochable.

Enfin, pour ne rien omettre, nous verrons bientôt que l'emploi d'une formule incomplète ou obscure n'entraîne pas forcément l'annulation du contrat (1).

527. CONDITIONS DE VALIDITÉ. — Les conditions de validité auxquelles la commandite est soumise peuvent être ramenées à sept (2).

A. *Le capital doit consister en choses formant instrument de circulation dans la localité où se rend le commandité.* — Il est assez difficile d'imaginer pourquoi il en est ainsi; dans tous les cas, les motifs donnés par les auteurs sont peu solides. La commandite, disent-ils, est un contrat de tolérance, *où il ne faut pas dépasser ce que la loi autorise;* d'autant plus que, dans la société proprement dite, l'apport social peut ne pas consister en numéraire; si la même latitude était accordée dans la commandite, celle-ci perdrait beaucoup de son individualité juridique.

Je veux bien que la commandite soit un contrat de tolérance, j'ai même expliqué ce qu'il fallait entendre par là (3). Il n'en est pas moins vrai que, scientifiquement parlant, on ne saurait se contenter d'une pareille raison. Que la loi exige que le capital de la commandite consiste en choses formant instrument de circulation, qu'il soit interdit de violer cette régle, rien de mieux. Mais pourquoi en est-il ainsi?

Faut-il recueillir cette explication, moins que satisfaisante, en vertu de laquelle il y a, en droit musulman, des préceptes positifs ou négatifs, qu'il n'est pas permis de discuter, qu'il est superflu de comprendre, parce qu'ils procèdent de la loi religieuse (4).

---

(1) *Conf. infrà,* n° 530.

(2) Il y en a dix à proprement parler ; trois de ces conditions ne sont que les conséquences logiques des autres.

(3) *Conf. suprà,* n° 523.

(4) Ces préceptes sont dits *ta'bbout;* ceux qu'il est permis de discuter et dont on peut comprendre le motif sont dits *moua'llal.* On retrouve dans le premier de ces deux mots la racine *a'bd* (esclave); dans le second, l'idée de causalité indiquée par la deuxième forme du verbe *a'lla.* On est en présence des premiers comme un esclave qui doit une obéissance passive à son maître *(entendre, c'est ooéir);* pour les seconds, on s'y soumet parce qu'on les juge conformes à la raison.

Nous sommes plus difficiles à satisfaire. Recherchons donc si l'analyse ne nous fournirait pas des arguments plus sérieux.

Le commandité ignore, au moment de son départ, si les marchandises qu'il emporte de son pays d'origine, seront d'une défaite avantageuse dans les contrées lointaines où il se rend ; l'autoriser, par conséquent, à se charger d'une pacotille, c'est l'exposer à séjourner longtemps hors de chez lui, à attendre une occasion favorable, et dans tous les cas, c'est mettre à sa charge des peines et des soins qu'il est aisé de lui épargner en constituant le capital en numéraire. La première moitié de son voyage s'accomplira ainsi plus rapidement, plus sûrement, car il aura moins de bagages à sa suite, et il offrira aux pillards une proie moins ostensible. Une fois parvenu en Syrie, en Perse, au Soudan, il pourra immédiatement entrer en campagne, acheter sans aucune perte de temps les denrées qu'il sait être de bonne défaite chez ses compatriotes. Ici plus d'incertitude, plus d'*alea*, car il connaît les besoins de ces derniers, et il peut chiffrer à l'avance le bénéfice à réaliser à son retour.

Ainsi, d'une part, préoccupation de ne pas introduire dans le contrat un élément aléatoire ; de l'autre, souci de ne pas imposer au commandité un surcroît de peines et de soins ; telles sont, à mes yeux, les motifs qui légitiment cette première règle. Et, s'il était besoin de creuser plus profondément ce sujet, ne pourrait-on pas dire encore que la définition même de la commandite vient à l'appui de ces considérations. Le capital doit être déterminé (1). Le serait-il exactement s'il consistait en marchandises dont la valeur demeurera indéterminée, incertaine, jusqu'au moment où le commandité connaîtra les mercuriales de la localité lointaine où il se rend (2).

Cela est si vrai que le capital doit consister, non pas en numéraire, d'une manière absolue, non pas même en numéraire de telle ou telle espèce, mais en choses formant instrument de circulation dans la localité où le commandité se rend.

De là découlent toutes les distinctions admises par les **jurisconsultes**.

La monnaie d'or et d'argent est l'instrument de circulation par excellence ; il est donc toujours préféré, même dans les contrées où il n'est pas admis comme tel.

Ce n'est que par une sorte de tolérance que le capital peut consister en poudre d'or, en pépites ou en lingots d'or, lorsque le né-

(1) *Conf. suprà*, n° 524 et *infrà*, page suivante, B.

(2) Aujourd'hui les journaux contiennent des renseignements exacts sur ce point, et le négociant qui emporte d'Alger à Marseille un chargement de blé, sait d'une façon positive quel est le bénéfice à réaliser. Mais que l'on se mette par la pensée à la place d'un marchand de Médine, partant, au VII° siècle, pour Damas, avec un convoi de blé ou de dattes ; c'était l'inconnu le plus redoutable, à tous égards.

goce du commandité l'appelle dans une contrée où ce métal, sous l'une ou l'autre de ces formes, sert d'instrument de circulation (1). Il en est de même des coquillages que les habitants du Soudan emploient à titre de monnaie (2).

Par une bizarre exception, la monnaie de billon ne doit jamais constituer le capital d'une commandite, eût-elle cours dans la localité. L'alliage, dit-on, en est toujours incertain. Et, chose plus extraordinaire encore, la prohibition s'adresse surtout aux pièces neuves, parce que, n'ayant pas encore circulé, elles inspirent encore plus de méfiance.

Les pièces d'or et d'argent peuvent d'ailleurs être adultérées, pourvu que, connues pour telles, elles aient cours, car c'est là le point important. Il ne faut pas oublier que le numéraire occupe une place à part dans la classification des choses (3); il n'est qu'un instrument, abstraction faite de sa pureté plus ou moins grande; il suffit, par conséquent, qu'il soit en état de remplir sa mission. Est-il discuté, parce qu'il est à un titre trop bas, ou simplement parce qu'il est d'un coin inconnu dans le pays, il perd ses propriétés et sa qualité juridique, pour devenir un objet mobilier; dès lors il ne peut plus constituer le capital d'une commandite (4).

B. *Le capital doit être déterminé.* — Les explications qui précèdent me dispensent de m'arrêter longtemps à cette deuxième condition de validité. Il est certain que *l'ignorance du capital conduit à l'ignorance du bénéfice*, ainsi que le dit Mohammed Kharchi. Supposons que le commandité rapporte une somme de mille, par exemple, il sera impossible de discerner le bénéfice du capital, si celui-ci n'a pas été déterminé au moment où il a été versé.

Ainsi, remettre au commandité une bourse, en lui disant : « Tra- » fique avec ce qu'il y a là dedans, et nous partagerons le bénéfice » dans telle proportion », ce serait violer la loi.

---

(1) Malik est plus tolérant encore. Il enseigne qu'il n'y a aucune différence à faire entre le numéraire et le métal en poudre, en pépites, ou en lingots.

« Il y a eu, dit-il, des commandites avant l'époque où les hommes ont frappé » du numéraire. » En effet, les Arabes n'ont battu monnaie qu'en l'année 76 de l'hégire. Au surplus, les Arabes avaient l'habitude de ne compter que les sommes minimes; ils pesaient le numéraire dès qu'il s'agissait d'une somme considérable. On ne voit pas pourquoi on établirait une différence entre le numéraire et l'or en poudre ou en lingots.

(2) Ces coquillages sont appelés *cauris;* ils ont une valeur d'un demi centime. Les Arabes les nomment *ouada'.*

(3) *Conf. suprà*, page 129, note 1.

(4) On consultera avec fruit sur les monnaies arabes le savant travail publié dans le *Journal Asiatique*, par M. H. Sauvaire, sous le titre de *Matériaux pour servir à l'histoire de la numismatique et de la métrologie musulmane.* Ce titre est beaucoup trop modeste.

C. *Le capital doit être effectivement livré entre les mains du commandité.* — C'est peut-être, de toutes les règles de la commandite, la plus obscure, malgré sa simplicité apparente.

En effet, il est élémentaire que si le capital stipulé n'est pas versé entre les mains du commandité, celui-ci est dans l'impossibilité d'exécuter le contrat. Mais ce n'est pas là, on le devine, ce que les jurisconsultes entendent dire. Il ne faut pas qu'il soit déjà détenteur du capital à un autre titre ; s'il l'est, une nouvelle tradition est nécessaire. Ainsi, dans le cas où le commandité serait le débiteur du commanditaire, celui-ci ne serait pas fondé à lui tenir ce langage : « Vous me devez mille, employez-les à titre de com- » mandite, et nous partagerons le bénéfice dans telle proportion. »

Pourquoi cette prohibition ? Elle procède du formalisme exagéré que nous avons déjà constaté souvent. On craint que les contractants n'obtiennent ainsi, par voie indirecte, un bénéfice usuraire. En effet, au lieu de se libérer au terme fixé, le débiteur conserve les fonds à sa disposition ; bien mieux, il en tire un profit ; il en est de même du commanditaire, qui porte atteinte au principe de la gratuité du prêt (1). Aussi, dans une pareille hypothèse, la dette subsiste, le bénéfice réalisé appartient exclusivement au commandité, et les pertes lui sont personnelles.

Il faut, pour éviter ce résultat, que ce dernier se libère d'abord de sa dette, ou du moins qu'il fasse à son créancier des offres réelles (2) affirmées par deux témoins irréprochables (3). Ce n'est qu'alors que les deux contractants échappent à la suspicion dont ils sont l'objet.

Il en serait de même si la somme était entre les mains du commandité à titre de gage ou de dépôt (4).

D. *La portion du bénéfice allouée à chacun des contractants doit être déterminée.* — C'est là une règle commune à tous les contrats. Dire au commandité : « Je te confie telle somme à titre de com- » mandite, et tu auras une part dans les bénéfices », c'est contracter moyennant un bénéfice ignoré, et introduire un élément aléatoire dans la convention. Toutefois, s'il existe dans la localité un usage constant, déterminant la portion des bénéfices attribuables au commandité, cette formule devient efficace ; celle-ci : « Et nous » serons associés dans le bénéfice, » implique partage égal en vertu d'une présomption de la loi. La portion attribuée au commandité

---

(1) *Conf. suprà*, nº 456.

(2) Mot à mot : « *Il doit présenter la somme à son créancier.* » Ce sont bien des offres réelles.

(3) Ou bien par un témoin mâle et par deux femmes.

(4) J'abrège cette théorie qui comporte des distinctions très spécieuses. Elle recevra tous ses développements dans mon *Essai d'un traité méthodique de droit musulman.*

peut être faible ou considérable. Les parties jouissent à cet égard d'une grande liberté. Toutefois, si le commandité recevait la totalité des bénéfices, le contrat deviendrait un prêt ; si le commanditaire lui faisait, en outre, l'abandon du capital, le contrat perdrait encore son individualité pour devenir une donation.

E. *Elle ne doit pas être déterminée en nombre.* — Il est irrégulier de convenir que le commandité touchera une somme déterminée, à titre de bénéfice, comme dix dinars, cent dirhems, etc. C'est lui conférer un mandat salarié, transformer le contrat en louage d'industrie, et, par conséquent, le dénaturer.

En effet, le bénéfice est inconnu au moment où les parties échangent leurs consentements ; il est donc nécessaire de stipuler que le commandité touchera une fraction déterminée des profits réalisés, un quart, un tiers, la moitié, et non une somme fixe ; d'autant plus que la commandite peut se solder par des pertes, et qu'alors il y aura un véritable conflit entre la stipulation insérée au contrat, laquelle alloue une somme déterminée au commandité, et la loi qui n'accorde rien au commandité quand le bénéfice est nul.

F. *On ne doit ni imposer à l'un ou à l'autre des deux contractants une charge, ni lui attribuer un avantage, extérieur au contrat, incompatibles avec la notion juridique du contrat.* — Cette règle est connexe à celles étudiées sous la lettre A et sous la lettre C (1).

En effet, obliger le commandité à accepter comme capital des choses qui ne forment pas instrument de circulation, et à les emporter avec lui, c'est surcroître les charges que lui impose le contrat ; l'autoriser à se servir des fonds dont il est débiteur, c'est surcroître les avantages que lui procure la convention.

Cela est si vrai que si le commanditaire charge un tiers de convertir les objets mobiliers dont je viens de parler en numéraire qui sera ensuite versé entre les mains du commandité, la commandite est irréprochable.

De même, si le commandité est chargé de recouvrer une créance sur un tiers, ou de convertir lui-même des objets mobiliers en numéraire avant son départ, le mandat qu'il reçoit, étranger à celui qui fait de lui un commandité, est une charge surérogatoire qui pervertit la notion de la commandite.

Il en serait encore ainsi dans le cas où le commanditaire, remettant au commandité des espèces d'argent, obligerait ce dernier à les changer contre de l'or, ou réciproquement, par le motif que la monnaie remise ne serait pas celle ayant cours dans le pays où le trafic doit avoir lieu.

---

(1) *Conf. suprà*, pages 102 et 105.

Mais, le bon sens l'indique, le commandité a droit à certains avantages indiqués par la nature même des choses, alors même qu'ils ne seraient pas expressément stipulés. Ainsi, il est autorisé à prélever sur le capital, ou sur les bénéfices déjà réalisés, ses frais de voyage, dans une mesure convenable, proportionnée à l'importance de l'affaire, à sa condition personnelle, en se conformant, autant que possible, à l'usage. La loi pose, à cet égard, des règles minutieuses. Si, par exemple, il se marie dans le pays où son négoce l'a appelé, il est présumé y avoir acquis un domicile; il n'est plus considéré comme séjournant à l'étranger pour le compte de la commandite; il n'a donc plus droit à porter ses dépenses en compte.

Si, encore, il se détourne de sa route pour visiter une de ses épouses, un de ses parents, pour accomplir les cérémonies du pèlerinage, pour prendre part à une expédition militaire, pour vaquer à ses propres affaires, on déduit des frais généraux ceux qu'entraîne cette excursion.

La condition sociale du commandité est-elle telle qu'il ait besoin des services d'un ou plusieurs domestiques, il a le droit de ne rien diminuer de son train, et les gages de ses serviteurs sont à la charge de la commandite, pourvu qu'elle soit assez importante pour comporter une pareille dépense.

Il est nourri, logé, habillé, baigné, saigné, ventousé, aux frais de la commandite. Les médicaments sont à sa charge personnelle.

Enfin, s'il est chargé de plusieurs commandites, les frais généraux sont supportés par chacune d'elles, proportionnellement à leur capital respectif.

Par une faveur particulière, il est permis aux contractants, lorsqu'ils sont d'accord sur ce point, de modifier la convention en ce qui touche la part de bénéfice stipulée au profit de chacun d'eux. Ainsi, supposons-le, le commandité doit recevoir un quart des profits. Mais le voyage a été très périlleux, ou bien le bénéfice réalisé a dépassé toutes les prévisions, grâce à l'intelligence, à l'activité du commandité; rien ne s'oppose à ce que, à son retour, sa part soit élevée à un tiers, à deux tiers.

Dans le même ordre d'idées, la commandite étant un contrat de tolérance (1), les contractants n'ont pas le droit de déroger, par des conventions particulières, à la règle qui interdit au commanditaire de stipuler que les risques seront à la charge du commandité. Tel est le raisonnement des auteurs musulmans. Nous ne saurions nous en contenter; il est d'ailleurs facile, en remontant aux principes, de justifier scientifiquement cette prohibition.

Nous l'avons vu (2), dans les contrats à titre onéreux, et notamment dans la vente, la propriété et les risques sont tranférés du

---

(1) *Conf. suprà* nº 523.

(2) *Conf. suprà*, nº 225.

vendeur à l'acheteur, par la seule énergie du contrat, lorsque ce-lui-ci est parfait obligatoire. Dans les contrats vicieux, la propriété n'est transférée qu'à partir du moment où le vice a disparu; mais la simple détention de la chose met les risques à la charge de l'a-cheteur.

En d'autres termes, le véritable propriétaire n'est pas toujours comptable des risques; le simple détenteur peut l'être également.

Or, ici, le commandité n'est jamais propriétaire du capital; le commanditaire se borne à lui conférer le mandat d'administrer une chose qui demeure sa propriété. A ce titre, le commandité n'est pas, ne peut pas être chargé des risques. Mais le peut-il au moins comme détenteur? Pas davantage. Pourquoi? Il n'est pas détenteur du capital dans les conditions que j'ai indiquées tout à l'heure. Il l'est en vertu d'un *acte de confiance* du commanditaire; il n'est pas tenu des risques ; il n'est tenu que de sa faute lourde (1).

G. *Le commandité doit être chargé seul du trafic.* — Quel est le fondement de la commandite? C'est uniquement la confiance que le commandité inspire au bailleur de fonds. D'autre part, est-ce bien conférer un mandat *de confiance* à quelqu'un, que de se ré-server le droit de faire certains actes, d'en contrôler d'autres? Sans doute, un mandat ordinaire n'est pas toujours général; le mandant peut le restreindre, et se réserver la faculté de ratifier les agisse-ments de son mandataire. Mais ici, il s'agit d'un mandat d'une es-pèce particulière, minutieusement réglé par la loi, et qui, chose di-gne de remarque, doit être rempli au loin, suivant les circonstan-ces. Permettre au commanditaire de le dénaturer, de montrer de la méfiance, c'est ôter au contrat sa physionomie propre. Ainsi, stipuler que le commanditaire se réserve le droit de s'immiscer dans les opérations, d'être consulté avant toute décision, de pla-cer un surveillant auprès du commandité, sont des restrictions contraires à la notion juridique du contrat, car ce sont autant d'en-traves apportées à la liberté d'action du commandité, et c'est le mettre en état permanent de suspicion, lui qui est un homme de confiance.

Toutefois, et par tolérance, le commanditaire peut, avec le con-sentement du facteur, lui adjoindre un de ses serviteurs, un de ses enfants, mais à titre d'employé salarié, et pourvu que celui-ci n'ait pas mission d'espionner le commandité, et pourvu que le commanditaire ne s'attribue pas le salaire de cet employé, car ce serait une façon indirecte de percevoir dans les bénéfices une part supérieure à celle stipulée.

On ne peut, d'ailleurs, ni imposer au commandité un travail ma-nuel pénible, comme de coudre ou de broder des vêtements; ni lui

_____

(1) Le texte dit : *négligence, transgression des règles.*

imposer un associé nouveau, ou le mélange de ses propres fonds avec ceux de la commandite; ni l'emploi d'un ou plusieurs colporteurs ou sous-agents; ni l'obligation de semer lui-même (1); ni l'abstention de tout achat avant son arrivée dans une localité déterminée; ni l'obligation de vendre ou d'acheter à telle personne, non à telle autre, dans tel lieu, non dans tel autre, à telle époque, non à telle autre; ni l'obligation de se rendre dans telle contrée, à l'exclusion de telle autre, etc.

528. TRANSITION. — Telles sont les règles générales de la commandite. Il importe de rechercher quelle en est l'influence sur la validité du contrat. En d'autres termes, on doit se demander si la violation de ces règles entraîne toujours la nullité de la convention.

Il n'en est rien. Tantôt, la loi se trouvant violée, la commandite conventionnelle est transformée en commandite légale; celle-ci prend alors le nom de *commandite d'équivalence*, par analogie avec ce qui se passe en matière de dot (2). Tantôt, la loi étant violée d'une façon plus sérieuse, la transformation est plus complète, et le contrat nouveau se complique d'un véritable louage d'industrie. Tantôt, enfin, quand la violation est d'une gravité exceptionnelle, la commandite n'a plus aucune existence légale et se résout en un simple louage d'industrie.

Il ne faut pas oublier que les transformations dont je viens de parler ne sont possibles que dans le cas où le contrat a déjà reçu un commencement d'exécution; dans le cas contraire, il est frappé de nullité, dès qu'il a été formé en violation de la loi.

De là les catégories suivantes :

1° Commandite proprement dite;
2° Commandite d'équivalence;
3° Commandite d'équivalence se compliquant d'un louage d'industrie;
4° Commandite dégénérant en louage d'industrie.

529. COMMANDITE PROPREMENT DITE. — Lorsque toutes les règles indiquées ci-dessus sont respectées, le contrat revêt sa physionomie propre, et constitue la commandite conventionnelle.

---

(1) Il est permis de se demander comment le commandité sera amené à ensemencer un champ. Voici l'espèce : Primus reçoit une somme des mains de Secundus à titre de commandite, à charge d'aller, en pays étranger, trafiquer de telle ou telle marchandise. Il est stipulé que si, durant son séjour dans la contrée désignée, il trouve avantageux d'employer une partie des fonds à la culture de tel ou tel produit naturel qu'il rapportera ensuite dans son pays d'origine, où elle est rare, il sera autorisé à le faire. Rien ne s'oppose à une pareille combinaison. Mais jamais Primus ne pourra être obligé à semer de sa propre main.

(2) *Conf. supra*, n° 27, 2°.

530. COMMANDITE D'ÉQUIVALENCE. — Il arrive souvent que les parties omettent d'insérer dans le contrat une mention utile, ou donnent à leur consentement une forme indécise, ou ne s'accordent pas sur le partage des bénéfices, etc. Dans ces diverses hypothèses, et dans d'autres analogues, la convention a besoin d'être complétée, et la loi, se substituant aux contractants, vient, pour ainsi dire, *étayer* leurs accords et les rendre irréprochables.

Ainsi, lorsque le commanditaire n'a pas déterminé la portion des bénéfices que percevra le commandité, et qu'il n'existe dans la localité aucun usage à cet égard, cette portion est fixée par le juge d'après celle que toucherait un homme de condition équivalente, dans une commandite de même nature.

Il en est de même si la clause qui détermine sa part est ambigüe. Il en est de même encore, si les parties ont limité la durée de l'association, ce qui peut entraver la liberté du commandité en l'obligeant à cesser tout négoce au milieu d'une opération commencée, ou même entraver la liberté des deux contractants, le contrat étant, de sa nature, résiliable à la fin de chaque opération particulière dès que les fonds sont réalisés. Aussi, dans ce cas, la clause est réputée non écrite, une commandite légale, sans durée fixe, est substituée à la commandite conventionnelle, et le facteur a droit à la part d'intérêt que recevrait un homme de sa condition, dans une commandite de même nature.

De même encore, si les risques ont été mis à la charge du commandité, la commandite conventionnelle se transforme en commandite d'équivalence.

Parfois, cette transformation a lieu alors que les opérations sont entièrement terminées et que les parties n'ont plus qu'à régler leurs comptes respectifs. Primus a reçu un capital à titre de commandite, il revient dans son pays d'origine; après avoir réalisé les fonds mis à sa disposition, il procède à la liquidation de la société. A ce moment, Secundus, le commanditaire, soutient, par exemple, que la part de Primus dans les bénéfices doit être d'un huitième; Primus prétend qu'elle est des deux tiers. Le procès s'engage sur ce terrain. Chacune des parties est considérée comme produisant des allégations invraisemblables. Il n'est pas admissible que Primus se soit exposé aux dangers, aux fatigues, d'un long voyage pour toucher le faible émolument que Secundus entend lui allouer. Il n'est pas vraisemblable non plus que ce dernier ait hasardé une somme considérable pour abandonner à Primus la plus grande partie des bénéfices. Dans cette situation, le contrat, puisqu'il a été exécuté par les parties, est maintenu, mais, de conventionnelle, la commandite devient légale, et Primus reçoit la part de bénéfices qui serait attribuée à tout autre commandité opérant dans des conditions semblables.

J'ajoute que si les deux allégations sont vraisemblables, on donne la préférence à celle du commandité, en raison de la confiance qu'il inspire. Un seul des contractants alléguant une stipulation vraisemblable, il obtient gain de cause, et, dans ces deux hypothèses, le contrat est maintenu (1).

531. COMMANDITE SE COMPLIQUANT D'UN LOUAGE D'INDUSTRIE. — La commandite forme un tout indivisible; dès qu'elle est atteinte dans son essence, elle doit, ou bien recevoir *l'état* qui lui rendra sa perfection conventionnelle, ou bien se transformer en commandite légale. Mais il peut se faire aussi qu'elle contienne un élément étranger, une sorte d'alliage qu'il est nécessaire d'en expulser.

Supposons le cas où le capital consiste en poudre d'or, en billon, en objets mobiliers autres que de l'or ou de l'argent, et où le commandité s'est chargé de réaliser ces marchandises, celles-ci ne formant pas instrument de circulation. Supposons encore le cas où le commandité a consenti à recouvrer une créance du commanditaire pour en employer le montant aux opérations de la commandite. Ce sont là de véritables travaux accessoires, incompatibles avec la commandite elle-même et que l'attribution d'une part des bénéfices ne rémunèrerait pas. Aussi le contrat sera-t-il annulé aussi longtemps qu'il n'aura reçu aucun commencement d'exécution. Une fois en cours d'exécution, il subsistera; mais le commandité aura droit à un salaire pour l'opération préalable qui lui a été imposée. Quel sera ce salaire, puisque rien n'a été stipulé? Ce sera le *salaire d'équivalence*, c'est-à-dire celui que percevrait tout salarié placé dans des conditions équivalentes; et le commandité aura une action personnelle contre le bailleur de fonds pour obtenir le payement de ce qui lui sera dû de ce chef.

Ce premier point réglé, le contrat par cela même qu'il a été modifié, n'est plus en état d'être maintenu comme commandite conventionnelle; il se transforme en commandite d'équivalence.

532. COMMANDITE DÉGÉNÉRANT EN LOUAGE D'INDUSTRIE. — Dans tous les autres cas, où le contrat est vicieux, il perd toute existence légale, et le commandité n'est plus qu'un simple mercenaire, dont l'industrie est rémunérée au moyen du salaire d'équivalence. Il faut le noter, ce salaire lui est dû, que les opérations produisent ou non un bénéfice. Dans les hypothèses où il y a lieu à commandite d'équivalence, le facteur a, intellectuellement parlant, le droit absolu de recevoir une portion des bénéfices; mais encore faut-il, le bon sens l'indique, que le trafic ait produit des bénéfices, faute de quoi, il n'a aucune action contre le commanditaire.

Et, pour épuiser ce parallèle, il y a encore cette différence entre les deux situations que, la commandite conventionnelle étant at-

---

(1) Au surplus, dès qu'il se produit un désaccord entre les contractants, ceux-ci étant dépourvus de moyens de preuve et refusant de prêter serment, la commandite conventionnelle se transforme en commandite d'équivalence. *(Conf. infrà*, n° 537, *in fine*).

teinte d'un vice qui rend nécessaire sa transformation en commandite légale, le contrat suit son cours régulier; ce sont simplement les conditions du partage des bénéfices qui sont modifiées.
Au contraire, quand le contrat dégénère au point de se changer en
un louage d'industrie, il s'arrête court, il perd même son nom pour
devenir un simple louage d'industrie destiné à régler la situation
respective des parties jusqu'au moment précis où le trafic doit être
supprimé.

Un dernier mot. Dans la première de ces deux hypothèses, le
commandité touche sa part de bénéfices de préférence aux créanciers, s'il en existe. Dans la seconde, il entre en partage avec eux,
au marc le franc.

Les principes posés, voici les exemples donnés par Khalil, à l'appui de la théorie qui précède. Lorsque le commanditaire s'immisce
dans le trafic, lorsqu'il exige qu'il lui en soit référé avant tout
achat, toute vente, tout payement; lorsqu'il impose au facteur, soit
un surveillant, soit un associé nouveau, soit des travaux manuels
pénibles (1); quand il l'oblige à verser ses fonds dans l'affaire, à
prendre des sous-agents, à trafiquer dans tel pays à l'exclusion de
tel autre, le contrat est dénaturé, parce que le commandité se
trouve réduit au rôle de simple salarié.

533. DU PARTAGE DES BÉNÉFICES. — Lorsque la commandite est
régulière, qu'elle n'a subi aucune des modifications dont je viens
de parler, la part de chacun des associés est celle fixée par la convention; ils jouissent à cet égard d'une liberté absolue.

Il est même permis d'attribuer les bénéfices à un tiers, aux pauvres, au commandité seul, sauf le cas où l'usage local oblige, même
dans cette hypothèse, le commanditaire à en allouer une légère
partie à ce dernier.

On peut aussi modifier la convention primitive, quand, mieux
informé des peines ou des périls de l'entreprise, le commanditaire
veut rémunérer plus équitablement le facteur.

Toutefois, si le commandité reçoit tous les bénéfices, la commandite subit également une transformation et devient une donation. Dans ce cas, le commandité est seul chargé des risques, à
moins de convention contraire.

534. DES ACTES PERMIS AU COMMANDITÉ. — Le commandité peut,
sans pervertir la notion juridique du contrat, exiger que le bailleur
de fonds mette à sa disposition un serviteur, ou une monture.

Rien ne s'oppose à ce qu'il accepte plusieurs commandites, et

---

(1) Mais les menus travaux, tels que le maniement de la marchandise, le dé-
pliage des étoffes, l'étalage des objets de faible pesanteur, etc., etc., sont à la
charge du commandité. Bien mieux, s'il emploie pour ce faire des hommes de
peine, il doit les payer de ses deniers.

qu'il fasse masse de tous les capitanx ainsi mis à sa disposition. Ce mélange lui est même imposé quand la contrariété des intérêts nuirait à l'une des commandites, en produisant une hausse où une baisse sur le marché.

Le facteur a le droit de faire un appel de fonds supplémentaire, lorsqu'il se présente une occasion favorable de donner de l'extension au trafic entrepris, pourvu qu'il ne s'agisse pas de sanctionner rétroactivement des opérations déjà accomplies.

Il a la faculté d'exercer l'action rédhibitoire (1), de procéder à des échanges, d'acquérir tout ou partie des marchandises de la commandite, au même titre qu'un étranger, pourvu que sa bonne foi soit évidente.

S'il achète en son nom personnel, *ultra vires* du capital qui lui a été confié, et à crédit, il se forme entre lui et le bailleur de fonds une société accessoire qui se liquide séparément.

535. DES ACTES PERMIS AU COMMANDITAIRE. — De même, le commanditaire est autorisé, sans que le contrat en soit vicié, à acquérir tout ou partie des marchandises de la commandite, avant la liquidation, pourvu qu'il n'obtienne aucune diminution de prix; car toute faveur qui lui serait faite serait considérée comme un prélèvement anticipé de bénéfice.

Le commanditaire et la loi elle-même exercent une sorte de contrôle atténué sur le facteur, car, si ce dernier est un homme de confiance, il serait excessif de faire de lui un arbitre souverain, d'autant plus que, n'ayant pas les risques à sa charge, il serait peut-être tenté, sans cesser pour cela d'être honnète, d'aventurer le capital dans de périlleuses spéculations. Il n'est donc pas étonnant que certains actes puissent lui être interdits, sans qu'il en résulte aucune violation de la loi.

Ainsi, voyager la nuit, traverser une région réputée dangereuse, voyager par mer, acheter des marchandises sur lesquelles aucun bénéfice n'est possible, ou sur lesquelles une perte est probable, sont des actes qu'il est loisible au bailleur de fonds de lui interdire. S'il enfreint ces défenses, il devient garant des risques, comme dans d'autres hypothèses analogues, dont voici les principales : s'il se livre à la culture dans un pays sans sécurité, s'il continue ses opérations après le décès du commanditaire, s'il s'adjoint un autre associé sans autorisation, s'il vend à crédit, s'il commandite un tiers, etc., etc.

536. FIN DE LA COMMANDITE. — Chacun des contractants a le droit de se dédire avant le commencement des opérations, c'est-à-dire avant le départ du commandité, eût-il terminé ses préparatifs de

(1) *Conf. suprà*, n° 247.

voyage. Mais une distinction est nécessaire sur ce dernier point. Si les préparatifs, achats de vivres, d'armes, de munitions, de montures, ont été faits avec les fonds de la commandite, la solution n'offre aucune difficulté. Mais si ces provisions ont été achetées par le commandité, à l'aide de ses ressources personnelles, le commanditaire doit, s'il prétend résilier le contrat, lui rembourser le montant de ses dépenses.

Chacun des contractants est admis à provoquer la dissolution de la société, chaque fois que les fonds ont été réalisés. Dans le cas où l'un d'eux s'y refuse, il peut y être contraint judiciairement.

La mort du commandité n'entraîne pas la dissolution du contrat. Celui de ses héritiers qui offre des garanties suffisantes de moralité est tenu de le continuer. S'il ne se trouve parmi eux personne qui remplisse ces conditions, ils doivent présenter au commanditaire un gérant offrant ces garanties; à défaut, ils peuvent abandonner l'actif au bailleur de fonds, en renonçant à toute part d'intérêt.

Quant à la mort du commanditaire, elle a, sur le sort du contrat, une influence qui nécessite quelques explications. Nous avons déjà vu (1) que le facteur, lorsqu'il continue son trafic après le décès du bailleur de fonds, devient garant des risques.

D'où cette conséquence que, en principe, le décès du commanditaire ne met pas d'obstacle à la continuation du trafic; cet événement n'a d'autre influence que de déplacer les responsabilités, en ce sens que, non garant des risques en temps ordinaire, le facteur en est garant s'il ne clôture pas ses opérations, quand, bien entendu, elles ont lieu à la résidence du commanditaire, dès que la nouvelle du décès lui est parvenue. Il faut de plus que, le décès connu, il ait entrepris de nouvelles affaires, car il a le droit évident de terminer celles en cours (2).

537. CONTESTATIONS. — Le commandité est un homme de confiance, je l'ai déjà dit. Aussi son dire, corroboré par le serment, fait-il foi, jusqu'à preuve contraire :

1° Quand il allègue que les marchandises ont péri;
2° Quand il soutient avoir subi une perte sur telle opération (3);
3° Quand il affirme avoir restitué le capital au bailleur de fonds, pourvu qu'il l'ait reçu sans témoins, car, dans ce cas, on lui a

(1) *Conf. suprà*, n° 535.
(2) Il suffit, pour saisir la portée de cette théorie, de se reporter à celle du mandat (*Conf. suprà*, n° 428).
(3) Lakhmi exige, dans ce cas, que des experts soient commis pour apprécier si la marchandise vendue ou achetée à perte était, en effet, en baisse à l'époque de l'opération.

témoigné une confiance absolue, et il doit profiter de cette situation;

4° Quand il allègue avoir reçu le capital à titre de commandite, le commanditaire soutenant qu'il est un simple salarié;

5° Quand il prétend n'être qu'un simple salarié;

6° Quand il déclare détenir le capital de bonne foi, et ne l'avoir ni dérobé au commanditaire, ni usurpé à son préjudice;

7° Quand il dit n'avoir pas prélevé ses frais et déboursés sur le capital, pourvu que cette affirmation se produise avant ou pendant la liquidation;

8° Quand il allègue avoir droit à telle part dans les bénéfices, mais sous réserve des distinctions établies plus haut (1).

Il importe peu, dans ces différentes hypothèses, que le commandité soit ou non un homme digne de confiance; le bailleur de fonds l'a considéré comme tel, et cela suffit.

Il serait inique, toutefois, de donner toujours au commandité une position prépondérante. Aussi le dire du commanditaire, appuyé d'un serment, fait-il foi, jusqu'à preuve contraire :

1° Quand il allègue n'avoir pas consenti à l'agent telle part dans les bénéfices, dans les conditions indiquées plus haut (2);

2° Quand le désaccord sur le partage des bénéfices se produit avant le commencement des opérations, que ses allégations soient ou non vraisemblables. Pourquoi cette faveur accordée au commanditaire? Parce que, disent les auteurs, il est à son pouvoir de provoquer la résiliation du contrat aussi longtemps que le facteur ne s'est pas mis en route. Ce motif est faible, mais il faut bien s'en contenter. Si l'on adoptait une solution différente, semblent dire les jurisconsultes, le commanditaire, battu par son adversaire, réduirait à néant le triomphe de ce dernier; il vaut donc mieux s'en rapporter de suite à son dire;

3° Quand il prétend avoir versé les fonds entre les mains de l'agent à titre de prêt, et non à titre de commandite, parce que celui-ci cherche, en soutenant le contraire, à se créer une situation plus avantageuse, et à s'affranchir des risques qui, dans le prêt, sont à la charge de l'emprunteur (3).

---

(1) *Conf. suprà*, n° 530.

(2) *Conf. suprà*, n° 530.

(3) *Conf. suprà*, n° 314. On pourrait encore ajouter un second motif à celui indiqué par les auteurs. Le commandité, en affirmant qu'il a reçu les fonds à titre de prêt, cherche à se soustraire au partage des bénéfices qu'il réalisera. Il faut supposer, d'ailleurs, que le commandité est demandeur dans la contestation, et qu'il est impuissant à rapporter la preuve de son dire. Le commanditaire doit, par conséquent, triompher au moyen d'un simple serment.

Dans tous les cas, que l'on s'en rapporte au serment du commanditaire ou à celui du commandité, si celui qui doit jurer s'y refuse, le serment est déféré à sa partie adverse; celle-ci se refusant également à le prêter, le juge accepte la déclaration la plus vraisemblable; aucune de ces déclarations n'étant vraisemblables, on oblige au serment les deux contractants; qu'ils le prètent ou qu'ils le refusent, la commandite d'équivalence (1) est substituée à la commandite conventionnelle.

_____

(1) La commandite d'équivalence est évidemment celle dont les conditions sont réglées *à dire d'experts*. La dot d'équivalence (*conf. suprà*, n° 27) n'est pas autre chose au fond.

CHAPITRE XVIII

DU BAIL A COLONAGE PARTIAIRE

(MOUSAKA)

—

538. GÉNÉRALITÉS. — Il s'agit encore ici d'une variété de la société (1). Les auteurs enseignent que ce contrat a été autorisé par la force des choses, bien qu'il soit contraire aux principes fondamentaux du droit. Dans les pays orientaux, l'arrosage, ou plutôt l'irrigation est indispensable à la production des fruits. Le prophète l'a si bien reconnu lui-même qu'il avait autorisé les gens de Khibar, tribu israélite des environs de La Mecque, à pratiquer ce contrat. Et pourtant, comme le dit Mohammed Kharchi, il est illégal à quatre points de vue différents ; en effet, il constitue : 1° un louage d'industrie moyennant un salaire indéterminé (2); 2° un bail à ferme, moyennant un partage de fruits avec le bailleur, combinaison éminemment aléatoire (3); 3° une vente implicite de fruits avant leur maturité, bien plus, avant leur existence (4); 4° un contrat aléatoire, car le preneur ignore, au moment où il contracte, si le fruit sera sain ou non, et, en supposant qu'il le soit, il ignore quelles en seront la qualité et la quantité.

Malgré ces vices inhérents au contrat, la loi de la nécessité a été plus impérieuse que la loi proprement dite. On peut donc ranger le bail à colonage partiaire parmi les contrats qui sont entourés de précautions particulières et qui sont simplement tolérés (5).

---

(1) La *Mousaka* (mot à mot : *contrat d'irrigation*) peut être considérée comme une sorte de *commandite agricole*, le bailleur fournissant le capital, terre et matériel d'exploitation, — le preneur fournissant son industrie, et les fruits constituant le bénéfice à partager.

(2) *Conf. infrà*, n° 561. J'emploie différemment ce terme ou celui de *Salariat*.

(3) *Conf. infrà*, n° 583.

(4) *Conf. suprà*, n° 288.

(5) *Conf. suprà*, n° 202 et aussi n° 227.

Il s'agit ici de la *petite culture*, suivant le terme consacré, par opposition à la *grande culture* (1).

539. Définition. — Le bail à colonage partiaire est celui par lequel on s'engage à cultiver les plantes, à la condition de recevoir une certaine quantité de leurs fruits, à l'exclusion de tout autre salaire. La formule employée ne doit être ni celle de la vente, ni celle du louage, ni celle du *Dja'l* (2).

On ne doit recevoir, comme rémunération, qu'une portion des produits, en nature; sinon, le contrat changerait de nature et deviendrait, suivant le cas, une société ou un louage d'industrie.

540. Division. — Les auteurs musulmans divisent la matière de ce contrat en quatre parties :

1º L'objet du contrat;
2º La détermination de la part des produits attribuable au preneur;
3º L'opération;
4º La forme du contrat.

Il n'y a aucun inconvénient à suivre cette division, en rappelant qu'il est superflu de rechercher quelle doit être la capacité des contractants, celle-ci étant la même pour tous les contrats à titre onéreux (3).

541. *A*. Objet du contrat. — On ne peut, en thèse générale, consentir un bail partiaire que pour la culture des arbres. Il n'est pas indispensable qu'ils soient de ceux qu'il est nécessaire d'arroser; pour ceux qui s'irriguent naturellement par le sous-sol, ou qui n'ont pas besoin d'irrigation en raison de leur nature propre, ou du climat tempéré de la contrée, les soins à leur donner sont considérés comme l'équivalent de l'arrosage. Mais il faut : 1º que les arbres soient en état de porter des fruits, c'est-à-dire âgés d'au moins cinq ans, faute de quoi le travail du preneur ne trouverait pas sa récompense; 2º que les fruits n'aient pas encore atteint leur maturité, car, dans le cas contraire, l'industrie du preneur serait inutile, et il s'attribuerait un salaire qu'il n'aurait pas gagné; 3º que les arbres soient à tige ligneuse persistante; car s'il s'agissait, par exemple, de bananiers, lesquels périssent tous les ans, sauf à se reproduire par la racine, le contrat deviendrait aléatoire, en ce sens

---

(1) *Conf. suprà*, nº 415.

(2) *Conf. infrà*, nº 544. Le *dja'l* sera étudié au chapitre XX.

(3) *Conf. suprà*, nº 196. Le tuteur testamentaire a le droit de donner les biens de l'impubère à colonage partiaire, le bon sens l'indique.

qu'il serait difficile de prévoir si tous les plans reparaîtraient et produiraient une récolte déterminable par approximation. Il faut donc que les arbres à tige ligneuse persistante soient au moins en majorité dans l'enclos, c'est-à-dire dans la proportion de plus des deux tiers (1).

542. DÉTERMINATION DE LA PART DE PRODUITS ATTRIBUABLE AU PRENEUR. — La convention doit déterminer la part, petite ou grande, que le preneur recevra, en fait de fruits ou de produits, pour prix de ses peines et soins. Ainsi, il est valable de lui attribuer la moitié, le tiers, le quart des fruits, mais non la totalité, car, dans ce cas, le contrat changerait de nature et serait une donation. Il est exigé que cette part soit indivise, et non pas attribuée sur tels arbres déterminés, ou appréciée en poids ou en mesure. S'il en était autrement, les arbres étant désignés, ou le poids spécifié, le preneur risquerait de ne rien recevoir, ou d'absorber tous les produits aux dépens du bailleur.

Rien ne met obstacle à ce que l'impôt soit à la charge exclusive de l'une ou de l'autre des parties; à défaut de stipulation sur ce point, il est prélevé sur la récolte, avant tout partage.

Quand le clos est important, le preneur peut exiger qu'il lui soit fourni un ou plusieurs serviteurs, une ou plusieurs bêtes de somme. Il est certain que si le clos était d'une faible étendue, une pareille stipulation aurait pour effet de mettre tous les travaux à la charge du bailleur, ce qui serait vicier le contrat dans son essence. Mais, en tout état de cause, rien ne s'oppose à ce que les menues dépenses d'entretien, réparation des murs, des haies, des réservoirs, curage des canaux, soient à la charge exclusive du preneur. Ce qui tombe des arbres se partage comme les fruits eux-mêmes.

543. OPÉRATION. — L'objet du contrat ne doit subir aucune modification pendant la durée de l'association. Ainsi, il est interdit au bailleur de retrancher quoi que ce soit du matériel existant. En effet, la convention porte sur un partage de fruits, ces fruits doivent être obtenus par l'industrie du preneur, à l'aide des ressources qu'il trouve sur les lieux, sans augmentation ou diminution d'aucune espèce.

Le preneur est tenu d'exécuter tous les travaux nécessaires et déterminés par l'usage, de féconder les palmiers, d'émonder les arbres, d'employer des mercenaires, s'il ne suffit pas à la tâche, de les nourrir, de les vêtir, de payer leurs salaires, de se procurer les instruments aratoires qui ne lui auraient pas été fournis, de les

(1) En règle générale, il est toujours nécessaire, pour qu'un contrat ait une existence légale, qu'il porte sur la majeure partie de la chose qui en fait *légalement* l'objet.

entretenir en bon état, de remplacer ceux qui seraient usés; de pourvoir de même à l'entretien des animaux attachés à l'exploitation, mais non de remplacer ceux qui viendraient à périr.

544. FORME. — La formule, sans être d'ailleurs sacramentelle, doit clairement manifester l'intention des parties, le bail à colonage partiaire n'étant pas présumé et pouvant se confondre avec d'autres contrats, notamment avec le louage ou le mandat. Il suffit, bien entendu, que l'un des contractants indique le but spécial de la convention, et que l'autre déclare y consentir.

Il est bon que la formule mentionne la durée du contrat; mais, à défaut de stipulation précise, les parties sont présumées avoir eu l'intention de donner au contrat une durée suffisante pour que le preneur profite de la récolte. Si l'arbre est de ceux qui produisent deux récoltes par an, la première seule, dans le silence de la convention, est présumée avoir été attribuée au preneur. Il n'est pas permis de consentir un bail à colonage partiaire pour tant de mois, ou pour une, deux, trois années, l'époque de la maturité des fruits pouvant ne pas coïncider avec l'expiration de la convention, à moins toutefois qu'il ne s'agisse d'un grand nombre d'années, dont la dernière doit prendre fin après la récolte (1).

545. TOLÉRANCES. — Nous avons déjà vu le bail à colonage s'appliquer aux arbres non irrigables (2), les soins à donner à ces derniers étant considérés comme l'équivalent de l'arrosage. On ne s'est pas arrêté là dans la voie des concessions, et l'usage a été, ici encore, plus puissant que la loi. Il a été admis peu à peu que ce contrat pouvait, par tolérance, avoir pour objet des champs ensemencés en céréales, en légumes. Mais, comme toujours, ces tolérances ont été achetées au prix de certaines précautions destinées à empêcher la notion juridique de ce contrat spécial de se pervertir.

Il est donc permis de consentir un bail partiaire pour la culture des céréales, des cannes à sucre, des melons, des oignons, des aubergines, des concombres, des courges, etc., etc. Mais il faut : 1° que la plante, objet du contrat, ne soit pas de celles qui *se succèdent*, pour rendre l'expression arabe, c'est-à-dire qui repoussent après avoir été coupées, comme le trèfle, la luzerne, en raison de *l'alea* qui en résulterait; 2° que le propriétaire du sol ne soit pas en situation d'assurer la production de la récolte, soit qu'il tombe malade, soit qu'il ait un voyage urgent à entreprendre. On reconnaît bien là un contrat de tolérance; il s'agit d'empêcher *la perte*

---

(1) La durée du contrat peut être de cinq, de dix, de vingt ans; la loi n'impose aux parties aucune limite à cet égard, pourvu, bien entendu, qu'elle ne dépasse pas la durée même des arbres.

(2) *Conf. suprà*, n° 541.

du bien (1); 3° que, dans le même ordre d'idées, la récolte soit menacée de périr si les travaux sont interrompus; 4° que la plante commence à sortir de terre, afin de diminuer l'*alea* autant que possible; 5° que les produits utiles de la plante ne soient encore mûrs, car, s'il en était autrement, l'association n'aurait plus sa raison d'être (2).

On peut encore former un contrat de colonage partiaire à l'occasion d'une terre en friche (3), enclavée ou non dans une terre *noire,* à la condition : 1° que les conditions stipulées, surtout pour le partage des produits, soient les mèmes que pour la terre noire; 2° que la semence et les travaux de mise en culture soient à la charge du preneur; 3° que la valeur locative de la parcelle en friche ne dépasse pas le tiers des produits de la terre noire, déduction faite des frais dè culture de cette dernière. Ce sont là autant d'entraves destinées à maintenir le contrat dans le domaine de l'exception. Quand les parties violent l'une ou l'autre de ces règles de précaution, la convention est viciée (4); d'où cette conséquence que, si l'agent n'est pas encore entré en fonction, elle est annulée; dans le cas contraire, elle se transforme, en ce sens que, pour la terre noire, elle devient un bail à colonage partiaire d'équivalence, et, pour la terre blanche, un louage d'équivalence (5). Il en est de mème si, par aventure, le bailleur stipule que les produits de la terre blanche lui appartiendront exclusivement, le preneur étant chargé de tous ces travaux supplémentaires sans recevoir aucun salaire. Dans le silence du contrat, les frais de la terre blanche sont attribués au preneur, le mème inconvénient n'existant pas, pourvu toutefois que cette terre soit peu considérable. Est-elle, au contraire, considérable elle ne doit pas figurer dans le contrat.

Lorsque celui-ci s'applique à la culture des céréales et que des arbres sont disséminés en petit nombre, sur le sol, ils sont considérés comme l'accessoire de la terre.

Rien ne s'oppose d'ailleurs à ce que le contrat comprenne un verger et un champ à céréales, alors même que l'un ne serait pas l'accessoire de l'autre, et plusieurs vergers, pourvu que les condi-

---

(1) *Conf. suprà*, n°s 201, 4°, E, et 516.

(2) Les jurisconsultes se demandent s'il faut ranger les roses, le jasmin, le myrte, dont les fleurs servent à préparer des essences, dans la catégorie des arbres, ou dans celle des plantes dont il est question ici. La première opinion a prévalu. Il en est de mème du cotonnier.

(3) Plus exactement *une terre blanche.* La terre est dite *blanche* quand elle reçoit directement la lumière du soleil, pendant le jour, et celle de la lune et des étoiles, pendant la nuit. Quand la terre ne reçoit pas les rayons du soleil, de la lune et des étoiles, en raison des arbres ou des plantes qui s'y trouvent, elle est dite *noire*.

(4) *Conf. suprà*, n° 216, sur les contrats parfaits, imparfaits et nuls.

(5) Je ne développe pas cette théorie, parce qu'on la trouvera exposée plus haut. (*Conf. suprà*, n° 528), à l'occasion de la commandite.

tions soient les mêmes pour tous. D'où cette conséquence que, si elles sont différentes, notamment en ce qui concerne la part de fruits attribuée au preneur, il est nécessaire de dresser autant de contrats qu'il y a de vergers. On peut même donner à colonage partiaire un ou plusieurs vergers sur simple description (1); mais alors, il est indispensable que le clos soit décrit avec soin ; que le bailleur énumère les bêtes de somme, les serviteurs, les arbres, qui s'y trouvent ; qu'il fasse connaître au preneur la quantité, la qualité des fruits qu'il récoltera, etc., etc. Il faut encore que, eu égard à l'éloignement du domaine, le preneur puisse s'y transporter avant la maturité des fruits, dût-il, en fait, ne pas s'y rendre. Dans cette dernière hypothèse, et faute par lui d'avoir rempli la tâche qui lui était imposée, en tout ou en partie, on lui enlève tout ou partie des fruits auxquels il avait droit.

546. RÉSILIATION DU CONTRAT. — Les parties sont autorisées à résilier le contrat, d'un commun accord, mais à la condition de ne rien recevoir l'une de l'autre, à titre de dommages-intérêts. Il importe peu, d'ailleurs, que la convention soit ou non en cours d'exécution.

Quand l'agent est impuissant, pour une cause quelconque, à remplir ses obligations, et qu'il ne trouve aucune personne digne de confiance pour le remplacer, il est tenu de déguerpir, sans avoir rien à exiger du bailleur.

Ces deux solutions sont basées sur ce que le contrat doit être entièrement exécuté pour que le preneur ait le droit d'exiger son salaire. Il est, au surplus, admis à céder son lieu et place, même à un tiers moins recommandable que lui et sans autorisation du bailleur, à la seule charge de certifier la moralité de son cessionnaire, et sous peine de tous dommages-intérêts utiles, en cas d'inexécution de la convention.

L'insolvabilité judiciairement déclarée du bailleur n'entraîne pas la résolution du contrat, pas plus que la vente du fonds.

La revendication du clos par un tiers produit un effet tout à fait contraire. Le bailleur ayant disposé de ce qui ne lui appartenait pas, le contrat est résolu, sous réserve de l'action du preneur contre celui qui l'a ainsi trompé.

547. STIPULATIONS ILLICITES. — Le bail à colonat partiaire étant un contrat d'exception, il est naturel que toutes les clauses qui en pervertissent la notion juridique le frappent, suivant les hypothèses, d'une nullité radicale, ou d'une nullité relative qui en opère la transformation.

(1) Cette combinaison rappelle la vente des choses hors vue. (*Conf. suprà*, n° 208).

Ainsi, en premier lieu, si le bailleur prétend se maintenir sur les lieux loués, et entrer ensuite en partage avec le preneur pour les fruits produits par la terre, le contrat est nul quand cette clause y est formellement inscrite. Le bail à colonat partiaire implique le dessaisissement, de la part du propriétaire, de la terre concédée. Rien ne s'oppose toutefois à ce que les parties dérogent dans la suite à cette nécessité de droit.

De même, si les contractants combinent le bail partiaire avec un bail à complant (1), le contrat est nul aussi longtemps qu'il n'a reçu aucun commencement d'exécution. La combinaison en vertu de laquelle le preneur est ainsi chargé de faire sur le sol des plantations qu'il recevra ensuite sous la forme de bail partiaire, est considérée comme aléatoire. Il est, en effet, impossible de savoir au moment du contrat, si la plantation réussira, et si, dès lors, le preneur pourra en retirer des produits utiles. Mais si une convention de ce genre est intervenue entre les parties, et si elle a été exécutée, il faut distinguer : les arbres n'ont-ils encore rien produit, le contrat est nul ; ont-ils donné des produits, le bail à complant se transforme en louage d'industrie d'équivalence, et le bail partiaire en bail partiaire d'équivalence (2).

De même encore, si la terre concédée porte des arbres qui n'ont pas encore atteint l'âge de la production, le contrat est nul avant son exécution, les peines et soins du preneur ne pouvant trouver leur récompence ; après son exécution, il se transforme également. Le preneur a droit à un salaire d'équivalence pour la période improductive, et le bail partiaire devient, pour la période productive, un bail partiaire d'équivalence (3). Supposons l'espèce suivante : Primus possède des arbres qui ne produiront des fruits que dans deux ans ; il les donne pour cinq ans à Secundus, sous la forme d'un bail à colonat partiaire ; ce dernier sera donc tenu de soigner pendant deux ans un verger absolument improductif ; il ne sera indemnisé de ses peines et soins que pour une période de trois ans. Ce contrat est donc nul, en tant que contraire à la notion juridique du bail partiaire, et cette nullité peut être prononcée, sans inconvénient, aussi longtemps que Secundus n'est pas entré en fonctions ; il en est de même jusqu'au moment précis où les arbres deviennent productifs, mais alors Secundus leur ayant donné ses soins, doit recevoir un salaire, puisqu'il ne tire aucun émolument

---

(1) *Conf. infrà,* n° 549.

(2) C'est-à-dire que les conditions en sont réglées à dire d'experts.

(3) La théorie du contrat d'équivalence a été exposée plus haut, à l'occasion de la commandite *(Conf. suprà,* n° 528) ; elle se résume et se justifie en deux mots : le contrat devrait être annulé, et il l'est en réalité ; mais, comme il a reçu un commencement d'exécution, la loi le transforme en une sorte de *contrat légal* qui prend ainsi la place du *contrat conventionnel.* Je demande grâce pour ces expressions bizarres ; elles me paraissent saisissantes, malgré leur forme peu juridique.

du verger lui-même. Ce salaire n'ayant pas été prévu par la convention, il faut, pour le déterminer, recourir au louage d'industrie d'équivalence(1). Enfin, si les arbres sont entrés dans leur période de production, le travail de Secundus se trouve rémunéré à partir de cette époque ; il serait donc excessif d'empêcher que le contrat ne suive son cours régulier ; mais, comme il est atteint d'un vice de droit, la loi, pour concilier tous les intérêts, le transforme en contrat d'équivalence, en accordant, pour la période improductive, un salaire d'équivalence au preneur.

En résumé, lorsque le contrat est *vicieux,* il doit être annulé avant le commencement des opérations ; exécuté, il est remplacé par un contrat d'équivalence, sous réserve d'une indemnité d'équivalence due au preneur pour toute la période durant laquelle la transformation n'aurait pas été possible.

De là cette conséquence que si, par exemple, la notion juridique du bail à colonat partiaire a été respectée ; si, pour prendre l'expression même des jurisconsultes arabes, les parties « *ne sont pas sorties du contrat,* » si, en d'autres termes, elles n'ont commis d'autre faute que d'introduire dans leur convention une irrégularité extrinsèque, il n'y a aucune situation accessoire et antérieure à régler. Le contrat, dans ce cas, est simplement transformé en bail partiaire d'équivalence.

Il en est ainsi :

1° Quand la majeure partie des arbres n'est pas encore en rapport ;

2° Quand le bailleur s'est engagé à participer à la main-d'œuvre, ou à mettre à la disposition du preneur des animaux ou des serviteurs, et l'importance du clos ne le comportant pas ;

3° Quand il a été stipulé que le bailleur recevrait à domicile sa part des fruits, ou que le preneur devrait soigner gratuitement une autre terre ;

4° Quand les clauses stipulées ne sont pas uniformes pour toutes les années, ou pour tous les clos, le contrat en comprenant plusieurs.

La même transformation s'applique aux baux partiaires dont la régularité juridique est parfaite, lorsque le contrat ayant reçu un commencement d'exécution, les parties ne sont pas d'accord sur la quote-part des produits attribuable au preneur, et qu'elles sont impuissantes à établir leurs prétentions contraires, ou que celles-ci manquent de vraisemblance.

548. CONTESTATIONS. — Le dire de celui qui soutient la validité du contrat est toujours admis, pourvu qu'il l'appuie d'un serment.

---

(1) Le salaire sera donc réglé à dire d'experts.

Ainsi, Primus affirmant que la part de chacune des deux parties a été fixée, Secundus déclarant le contraire, Primus obtient gain de cause.

Quand le preneur n'exécute pas tous les travaux mis à sa charge, soit par la convention, soit par l'usage local, il subit une diminution proportionnelle de sa part dans les fruits. Devait-il, par exemple, faire trois arrosages dans un temps déterminé, et n'en a-t-il fait que deux, sa quote-part dans les fruits est réduite d'un tiers, à moins que la pluie ne soit survenue et n'ait suppléé à l'arrosage négligé.

APPENDICE

DU BAIL A COMPLANT

MOUR'ARAÇA
—

549. GÉNÉRALITÉS. — Khalil ne mentionne le bail à complant que pour l'interdire lorsqu'il se combine avec le bail à colonage partiaire (1). Cette omission d'un contrat, qui joue un rôle important chez les musulmans, est bizarre; elle s'explique pourtant par ce fait que le bail à complant n'a pas d'existence propre; tantôt, comme nous le verrons, il constitue un louage d'industrie, tantôt une promesse conditionnelle, tantôt une société, ou plutôt une commandite; aussi, sous certains rapports, et bien qu'il porte un nom, offre-t-il de singulières analogies avec ce que les Romains appelaient un contrat innommé (2). Dès lors, Khalil s'est cru autorisé à ne pas l'étudier sous une rubrique spéciale; il s'est considéré comme dispensé de le faire, par cela même que les trois contrats que je viens de citer figurent dans son *Précis*.

On cite de nombreux *hadits* qui établissent non-seulement la parfaite légalité du bail à complant, mais encore son caractère presque religieux (3). Laisser la terre inculte, c'est dédaigner l'œuvre

---

(1) *Conf. suprà*, n° 547. Je tire les éléments de cette étude d'Alich, d'Ibn Acim et d'Ibn Arfa.

(2) C'est bien, sous la forme au moins de la promesse conditionnelle *(dja'l)*, l'hypothèse *do ut facias*. Conf. *Accarias, Précis de Droit romain*, II, pages 571 et suiv.

(3) Voici une de ces traditions prophétiques, enregistrée par Moslim : « *Quiconque plante un arbre accomplit une œuvre méritoire;* il fait l'aumône chaque fois que quelqu'un vole de ces fruits, chaque fois qu'une bête féroce, qu'un oiseau s'en repaît. » Bien entendu, le voleur commet une action blâmable; mais celui qui a planté l'arbre n'en est pas moins récompensé par Dieu : il a nourri une créature humaine, alors même que celle-ci a usurpé la chose d'autrui.

de Dieu, c'est *perdre le bien*. Quand le propriétaire du sol n'a pas les ressources nécessaires pour le mettre en valeur, lorsqu'il en est empêché par une cause quelconque, il est bon qu'il charge un tiers de ce soin ; et, comme toute peine mérite salaire, il est convenable que le preneur reçoive quelque chose, numéraire, objet mobilier, portion de la terre fécondée par lui, à titre de rémunération.

Ce concept est d'autant plus rationnel que la *vivification de la terre morte* (1) est un mode d'acquérir la propriété, indépendamment de toute convention.

Malheureusement, le rigorisme religieux, la réprobation dont est frappée *l'usure* — dans le sens musulman du mot — pervertissent jusqu'à un certain point une idée qui, dégagée de ces puériles entraves, serait grande, généreuse, susceptible de donner une impulsion précieuse à l'agriculture. L'arbre est, pour les musulmans, l'objet d'un respect profond, à la condition qu'il soit frugifère; s'ils mettent le feu à nos forêts, c'est que l'arbre forestier a le tort, à leurs yeux, de ne nourrir ni l'homme affamé, ni le voleur, ni la bête féroce, ni l'oiseau; aussi vaut-il mieux le supprimer et transformer le sol en utiles pâturages.

550. DÉFINITION. — Le bail à complant est un contrat en vertu duquel une terre doit être complantée d'arbres, moyennant un salaire, ou moyennant une quantité déterminée du sol et des arbres. Il peut revêtir la forme de la promesse conditionnelle (2), du louage d'industrie ou de la société.

Cette définition exige, pour être comprise, quelques courtes explications.

Il est certain que si l'agent a reçu simplement le mandat d'exécuter des travaux de plantation sur la propriété du mandant, le contrat n'est plus un bail à complant, et cette hypothèse est étrangère à notre sujet.

Quand le bailleur loue les services de l'agent, et s'engage à lui payer un salaire consistant en numéraire ou en objets mobiliers quelconques, le contrat, bien qu'il s'agisse d'une plantation à faire, est en réalité un louage d'industrie, et il est dès lors régi par les règles du louage d'industrie.

Dire à un individu : « Plante des palmiers, de la vigne, des figuiers, sur ma terre, et, pour chaque arbre qui atteindra tel degré de croissance, tu auras tant de dinars, de dirhems, ou tel objet mobilier, » c'est contracter sous la forme de la promesse conditionnelle (3), et non sous celle du bail à complant, bien qu'il s'agisse encore de planter des arbres.

Pour que les parties se placent sur le véritable terrain du bail à

(1) *Conf. infrà*, chapitre XXI.
(2) Je traduis le mot *dja'l* par promesse conditionnelle *(conf. infrà*, chapitre XX.
(3) *Conf. infrà*, chapitre XX.

complant, il faut que le propriétaire du sol concède à un tiers une terre, à charge par ce dernier d'y planter des arbres; il faut qu'il soit stipulé que, la plantation ayant acquis un certain développement, les deux contractants auront des droits indivis sur le sol ainsi transformé, dans une proportion déterminée soit par la convention, soit par l'usage. Ils seront *associés*, suivant l'expression arabe que j'aurais pu introduire dans la définition, bien qu'elle manque de précision juridique.

La formule employée n'a, le bon sens l'indique, qu'une influence secondaire sur la nature du contrat; ce sont toujours les accords des parties qui sont à considérer, quand on recherche la véritable physionomie de la convention.

551. CONDITIONS DE VALIDITÉ. — Le bail à complant, pour être valable, doit remplir les conditions suivantes :

1° Les végétaux à tige ligneuse persistante sont seuls admis à former l'objet du contrat. En effet, si la plantation était de nature à disparaître tous les ans, le propriétaire n'en retirerait aucun avantage durable;

2° La durée de la convention doit être déterminée de façon à correspondre à une période de la croissance des arbres, telle que leur croissance complète, ou la moitié, ou le tiers de leur développement normal, sans jamais dépasser le moment où ils commenceront à produire des fruits. En effet si, par exemple, Primus concédait sa terre à Secundus pour un temps déterminé, deux, trois, quatre ans, il se pourrait faire que, la plantation n'ayant pas réussi, Primus fût tenu de se dépouiller d'une partie de sa propriété, au profit de Secundus, à titre de rémunération d'un service non rendu. D'autre part, si les arbres produisaient des fruits avant l'expiration du contrat, l'agent recevrait, outre la portion du sol et des arbres qui lui est attribuée, une certaine quantité de fruits auxquels il n'a aucun droit. Dans le silence du contrat, la durée en est fixée conformément à l'usage de la localité;

3° Le salaire de l'agent doit consister en une portion déterminée et indivise du sol et des arbres, comme le tiers, le quart ou la moitié. Stipuler qu'il deviendra propriétaire de tel arbre, est une clause vicieuse, car, les arbres ainsi désignés périssant, il risquerait de ne recevoir aucun salaire de son travail;

4° La stipulation doit porter à la fois sur le sol et sur les arbres, afin d'éviter que, dans le même clos, une ou plusieurs parcelles du sol n'appartiennent à l'un des contractants, alors que les arbres qui s'y trouvent appartiendraient à l'autre;

5° Les arbres à planter doivent être d'une essence unique, car, s'il en était autrement, la condition relative à la durée du contrat ne pourrait plus être remplie, tel arbre se développant plus rapidement que tel autre.

552. LIQUIDATION DES DROITS DE L'AGENT. — Lorsque les parties ont emprunté la forme du louage, lequel est un contrat consensuel, et, par conséquent, obligatoire dès que les consentements ont été échangés, l'agent est tenu d'exécuter ses obligations jusqu'au bout; mais aussi il a droit au salaire convenu dès que la plantation est faite, sans avoir à se préoccuper de sa réussite ultérieure.

Quand le bail est complant est contracté sous la forme d'une promesse conditionnelle, il est loisible à l'agent d'abandonner les travaux à sa volonté; dans tous les cas, le salaire convenu ne lui est dû qu'au moment précis où les arbres ont atteint la croissance fixée par la convention.

Dans le bail à complant proprement dit, il en est de même; l'agent n'a droit à rien aussi longtemps que la plantation n'est pas parvenue au développement stipulé entre parties; que les arbres périssent, qu'ils végètent sans atteindre la croissance convenue, il n'a encore rien à réclamer. Dès que les arbres sont au point voulu, il devient copropriétaire indivis du clos, sol et plantation, dans la proportion stipulée entre parties. Rien ne l'empêche de demeurer dans cette situation; mais il peut évidemment, et le bon sens indique qu'il usera presque toujours de cette faculté, exiger le partage de l'immeuble, s'il est partageable en nature, ou sa vente dans le cas contraire, et alors il touche une part proportionnelle du prix.

En résumé, le bail à complant n'est jamais ni un salariat, ni une promesse conditionnelle, il a toujours sa physionomie propre; mais tantôt il la conserve, tantôt il emprunte celle du salariat, ou celle de la promesse conditionnelle, dans ses effets et dans ses conséquences pratiques. Tout dépend des clauses et conditions insérées dans le contrat.

Pour conserver la forme du bail à complant proprement dit, il faut que la convention attribue au preneur une part du sol et des plantations; dans ce cas, il ne devient propriétaire de cette portion de l'immeuble que le jour où les arbres ont atteint le développement stipulé. Abandonne-t-il son œuvre avant de l'avoir menée à bonne fin, il n'a droit à rien.

Les parties ont-elles adopté la forme du salariat, le preneur ne peut, en thèse générale, prétendre à aucune portion de l'immeuble (1). Il reçoit un salaire en numéraire ou en objets mobiliers, et ce salaire lui est dû dès que les contractants ont échangé leurs consentements (2).

Enfin, quand on a choisi la forme de la promesse conditionnelle, le preneur n'a droit à sa rémunération, si elle est fixée à tant par arbre planté et devenu productif, qu'au moment précis où chacun

(1) Je dis *en thèse générale,* car la théorie demeurerait la même si le preneur recevait comme salaire une portion de l'immeuble.

(2) J'ajoute que, dans cette combinaison, les arbres sont fournis par le bailleur.

des arbres arrive au degré de croissance convenu ; et, si elle est fixée en bloc, au moment où tous les arbres auront atteint leur développement. Abandonne-t-il son travail, il n'a rien à prétendre.

Il y a donc, entre la première et la troisième forme, des analogies évidentes ; elles diffèrent en ce que la première, celle du bail à complant proprement dit, est une véritable association ; la seconde est une sorte de salariat à forfait.

J'en viens à l'espèce visée par Khalil. Lorsque les parties conviennent de combiner le bail à complant avec le colonage partiaire, le contrat est absolument contraire à la loi, et voici pourquoi : Dire : « Chargez-vous de complanter ce terrain en arbres fruitiers, et, lorsqu'ils produiront, vous en deviendrez le colon partiaire », c'est, disent les auteurs, adopter une combinaison aléatoire, et dès lors interdite par la loi. En effet, si le premier contrat n'est pas exécuté, pour une cause quelconque, le second ne pourra pas l'être non plus ; d'où une incertitude et un conflit. D'autre part, en admettant que les arbres poussent et deviennent frugifères, on ignore absolument la quantité et la qualité des fruits qu'ils produiront ; ces renseignements, indispensables pour la validité du colonat partiaire, ne pourront être recueillis qu'au moment où les arbres seront en pleine période de production. Il est donc plus prudent d'attendre, pour former la seconde convention, que la première ait abouti.

553. DE LA RESPONSABILITÉ DU PRENEUR. — Quand le preneur se montre négligent, lorsqu'il ne remplit pas ses obligations, en tout ou en partie, il est responsable de sa faute.

Lorsque les arbres périssent par cas fortuit, le sol devient la propriété commune des deux contractants, et le preneur n'a rien de plus à réclamer.

554. CONTESTATIONS. — On s'en rapporte à l'usage local, quand les parties sont en désaccord sur le salaire du preneur.

Le conflit existe-t-il sur la validité du contrat, le dire de celui qui la soutient est prépondérant, car un contrat est toujours présumé régulier, jusqu'à preuve du contraire.

Si le contrat est atteint d'un vice de droit, il faut distinguer.

La convention n'a-t-elle encore reçu aucun commencement d'exécution, elle est annulée, la terre est rendue au bailleur, et le preneur n'a rien à prétendre. Dans le cas contraire, on laisse le contrat suivre son cours (1).

---

(1) La question est controversée. J'adopte l'opinion la plus simple, pour éviter des complications dans un ouvrage élémentaire.

CHAPITRE XIX

DU LOUAGE

—

(IDJARA — KIRA)

555. GÉNÉRALITÉS. — Les jurisconsultes musulmans ont cru devoir chercher dans le Coran le fondement du louage, et ils l'ont trouvé dans l'histoire de Moïse qui reçut Sephora en mariage, à la condition de servir son beau-père Jéthro pendant huit années (1). Ils ajoutent naïvement : « Et la loi des gens qui nous ont précédés » est une loi pour nous, tant qu'elle n'a pas été changée. »

L'exemple est au moins bizarre. Moïse, payant la dot qu'il doit à sa femme en devenant le serviteur de son beau-père, se place dans une situation exceptionnelle, car, chez les Musulmans, le service domestique se faisait par des esclaves et non par des hommes libres. Il faut donc supposer que Moïse fut surtout employé à garder les troupeaux de Jéthro.

En droit musulman, il existe trois variétés de louage ; et cette classification, fort arbitraire à certains égards, complique beaucoup l'étude d'un contrat qui subit, plus que les autres, l'influence de la loi religieuse.

La première variété, à laquelle on refuse même le nom de louage, comprend à la fois le louage des choses mobilières, celui des services, et celui dit « d'ouvrage ; » — la seconde s'applique aux transports au moyen de bêtes de somme ; — la troisième aux baux.

556. DIVISION. — Il résulte, de ce qui précède, que la théorie du louage doit être exposée sous trois rubriques distinctes :

1° Le salariat ;

2° Le transport ;

3° Le bail.

---

(1) *Coran*, XXVIII, 27. — *Conf. Exode*, chap. II.

Section I. — *Du salariat*

(IDJARA)

557. Définition. — Le salariat (1) est la vente de la jouissance d'un bien mobilier autre que les navires et les animaux non doués de raison, moyennant un équivalent non prélevé sur le produit et dont chaque fraction correspond à une fraction de la jouissance concédée.

Cette définition démontre que le louage musulman diffère, comme classification de matières, sensiblement du nôtre ou du louage romain.

Les jurisconsultes arabes placent sous une même rubrique le louage des choses mobilières, le louage de services et le louage d'ouvrage. De plus, ils excluent à la fois du louage des choses mobilières et de celui du travail de l'homme les entreprises de transport, celles-ci étant soumises à une *alea* redoutable. Enfin, ils ne comprennent dans la *locatio operarum* que le salariat des nourrices et des gardiens de troupeaux, l'esclavage mettant obstacle à ce que le louage de services se manifeste sous une autre forme.

On remarquera encore combien la définition d'Ibn Arfa laisse à désirer sur un point spécial. *La vente* (2) *de la jouissance d'un bien mobilier..... autre que les animaux non doués de raison ;* d'où cette conséquence que le bien mobilier consiste souvent en animaux doués de raison. S'il ne s'agissait que des esclaves, ceux-ci seraient, en effet, des animaux doués de raison ; mais, si l'on peut admettre que l'homme libre est un animal, dans le sens étymologique, est-il admissible de le considérer comme un *bien* (3)? Ce sont les services qu'il rend, c'est l'objet fabriqué ou réparé par lui, qui sont des biens.

558. Conditions de validité. — Les conditions de validité du salariat se rapportent :

1° A la formule ;

2° Aux contractants ;

3° Au salaire ;

4° A l'objet du contrat.

---

(1) J'adopte cette expression qui appartient à Seignette *(Code musulman,* p. 339) faute d'en imaginer une autre qui réponde à la complexité du mot *idjara,* lequel a, d'ailleurs, le sens de *action de payer un salaire.*

(2) Pothier considère également le louage comme une vente (V. *Louage,* n° 4). Cette opinion a été réfutée par Proudhon, et plus récemment par M. Guillouard *(Traité du contrat de louage),* I, p. 9).

(3) Le texte arabe porte textuellement : « *La vente de la jouissance de ce qui se déplace.* »

559. *A.* DE LA FORMULE. — Le salariat se *noue*, comme la vente, par la parole et par tous les succédanés de la parole, en un mot, par tout fait impliquant la volonté de contracter, et même par la préhension respective de la chose et du salaire (1). Mais il est malaisé d'imaginer comment le salariant, s'il s'agit d'un service à demander au salarié, pourrait user de ce dernier procédé. On conçoit que l'acheteur, se présentant dans la boutique d'un marchand d'objets à prix fixe, saisisse un de ces objets, et en dépose le prix entre les mains du vendeur, et que le contrat soit parfait sans que les contractants aient manifesté leur consentement respectif par la parole. Mais le salariat est un contrat qui ne se présume pas comme la vente dont je viens de parler (2). Ici, il faut évidemment *parler*, afin d'individualiser la convention.

560. *B.* DES CONTRACTANTS. — Le salariant et le salarié (3) doivent être pourvus de la même capacité que le vendeur et l'acheteur (4). Il faut donc qu'ils soient pubères pour contracter valablement, pubères-discernants pour contracter obligatoirement. Ainsi, quand un impubère doué de discernement contracte, la convention est valable; mais, pour devenir obligatoire, elle a besoin d'être ratifiée par son tuteur. Celui-ci n'a aucun droit de contrôle sur les actes du *safih* (5), quand il loue ses services, à moins qu'il n'ait stipulé aucun salaire, car alors le contrat affecte ses biens, et il est un interdit chrématique; quand il loue ses biens, il est également, et pour le même motif, soumis à la ratification de son tuteur.

Ces principes ont été exposés en détail, à l'occasion de la vente, je me borne donc à les rappeler brièvement (6).

561. *C.* DU SALAIRE. — Il en est du salaire comme de l'équivalent qui, dans tout contrat synallagmatique (7), joue le rôle de prix.

---

(1) *Conf. suprà,* n° 195.

(2) J'ai déjà combattu, dans une situation analogue, le concept bizarre du dépôt tacite (*Conf. suprà,* n° 449, et la note).

(3) Je devrais me servir des expressions *locateur, locataire,* qui sont consacrées par l'usage *(Fenet,* XIV, p. 338-339). Le *locateur* est celui qui donne à loyer son travail, ses services, son industrie. Le *locataire* est celui qui les paie, mais je donne la préférence aux mots *salariant, salarié,* parce qu'ils sont la traduction littérale des termes arabes correspondants.

(4) *Conf. suprà,* n° 196.

(5) On sait que le *safih* est, à certains égards, le prodigue du droit français *(Conf. suprà,* n° 196, 9°).

(6) *Conf. suprà,* n° 196, et n°ˢ 183 et suivants.

(7) L'échange, par exemple. Il serait inexact de prendre ici la vente comme type, le prix, dans la vente, consistant exclusivement en numéraire. Je rappelle que le mot *vente (béia)* a, en droit musulman, la double acception de *contrat synallagmatique* et de vente. *Conf. suprà,* n° 218 et la note.

Comme il peut consister, non seulement en numéraire, mais encore en un objet quelconque, il est nécessaire qu'il soit pur, utile, disponible, déterminé (1).

La définition du salariat indique que le salaire ne doit pas être prélevé sur le produit de la chose. Cette interdiction a pour but d'individualiser le contrat et d'empêcher qu'il ne revête la forme d'une commandite ou d'un bail à complant, ou de tout autre contrat similaire. Mais ce motif est insuffisant pour légitimer toutes les solutions d'espèces mentionnées par Khalil. Ainsi, dit le grand jurisconsulte malékite, on ne peut charger un individu de dépouiller un animal en lui en abandonnant la peau à titre de salaire, ou de moudre du grain en l'autorisant à en retenir le son, ou de tisser une étoffe en lui en donnant une partie, ou d'allaiter un veau au moyen d'une vache que le preneur possède en lui cédant une part de l'animal allaité, ou de gauler des oliviers en lui attribuant une certaine quantité des fruits, ou de les presser moyennant un salaire en nature consistant en huile, ou de moissonner un champ de blé moyennant une part dans le produit. En effet, toutes ces combinaisons sont éminemment aléatoires; elles ont donc le double tort, d'abord de porter atteinte à la pureté théorique du contrat, et, ensuite et surtout, de violer les principes fondamentaux du droit, lequel proscrit l'*alea* sous toutes ses formes (2). Ainsi, quand il s'agit de dépouiller un animal, la peau donnée en salaire peut se déchirer, cesser d'être utile; elle n'a, dès lors, qu'une valeur incertaine. Il en serait autrement si, par exemple, le bailleur disait au preneur : « Voici vingt kilos de fil; je vous en donne dix, à condition que vous tisserez le surplus pour moi. » Cette combinaison a le double mérite d'éliminer du contrat tout élément aléatoire et de laisser au salariat sa physionomie propre.

La crainte d'introduire une alea dans le contrat est, à n'en pas douter, la cause déterminante de toutes les prohibitions qui précèdent. Cela est si vrai qu'il est permis de salarier quelqu'un pour moudre du grain ou pour presser des olives, et de lui allouer une portion de la farine ou de l'huile, pourvu que celle-ci soit déterminée par unité de jauge ou de poids, pourvu encore que le blé et les olives soient de qualité uniforme. Et pourtant cette combinaison si elle n'offre rien d'aléatoire, a le tort d'être peu en harmonie avec la pureté théorique du contrat, puisque, ici, le salaire est prélevé sur le produit de la chose.

De ce que le salaire doit être déterminé, il résulte encore qu'il faut éviter avec soin de le rendre alternatif. Dire, par exemple, à l'agent : « Si tu me livres ce vêtement aujourd'hui, tu recevras dix » dinars; si tu ne me le livres que demain, tu n'en recevras plus que » huit », c'est évidemment, en se plaçant au point de vue musulman, compromettre la détermination exacte du salaire.

---

(1) *Conf. suprà*, n° 201.
(2) *Conf. suprà*, n° 219.

Il est encore permis de prendre en apprentissage un esclave ou un enfant, en stipulant que le travail de ce dernier constituera le salaire dû au patron. Ici, pourvu que la durée de l'apprentissage, et, par conséquent, la durée du travail de l'apprenti, soient déterminées, le contrat est irréprochable (1).

Par une tolérance remarquable, eu égard à la sévérité des principes qui régissent la détermination, on peut salarier une personne moyennant un salaire déterminé, il est vrai, dans son ensemble, mais sans exprimer quelle sera la portion de ce salaire affectée à chaque période annuelle, mensuelle, hebdomadaire ou journalière du louage de services ainsi contracté.

Mais à quel moment le salaire est-il dû? Dans la vente, le prix est payable au moment de la tradition de la chose vendue, et l'acquéreur doit se libérer le premier et en totalité, parce qu'il reçoit immédiatement la totalité de ce qui fait l'objet du contrat (2). D'autre part, si le vendeur se dessaisissait d'abord de sa chose, il diminuerait de ses propres mains la situation qui lui est faite par la loi. Il ne serait plus qu'un simple créancier, alors qu'il est un véritable créancier gagiste.

Il n'en est pas de même dans le salariat. Primus reçoit, il est vrai, la totalité de la chose qui fait l'objet du contrat; mais il ne s'agit pas pour lui d'en acquérir la propriété, et la délivrance n'a d'autre avantage pour lui que de le mettre à même de tirer de la chose *l'utilité* qu'il a en vue de se procurer. Cette utilité elle-même, cette jouissance, pour mieux dire, se produit par actes successifs. Si donc Secundus se dépouille également, et immédiatement, de la chose, il n'en est pas moins vrai que, le droit de propriété réservé, le preneur ne jouit pas de suite des avantages qu'il a recherchés. Il les acquiert au fur et à mesure de ses besoins ou de la puissance de production de la chose. Il ne devrait donc, en théorie pure, payer le salaire que par prestations échelonnées, contemporaines de l'utilité perçue et proportionnelles à cette utilité. C'est bien là ce qui ressort de la définition même du salariat, et ce concept est si rationnel que, la chose périssant ou devenant improductive, il y a compte à faire entre le bailleur et le preneur, quand le salaire a été payé d'avance et en totalité.

Mais il s'en faut que ces principes soient toujours applicables. Derdir ramène à quatre le nombre des hypothèses dans lesquelles le salaire est payable au comptant :

1° Quand cette obligation résulte d'une clause formelle du contrat;

(1) Si l'apprenti meurt avant l'expiration de l'année, il y a compte à faire. Ce compte peut présenter des difficultés qu'il serait hors de propos de soulever dans un traité élémentaire.

(2) *Conf. suprá*, n° 270.

2° Quand l'usage local y soumet le preneur;

3° Quand le salaire consiste en un corps certain;

4° Quand le salaire se rapporte à un acte ou à une chose dont le bailleur est simplement débiteur.

Sur le premier et le deuxième point aucune explication n'est nécessaire. Il n'en est pas de même des deux derniers, et, pour saisir la portée juridique de cette exigence de la loi, il est indispensable de remonter aux principes.

Primus prend en location un objet appartenant à Secundus, moyennant un salaire rigoureusement déterminé, tel qu'un vêtement, par exemple. Le salariat est un contrat consensuel; la propriété du vêtement est donc transférée à Secundus, dès que les consentements ont été échangés, d'autant plus que cet objet n'est pas divisible; il est donc nécessaire que Primus opère immédiatement la tradition du vêtement. S'il en était autrement, on arriverait à ce résultat antijuridique que, Secundus étant garant des risques, en raison de la translation de la propriété de la chose, celle-ci demeurerait entre les mains de Primus.

Supposons-le maintenant, Secundus, sollicité par Primus, s'est engagé à mettre à sa disposition *l'utilité* d'une chose non déterminée, simplement *garantie*, pour emprunter le langage des jurisconsultes musulmans. Il lui a dit, par exemple : « Je vous loue un vêtement de soie, moyennant tant de dinars. » Aussi longtemps que le vêtement n'est pas livré, il ne constitue à aucun titre un corps certain, Secundus est donc débiteur de l'utilité d'un vêtement quelconque. De son côté, Primus est débiteur du prix de la location. Il y a là une combinaison réprouvée par la loi et que les auteurs appellent « *la vente d'une dette pour une dette* » réprouvée en ce que, les deux dettes ne reposant, par leur nature même, sur aucun fondement solide, le contrat est aléatoire. Il faut donc, de toute nécessité, que l'une d'elles au moins, celle afférente au prix, soit immédiatement éteinte par le payement. Il n'en est plus ainsi quand Primus a commencé à jouir de l'objet. En effet, bien qu'il s'agisse, au début, d'une chose simplement garantie (1), dès qu'elle a été livrée, elle s'élève à la dignité de corps certain, et, dès lors, l'une des deux dettes disparaît, et rien ne s'oppose plus à ce que l'autre subsiste.

La rigueur de ces principes fléchit, lorsqu'il s'agit d'une monture

---

(1) Cette expression s'explique facilement. Je vous dois un vêtement déterminé; s'il périt, je ne puis plus vous le devoir, *l'espèce a péri pour nous*. Au contraire, si je me suis engagé à vous livrer un vêtement quelconque, j'allèguerai en vain, pour me dispenser de remplir mon obligation, que tous les vêtements dont j'étais possesseur ont péri; aussi longtemps que l'espèce entière n'aura pas péri, je serai débiteur d'un vêtement. C'est ce qu'on appelle un objet garanti. Il va de soi que, le vêtement une fois livré, il devient un corps certain.

ou d'un animal de transport destinés à un voyage lointain, et le motif donné par les jurisconsultes pour légitimer cette exception est très peu concluant. Si, disent-ils, le salaire devait, dans cette hypothèse, être payé d'avance, ce serait « *gaspiller les biens des gens* » (1), car les chameliers, ainsi payés d'avance, abandonneraient le preneur à la première étape. Celui-ci est donc admis à ne verser qu'un à-compte au bailleur, alors même que les animaux loués sont simplement *garantis* (2).

Dans le silence du contrat, et à défaut d'usage local, le salaire est dû par jour, ce qui est conforme à la nature spéciale du salariat (3). Il est dû après l'achèvement de l'acte, objet du contrat, quand cet acte n'est pas fractionnable. Ainsi, Primus s'est engagé à confectionner un vêtement, un meuble, à réparer des chaussures; il ne recevra son salaire qu'au moment où il livrera le vêtement, le meuble, les chaussures.

Il est d'ailleurs toujours permis de stipuler, soit le payement au comptant, soit le payement à terme, quand la loi ne s'y oppose pas expressément. Mais celle-ci doit toujours être respectée, et rien ne prévaut contre elle, pas même un usage contraire. Ainsi, on ne pourrait pas, même en invoquant la coutume locale, convenir de ne payer qu'à terme le salaire consistant en un corps certain.

562. *D.* DE L'OBJET DU CONTRAT. — L'objet du contrat, c'est-à-dire *l'utilité* mise à la disposition du salariant, est de deux sortes. Tantôt elle résulte de l'industrie du salarié mise à la disposition du salariant; tantôt elle est tirée de la chose que le premier livre au second, ce dernier étant alors l'artisan de la jouissance qui lui est procurée.

Dans tous les cas, l'utilité est soumise à toutes les conditions que la chose opposée au prix doit remplir dans tout contrat synallagmatique, sans compter certaines conditions spéciales qui tiennent à la nature du salariat.

Ainsi, dans la vente, par exemple, la chose doit être utile (4). Cette nécessité se retrouve ici. Il faut que la jouissance concédée soit appréciable en argent, puisqu'elle est l'équivalent d'un salaire payé au salarié. Ainsi on ne peut accorder, moyennant salaire, la faculté de respirer le parfum d'une fleur, de se chauffer aux rayons du soleil, à la flamme d'un foyer, de profiter de l'om-

---

(1) C'est toujours « *la perte du bien* », dont j'ai parlé souvent (*Conf. suprà*, n° 201, 4° E.). Il s'agit surtout ici du pèlerinage.

(2) Le fait en lui-même est d'ailleurs exact. Les récits des voyageurs démontrent que non-seulement leurs porteurs les abandonnent, mais même pillent leurs bagages.

(3) *Conf. suprà*, n° 557.

(4) *Conf. suprà*, n° 201, 2°.

bre d'un mur ou d'un arbre, de la clarté d'un flambeau, de se servir d'un instrument de musique (1). Parfois, l'utilité procurée au salariant est purement intellectuelle. Il est permis de louer un Coran à un individu qui veut le lire, ou même de salarier une personne pour qu'elle vous lise le livre sacré à haute voix. Chose curieuse, et qui démontre le danger de soumettre le droit à l'influence religieuse, ce qui est permis pour le Coran, ne l'est pas pour le droit et les livres de droit. L'explication donnée à ce sujet par les auteurs est non moins extraordinaire.

On peut, comme je viens de le dire, louer le Coran à un musulman ; on peut même salarier quelqu'un pour l'enseigner à un tiers ; quand il s'agit de l'enseignement du droit et notamment de la loi successorale, le salariat devient blâmable. Pourquoi cette différence? « Il est à craindre, dit Derdir, qu'en exigeant un salaire des » étudiants, on ne diminue leur nombre; rien de semblable n'est à » redouter en ce qui touche le Coran, les fidèles montrant un très » grand empressement à l'étudier, alors même qu'on exige d'eux » un salaire. » L'enseignement de la grammaire et de la rhétorique est assimilé à celui du droit, dont il est, pour ainsi dire, la préparation (2).

L'utilité mise à la disposition du salariant doit être disponible, physiquement ou légalement. Louer les services d'un aveugle comme secrétaire, d'un muet pour haranguer le public, sont des salariats dépourvus d'utilité physiquement disponible; les louer pour exorciser les mauvais esprits, pour dénouer l'aiguillette, pour enseigner le chant ou la musique, sont des salariats dépourvus d'utilité légale.

L'utilité doit être déterminée, ce qui conduit à la proportionner à la capacité physique ou intellectuelle du salariant. Si, par exemple, Primus est salarié pour faire l'éducation de Secundus, celui-ci retirera plus ou moins de profit des leçons qui lui seront données, et le labeur de Primus sera plus ou moins pénible, suivant l'intelligence de Secundus. On est donc astreint à déterminer avec soin l'enfant dont l'instruction sera confiée à Primus. De même pour la nourrice, dont nous nous occuperons plus loin (3). Sa prestation sera plus ou moins abondante, selon l'appétit ou la constitution du nourrisson. Il est donc nécessaire de déterminer l'enfant, ou, au

---

(1) Il y a, en ce qui concerne les instruments de musique, une double interdiction : l'une procède du musicien, l'autre de la jouissance qu'il procure, celle-ci étant considérée comme n'ayant pas de valeur appréciable. C'est pour cela que, dans les fêtes arabes, les musiciens reçoivent l'aumône des assistants. Les salarier, c'est commettre un acte blâmable.

(2) Il est défendu de vendre le Coran ou les livres de droit, sauf le cas où ils constituent l'actif d'un insolvable judiciairement déclaré.

(3) Mais il est permis de salarier un individu pour enlever les ordures, les cadavres, bien que ces choses soient impures, *en raison de la nécessité.*

moins, de fournir à la nourrice une description exacte du nourrisson dont l'allaitement lui sera confié.

L'utilité doit être de plus permise par la loi, licite. Ainsi, une femme ne peut être salariée, durant son infirmité périodique, pour balayer une mosquée (1).

Il est encore indispensable que le service à rendre moyennant salaire ne soit pas de ceux dont on n'a pas le droit de se décharger sur un tiers. Prier, jeûner, ensevelir et porter un mort, donner une consultation en qualité de mufti, sont des actes de ce genre.

Enfin, la jouissance du salariant ne doit jamais entraîner la destruction de la chose mise à sa disposition, car, il ne faut pas l'oublier, le salariat est la vente de la jouissance d'une chose, à la différence de la vente qui est l'aliénation de la chose elle-même.

563. DES RISQUES. — Le salarié, en thèse générale, est un homme digne de confiance, en vertu de la loi; il est assimilé au dépositaire. Comme tel, il ne répond pas des risques, et ce malgré toute stipulation contraire. Lorsqu'il allègue que la chose a péri, il est cru sur parole, qu'il s'agisse de biens apparents ou de biens cachés (2). Il n'est astreint au serment que si la sincérité de sa déclaration est suspecte. Ainsi, et par application de ces principes, le tailleur chargé de confectionner un vêtement avec une étoffe fournie par le salariant est cru sur parole si, ayant affirmé d'abord que l'étoffe serait suffisante, il allègue ensuite n'en avoir pas eu assez pour terminer l'objet commandé.

De même celui qui est préposé à la garde d'une maison, d'un caravansérail, d'un marché, d'une boutique, d'un établissement de bains, n'est pas responsable de la perte des objets confiés à sa surveillance, s'il n'y a aucune faute, aucune négligence à lui reprocher. Ce préposé est d'ailleurs un véritable dépositaire (3).

Le courtier qui circule à travers les rues d'une ville, suivant l'usage musulman, recueillant chemin faisant les enchères des passants, n'est en rien responsable des vices de la chose vendue par lui; il n'est pas non plus garant des revendications qui peuvent se produire, le tout quand sa probité est notoire. Mais, il faut le remarquer, bien que les auteurs ne se placent pas à ce point de vue, s'il est indemne de toute grarantie, c'est à l'égard des acquéreurs. Il est ici un véritable mandataire; il est évident, en raison même des fonctions qu'il remplit, qu'il ne met pas en vente des marchandises qui lui appartiennent. Il n'encourt donc aucune responsabilité, aussi longtemps qu'il ne cherche pas, de complicité, avec le vendeur réel, à tromper les acheteurs. D'autre part, il est responsable de son dol et des fautes qu'il commet au préjudice

---

(1) Il s'agit ici, le bon sens l'indique, d'une interdiction purement temporaire.
(2) *Conf. suprà*, n° 446.
(3) *Conf. suprà*, n° 245, A, B et la note.

dé son commettant, avec d'autant plus de raison qu'il est un mandataire salarié (1).

Quand le courtier, au lieu de parcourir les rues, places et marchés, est sédentaire, en ce sens qu'il occupe une boutique, dans laquelle il entrepose les marchandises qui lui sont confiées, il est garant des risques au même titre que l'artisan dont nous allons parler et qui est placé dans une situation spéciale.

L'artisan est l'homme que l'on salarie pour la fabrication d'un objet quelconque. Il n'est jamais responsable que de la chose même qui lui est confiée pour être mise en œuvre, ce qui exclut, notamment, le modèle qui lui a été remis. Ainsi le copiste, auquel on a livré un livre ou un manuscrit, n'est garant que de la copie même qu'il exécute, le modèle n'étant entre ses mains qu'à titre de dépôt. Il en est encore ainsi des accessoires nécessaires de la chose qu'il est, par exemple, requis de réparer, et, *a fortiori*, des accessoires superflus. Lui confier un sabre pour y faire des incrustations, du blé pour le moudre, c'est l'affranchir de toute garantie en ce qui touche le fourreau de ce sabre et le sac dans lequel le blé est renfermé. S'agit-il d'une botte à ressemeler, et dépose-t-on entre ses mains l'autre botte qui est en bon état, il est, à l'égard de cette dernière, indemne de toute responsabilité.

Mais pourquoi, et dans quel cas est-il responsable de la chose fabriquée ou réparée par lui? Il paraît bizarre de le soumettre à une garantie dont le salarié est généralement affranchi. N'est-il donc pas, lui aussi, un homme de confiance, alors surtout que le Prophète, dans une tradition dont l'authenticité est incontestable, affirme la complète irresponsabilité de tous les salariés (2)? Un jurisconsulte (3) nous donne la clef de ce mystère : « En principe, » dit-il, l'artisan est exempt de toute responsabilité, car il est un » homme digne de confiance, en sa qualité de salarié, et le Prophète » a déchargé les salariés de toute responsabilité. Mais les juriscon- » sultes ont placé l'artisan dans une catégorie d'exception, et » l'ont soumis à la responsabilité en raison de la nécessité qu'il y » a à le faire, les artisans étant généralement pauvres et peu » honnêtes, et le public étant forcé de recourir à leur industrie. Si » donc ils sont responsables, c'est pour le plus grand avantage de » la communauté, dont on doit assurer la conservation. » De ces motifs, le premier laisse beaucoup à désirer! Les salariés ordinaires sont également pauvres, ils le sont même plus qu'un artisan, menuisier, ferblantier, qui arrive souvent à l'aisance. L'argument fondé sur le monopole qu'exercent les corps de métier est meilleur; les auteurs entendent dire, par là, que le salarié ordinaire peut être choisi avec soin, et parmi de nombreux concurrents, l'exercice de

---

(1) *Conf. suprà*, n° 427.

(2) *Le salarié est un homme de confiance*, dit le Prophète.

(3) Cité par Alich.

son industrie n'exigeant aucune compétence particulière; de là la confiance qu'il mérite. L'artisan, au contraire, en sa qualité de spécialiste, est imposé au choix du public, choix limité et dès lors exclusif de toute notion de confiance.

Il faut, d'ailleurs, se hâter d'ajouter que l'artisan n'est responsable que dans certains cas nettement déterminés. Il ne l'est tout d'abord que pour l'objet même qu'il fabrique, transforme ou répare, ainsi que nous l'avons déjà vu ; sa responsabilité ne s'étend pas aux accessoires de la chose qui ne lui est confiée qu'à titre de dépôt; or, le dépositaire est un homme de confiance. Il en est ainsi alors même que la chose ainsi confiée est inutile à l'artisan, au point de vue du travail dont il est chargé.

L'artisan n'est, en outre, garant des risques que dans le cas où il travaille chez lui, c'est-à-dire hors la présence de son client, celui-ci ne pouvant exercer aucune surveillance. Si donc, *a contrario,* l'artisan se transporte au domicile du salariant et travaille sous ses yeux, il est indemne.

Ce n'est pas tout. Il faut encore, pour fonder la responsabilité de l'artisan, qu'il s'agisse d'une chose comprise dans la catégorie des biens cachés (1). D'où cette conséquence que si, par exemple, on lui a confié un cheval à ferrer, et qu'il allègue la perte de l'animal, il est indemne de toute garantie, le cheval étant un bien apparent.

Enfin, il est encore nécessaire que la chose à fabriquer ne soit pas de celles dont la mise en œuvre est réputée aléatoire. Donner des perles à percer, des pierres précieuses à tailler, c'est s'exposer à une *alea* évidente, l'opération étant très délicate; aussi l'orfèvre chargé de ce travail n'est-il astreint à aucune garantie en cas de perte (2).

J'ajoute, pour ne rien omettre, que si l'artisan dispose d'une preuve, de laquelle il résulte qu'il n'a aucun fait de négligence à se reprocher, il est évidemment, et dans tous les cas, à l'abri de toute responsabilité.

Mais, quand il est garant des risques, que doit-il au salariant? Khalil le déclare en termes exprès : il doit la valeur de la chose au jour où elle lui a été remise, malgré toute stipulation contraire, et il perd tout droit au salaire convenu.

564. DE LA RESCISION. — Le salariat est dissous :

1° Par la perte de la chose dont la jouissance devait être procurée au salariant, quand elle consiste en un corps certain;

2° Par la mort du salarié, non par celle du salariant. Les héri-

---

(1) *Conf. suprà*, n° 245, A, B et la note.

(2) Par assimilation, le dentiste, le médecin, l'individu chargé de pratiquer la circoncision ne sont pas garants des risques, quand le patient meurt; il faut que l'impéritie, la maladresse, le défaut de précautions soient prouvés.

tiers de ce dernier sont tenus de remplir les engagements de leur auteur. En effet, le salarié est le plus souvent un *spécialiste* (1).

Toutefois, et par la force des choses, il est dissous :

3° Par le décès de l'enfant qui doit recevoir les leçons du maître;

4° Par la cessation de la douleur, dans le cas où le dentiste a été salarié pour extraire une dent;

5° Par tout fait volontaire ou involontaire d'un tiers, par tout fait de force majeure qui met le salariant dans l'impossibilité de jouir de la chose ;

6° Par l'avènement de la majorité chez l'impubère dont le tuteur a loué les services, à moins que le salariat ne soit plus, à ce moment, que d'une durée très courte, un mois, par exemple. Il va de soi que le pubère n'est armé que d'un droit d'option, et qu'il est libre de continuer ses services au salariant. Il en est de même de l'interdit.

Dans tous les cas où la rescision a lieu par un fait imputable à l'une des parties, il y a compte à faire entre elles, en ce qui touche le salaire dû au salarié et, le cas échéant, les dommages-intérêts dus au salariant.

565. TRANSITION. — Le salariat affecte, chez les musulmans, certaines formes qu'il est utile d'étudier sous des rubriques particulières, en ce qu'elles constituent de véritables contrats spéciaux.

Il en est ainsi :

1° Du contrat d'allaitement ;

2° De la garde des troupeaux.

566. A. DU CONTRAT D'ALLAITEMENT. — Nous avons vu précédemment, à l'occasion du mariage, que la femme de basse condition seule est tenue d'allaiter ses enfants, sans rétribution. La femme de condition élevée peut se refuser à remplir gratuitement cette fonction. Quand une mère, à laquelle l'allaitement est imposé par la loi, est incapable de nourrir, elle doit pourvoir à ses frais au salaire d'une nourrice (2).

Il ne s'agit pas ici de la mère considérée comme nourrice salariée, mais bien de la femme étrangère qui *vend son lait* (3), moyennant un salaire en numéraire ou en objets mobiliers. Le Coran autorise

---

(1) Je charge Primus de réparer ma montre; s'il meurt, je ne puis évidemment pas exiger que ses héritiers remplissent son obligation ; ils ne sont pas présumés avoir des connaissances en horlogerie.

(2) *Conf. suprà*, n° 69.

(3) C'est l'expression arabe.

les parents à mettre leurs enfants en nourrice, *s'ils le préfèrent* (1). *Il n'y aura,* dit le livre sacré, *aucun mal à cela, pourvu que vous payiez ce que vous avez promis.* Quant aux jurisconsultes, ils ajoutent que le contrat d'allaitement est imposé par la nécessité, toutes les femmes n'étant pas en état de nourrir elles-mêmes leurs enfants, bien qu'il semble contraire à l'esprit de la loi. En effet, il est de l'essence du louage en général de ne procurer au locataire que la jouissance de la chose louée, sans destruction de la substance de cette chose. Ce n'est là qu'une querelle de mots. En effet, la véritable chose louée, c'est la nourrice, et il est certain qu'à l'expiration du contrat, elle demeure intacte dans sa substance.

Le salaire de la nourrice peut consister en numéraire ou en denrées alimentaires, ou en objets mobiliers.

L'usage règle la question du blanchissage des vêtements et du linge de l'enfant, en ce sens que ce blanchissage est tantôt à la charge des parents du nourrisson, tantôt à celle de la nourrice. De même encore, celle-ci n'est pas tenue, à défaut d'usage local ou de stipulation, de donner ses soins à l'enfant; elle ne lui doit que la prestation de son lait.

La nourrice a besoin de l'autorisation de son mari pour contracter un salariat de ce genre, car il est interdit à ce dernier, dans l'intérêt de l'enfant, de cohabiter avec sa femme, de l'emmener avec lui en voyage, d'où un préjudice pour lui. D'après certains jurisconsultes, si le mari transgresse cette défense, le contrat est résiliable à la volonté des parents de l'enfant. Quand la nourrice est enceinte, ou tombe malade, il en est de même.

Dans tous les cas où le contrat est résilié, la nourrice reçoit un salaire proportionnel à la durée de l'allaitement qu'elle a donné.

Le salariat est annulable à la volonté des parents de l'enfant, quand la nourrice, ayant loué ses services moyennant un salaire en denrées alimentaires, montre un appétit extraordinaire; quand elle prend, sans autorisation, un second nourrisson.

Le salariat est annulable à la demande de la nourrice, si le père meurt insolvable avant d'avoir payé le salaire stipulé, à moins qu'un membre de la famille, ou même un étranger, ne prenne la dette à sa charge.

Le contrat est dissous par la mort de la nourrice, par la mort de l'enfant.

567. *B.* DE LA GARDE DES TROUPEAUX. — On sait quelle place l'élevage des troupeaux tient dans la vie musulmane. Il n'est pas surprenant que, obligés souvent de les confier à un tiers étranger à la famille, ils aient réglementé avec soin les relations du propriétaire des bestiaux avec le pâtre chargé de les garder.

----

(1) *Coran*, II, 233. Et ailleurs : « *Et si elles allaitent pour vous, donnez-leur leur » salaire* (LXV, 6). »

Il est permis de salarier un berger pour la garde d'un troupeau déterminé, pour un temps et moyennant un salaire déterminés. Mais il faut qu'il soit expressément stipulé au contrat que les animaux qui périront seront remplacés au fur et à mesure par le propriétaire. Au contraire, quand le troupeau consiste en bestiaux simplement déterminés en nombre, la stipulation du remplacement est superflue; en cas de décès ou de perte, le berger peut à son choix solliciter le remplacement des animaux ou exiger le payement intégral de son salaire. Cette double règle paraît singulière au premier abord. Mais, en allant au fond des choses, on arrive facilement à la comprendre. Primus a été salarié, moyennant cent francs, pour garder le troupeau que Secundus possède et lui livre, et qui constitue un corps certain dès le moment du contrat. L'objet du contrat, par cela même qu'il est rigoureusement déterminé, et qu'il est en corrélation étroite avec le prix stipulé, doit être assuré contre toutes les chances qui pourront l'atteindre; il n'est pas admissible qu'un corps certain perde cette qualité au cours du contrat; il faut donc prendre à l'avance des précautions pour empêcher ce résultat de se produire, et, par conséquent, stipuler que Secundus devra toujours maintenir le troupeau dans son état originaire. Il est donc nécessaire que la clause de remplacement soit inscrite au contrat.

Supposons-le maintenant, Primus a été salarié pour garder cent moutons. Il en périt dix. Sans doute, rien ne s'oppose à ce qu'il mette Secundus en demeure de les remplacer; mais, d'une part, la loi se désintéresse de ce débat, le troupeau ne constituant pas, *au moment du contrat et avant sa livraison effective*, un corps certain; d'autre part, il est peu probable que Primus exige un remplacement que le contrat peut ne pas mentionner; moins il aura d'animaux à garder, moins sa peine sera grande. Toutefois, rien ne s'oppose à ce qu'il exige ce remplacement par voie judiciaire. Mais qu'il le fasse ou non, son salaire lui sera dû en entier.

Dans la première hypothèse, à défaut de clause formelle de remplacement, le contrat est annulé aussi longtemps que la garde n'a pas commencée; il en est de même si le berger est en fonctions, mais on lui doit un salaire d'équivalence, toute peine méritant salaire. Quand la stipulation existe, le berger doit mettre le propriétaire du troupeau en demeure de le compléter, dès qu'une perte se produit; et alors, si le propriétaire ne peut pas, ou ne veut pas remplir son obligation de ce chef, il est tenu du salaire convenu tout entier, le contrat étant valable à l'origine et son inexécution n'étant pas imputable au berger qui est le maître d'abandonner ses fonctions.

Quand ce dernier est chargé de la garde d'un troupeau assez nombreux pour épuiser son activité et sa vigilance, il lui est interdit d'accepter la garde d'un second troupeau, à moins qu'il ne s'adjoigne un aide. Dans le cas contraire, c'est-à-dire si les animaux qui lui ont été confiés sont en petit nombre, il ne lui est défendu d'en prendre d'autres que si le contrat s'y oppose par une clause expresse; s'il la viole, le salaire qu'il touche du second locataire appartient au premier.

Le berger n'est jamais tenu de la garde du produit des animaux qui lui sont confiés, à moins que l'usage ne l'y oblige.

La garde des troupeaux est un contrat de *confiance* (1); le berger n'est garant que de sa faute. Ainsi, qu'on lui ait défendu de faire paître ses bestiaux dans tel endroit, et qu'un certain nombre de ceux-ci ait péri par suite de sa désobéissance, il en doit la valeur au jour de la transgression qu'il a commise.

Ainsi encore, il ne lui est pas permis, à défaut d'usage local, de faire saillir les animaux confiés à sa garde, sans autorisation du propriétaire. Il doit la valeur de tout animal qui périt par le fait de la saillie ou de la parturition, quand il ne s'est pas muni d'une autorisation préalable.

En raison même de sa position privilégiée, assimilée à celle du dépositaire, le berger est cru sur parole quand il allègue avoir égorgé un animal par crainte qu'il ne mourût. Il en est de même s'il prétend qu'un animal ainsi égorgé lui a été volé (2).

SECTION II. — *Des transports*

568. GÉNÉRALITÉS. — Mohammed Kharchi critique la divison adoptée par Khalil, et la déclare purement artificielle. En effet, ainsi que nous le constaterons, le louage des animaux de transport diffère bien peu du salariat. Néanmoins, et pour laisser à ce traité, auquel le *Précis* de Khalil sert de base, sa véritable physionomie, il m'a paru convenable de le suivre dans toutes ses divisions. Au surplus, il n'y a aucun inconvénient à adopter cette méthode; il nous suffira, pour éviter les redites, de nous en référer au salariat chaque fois que les règles du louage des animaux de transport seront conformes à celles expliquées dans la section précédente.

569. DÉFINITION. — Le contrat de transport est la vente de la jouissance d'un bien mobilier consistant en animaux non doués de raison.

Cette définition est l'œuvre d'Ibn Arfa. Elle n'a d'autre intérêt que de démontrer que les transports maritimes ne sont pas compris

---

(1) *Conf. supra*, n° 563, Khalil dit expressément que l'ouvrier salarié, le locateur sont des dépositaires.

(2) Il ne faut pas perdre de vue qu'un animal mort n'est plus comestible pour un musulman; le berger, en le saignant d'après les règles de l'*égorgement de choix*, permet donc d'en utiliser la chair. Il accomplit, par conséquent, un acte de bonne administration.

dans le contrat de transport, et sont soumis à des règles différentes, en raison du caractère aléatoire des transports par eau (1).

570. Conditions de validité. — Les conditions de validité de ce contrat se rapportent :

1° A la formule ;

2° Aux contractants ;

3° Au salaire ;

4° A l'objet du contrat.

571. *A*. Formule. — Il suffit de se reporter aux explications données à l'occasion du salariat pour se persuader qu'ici encore la formule employée par les parties doit donner au contrat son individualité, mais qu'elle n'est soumise à aucun formalisme rigoureux (2).

572. *B*. Contactants. — La capacité exigée des contructants est identique à celle imposée au vendeur et à l'acheteur (3).

573. *C*. Salaire. — Ici quelques différences sont à noter entre le salariat et le contrat dont nous nous occupons.

En effet, l'animal loué peut être employé, non seulement pour faire des transports, mais encore pour être monté par le salariant, ou pour entraîner le manège d'un moulin appartenant à ce dernier.

D'autre part, quand il s'agit de transporter le salariant, différentes combinaisons sont possibles. Tantôt il est stipulé que l'animal sera nourri par le salariant, tantôt que le salarié sera hébergé par le salariant, tantôt, enfin, que ce dernier sera hébergé par le salarié. Toujours est-il que le salaire, dans ces diverses hypothèses, consiste en fourrage et orge fournis à l'animal, ou bien en prestations en nature pour les personnes.

Mais il est juste d'ajouter que, dans le salariat également, le salaire peut consister en denrées alimentaires, ou en objets mobiliers quelconques (4). Le contrat de transport ne diffère donc point, à cet égard, du salariat.

Il est permis de stipuler le transport d'une quantité déterminée

(1) Ce contrat spécial sera étudié au chapitre XX, à l'appendice. *(Conf. infrà*, n° 597.

(2) *Conf. suprà*, n° 559.

(3) *Conf. suprà*, n° 560.

(4) *Conf. suprà*, n° 561.

de denrées alimentaires, en allouant au voiturier (1) une part de ces denrées, à titre de salaire, pourvu que la portion convenue comme prix soit livrée immédiatement (2).

Le salaire peut être fixé à la tâche et en nature. Ainsi, Primus étant chargé de transporter tant de charges de bois, il lui est permis d'en recevoir un certain nombre à titre de salaire (3).

Si le preneur est empêché de partir, il n'en est pas moins débiteur du salaire en entier.

Le prix doit être nettement déterminé, non d'après le cours du jour; il ne doit pas être soumis, comme chiffre, à une condition alternative, telle que celle de l'élever ou de l'abaisser selon la durée du voyage. De pareilles stipulations sont considérées comme aléatoires, et, dès lors, elles sont interdites. Ainsi, il serait illégal de salarier un tiers pour faire des transports à l'aide d'une bête de somme appartenant au salariant, en abandonnant au voiturier une part du bénéfice à réaliser; car ce bénéfice étant incertain, le salaire le serait également (4). Si, par aventure, un contrat de ce genre est en cours d'exécution, le bénéfice est attribué en entier au voiturier, lequel ne doit au salariant que le loyer de son animal.

574. *D.* Objet du contrat. — L'objet du contrat est soumis aux mêmes règles que dans le salariat.

Ainsi, en ce qui touche la détermination, on doit convenir du point de départ et du point d'arrivée, de la quantité ou du poids des marchandises, du nombre des personnes à transporter, mais certaines tolérances sont admises à cet égard. Il est superflu, notamment, de fixer la charge de chaque bête, de *présenter* au voiturier les personnes à transporter, pourvu qu'aucune d'elles ne soit d'une obésité anormale. L'enfant né durant le voyage sera transportable sans augmentation de prix. En cas d'urgence, le preneur peut accepter la substitution d'un animal à celui qui a péri, pourvu que le prix n'ait pas été payé d'avance, et pourvu que cet animal n'ait pas été individuellement désigné (5). Les marchandises n'ont pas besoin d'être pesées ou jaugées; il suffit qu'elles soient placées sous les yeux du voiturier, ou déclarées en tant que poids et jauge, à la simple condition qu'elles ne soient pas de nature trop encombrante.

---

(1) Je me sers de cette expression moderne parce qu'elle est technique, bien que les transports se fassent, chez les musulmans, à dos de mulet ou de chameau.

(2) En raison du rapide dépérissement, et, par conséquent, du changement de valeur des denrées alimentaires. C'est toujours la crainte de l'*aléa* qui dicte les précautions de ce genre.

(3) Ici le contrat de transport diffère sensiblement du salariat proprement dit. (*Conf. suprà,* nº 561.)

(4) Cette combinaison tient à la fois du salariat et du contrat de transport.

(5) *Conf. infrà,* nº 576, pour les développements.

Toutes les stipulations incertaines sont interdites, comme celle qui consisterait à mettre à la charge du voiturier le transport de tout ce qu'il plaira au preneur de transporter. De même, ni le conducteur, ni le preneur, ne sont autorisés à faire monter quelqu'un en croupe, à moins de subir une diminution ou une augmentation proportionnelle du salaire. Mais le preneur peut louer une monture pour un temps déterminé, sans être astreint à spécifier l'usage qu'il en fera.

L'usage local détermine l'ordre et la durée des étapes, la nature et la quotité des vivres à emporter, des bagages dont le transport gratuit est accordé au voyageur (1), les conditions du coucher de ce dernier, etc.

Somme toute, c'est ici surtout que la convention — il faut y ajouter l'usage — fait la loi des parties. Toute aggravation serait préjudiciable, les transports se faisant par des animaux dont les forces sont limitées et qui sont sujets à dépérissement.

575. RISQUES. — En thèse générale, le voiturier est traité comme le salarié, au point de vue des risques. Transporte-t-il des objets fragiles, il ne répond pas des avaries, quand elles ne sont pas dues à son imprudence ou à sa maladresse.

Ainsi, la bête qu'il conduit tombe-t-elle, il est indemne. Il en est de même en cas de rupture de la corde qui retient le chargement sur le dos de l'animal, ou qui entoure les ballots et les paquets.

576. RESCISION. — Le contrat est dissous :

1º Par la perte de l'animal loué, lorsque, bien entendu, il a été déterminé. Toutefois, il est permis de substituer une monture nouvelle à celle qui a péri, mais à deux conditions alternatives. Il faut, ou bien que le prix entier du transport n'ait pas été payé à l'avance, ou bien, s'il a été payé, qu'une circonstance grave rende la continuation du voyage indispensable, comme si, par exemple, le premier animal a péri au milieu d'un désert dont il importe de sortir sans retard, sous peine d'y périr soi-même (2). Si l'animal n'a pas été déterminé, si, par exemple, le voiturier s'est simplement engagé à transporter le preneur — ou ses marchandises — sans rien préciser de plus, la perte de la bête de somme ne dissout pas le contrat, et le bailleur est tenu de remplacer celle qui a péri (3).

---

(1) Il en est dé même chez nous dans les voitures publiques.

(2) Il en est de même de tous les cas de force majeure.

(3) Le mot *perte* a ici un sens très étendu. Il comprend à la fois les cas fortuits et les faits imputables au voiturier lui-même. La seule différence à noter entre les deux hypothèses, c'est que, dans le premier cas, le voiturier est indemne ; dans le second, il est garant du préjudice qu'il a causé. Mais le contrat est toujours dissous.

2° Par la maladie de l'animal déterminé, à moins qu'il ne revienne à la santé avant l'expiration du délai fixé pour le transport, sous réserves de tous dommages-intérêts en réparation du retard imposé au preneur.

La mort du preneur n'entraîne pas la rescision du contrat, et ses héritiers sont tenus de la totalité du salaire stipulé (1).

Que faut-il décider à l'égard du voiturier ? Son décès dissout-il le contrat ? Oui, dit-on, car il n'y a aucun motif de le distinguer de l'ouvrier. J'avoue que cette solution ne me satisfait pas ; car, en somme, il ne faut aucune aptitude spéciale pour conduire une bête de somme. D'après une autre opinion, fort ingénieuse, le contrat subsiste, mais le refus légitime des héritiers du voiturier de l'exécuter en rend la continuation impossible.

SECTION III. — *Du louage*

577. DÉFINITION. — Le louage est l'achat de la jouissance d'un bien immobilier, édifices urbains ou héritages ruraux.

578. CONDITIONS DE VALIDITÉ. — Les conditions de validité du louage se rapportent :

1° A la formule ;
2° Aux contractants ;
3° Au loyer ;
4° A la chose louée.

579. *A*. FORMULE. — Le louage se forme par toute formule de laquelle résulte l'intention des parties de contracter (2).

580. *B*. CONTRACTANTS. — Le louage étant une vente, avec cette seule différence que celle-ci comporte l'aliénation de la chose elle-même, tandis que celui-là implique la notion de l'aliénation de la

---

(1) On assimile même cette hypothèse à celle où le propriétaire d'un troupeau doit remplacer les animaux qui périssent *(Conf. suprà,* n° 567). Les héritiers prennent virtuellement la place du défunt. Il n'y a pas impossibilité physique ou même intellectuelle d'exécuter la convention.

(2) *Conf. suprà,* n° 559. Mais ici, plus particulièrement encore que dans le salariat, la formule labiale ou écrite s'impose, car, non seulement un bail est soumis à des modalités *(Conf. infrà,* n° 582), mais encore il comporte de nombreuses stipulations de détail.

jouissance seule de la chose, la capacité imposée aux contractants est la même dans les deux contrats (1).

581. *C.* LOYER. — Comme dans le salariat, le loyer doit remplir toutes les conditions auxquelles le prix est soumis dans la vente.

Quand il consiste en numéraire, ce qui est le cas le plus fréquent, il doit être déterminé en somme. Lorsqu'il est payable en objets mobiliers, il est nécessaire qu'il soit pur, disponible, déterminé, etc.

Mais il n'est pas indispensable de déterminer à l'avance la portion du loyer afférente à chaque période du bail, la proportion s'établissant d'elle-même. Mais si, pour un motif quelconque, les loyers subissent une augmentation à une époque donnée, cette tolérance disparaît. Ainsi, les habitants du Caire ont l'habitude de se rendre en foule sur les bords du Nil, au moment de la grande crue du fleuve, afin d'assister à ce merveilleux spectacle, et de se livrer à différentes pratiques superstitieuses (2). Ils louent, à cet effet, des logements dans les maisons avoisinantes, et cela à très haut prix. De même encore, les loyers sont plus élevés à La Mecque pendant la durée du pélerinage annuel (3). Or, si l'on avait loué, le 1er janvier, une maison sur les bords du Nil, pour une année, moyennant un loyer total de douze, on serait mal fondé à prétendre, en obtenant la résiliation du bail le 1er juillet, qu'on ne doit que les six douzièmes de son loyer. En effet, *la nuit de la goutte* tombant le 17 juin, il faut tenir compte au bailleur de cette circonstance particulière (4).

Ce n'est pas tout. Nous l'avons vu, le loyer ne doit pas être prélevé sur les produits de la chose (5); d'où cette conséquence que le loyer d'une terre ensemencée en céréales ne peut pas consister en blé ou en orge. Je ne m'arrête pas aux motifs tirés de la nécessité d'éviter l'usure (6), les raisons de ce genre étant peu concluantes pour nous. La prohibition dont je m'occupe ici, et qui tient à la nature spéciale du contrat de louage, peut facilement

---

(1) *Conf. suprà,* n° 560.

(2) Surtout durant *la nuit de la goutte (leila En-Noukha)*, la crue du Nil étant, d'après la croyance locale, déterminée par une goutte d'eau miraculeuse qui tombe du ciel. C'est la nuit du 17 juin. *(Conf.* LANE, *An account of the manners and customs of the modern Egyptians*, London, Ch. Knight, 1836, tome II, p. 255 et suiv.)

(3) Le même phénomène se produit, par exemple, à Alger, durant la saison d'hiver.

(4) Le loyer étant, je le suppose, porté au double pendant la deuxième quinzaine de juin, le preneur devra $\frac{6}{12} + \frac{1}{12} = \frac{7}{12}$, bien que la location n'ait duré que six mois.

(5) *Conf. suprà,* n° 561.

(6) *Conf. suprà,* n° 314, note 3.

se justifier par des arguments juridiques. Primus loue sa terre à Secundus moyennant un loyer consistant en cent décalitres de blé à prendre sur la récolte. Or, le louage est une véritable vente (1) ; Primus vend donc une récolte indéterminée en échange d'une portion déterminée de cette même récolte ; le contrat se trouve donc vicié en ce qu'il est aléatoire (2).

Mais, par une bizarrerie que je renonce à expliquer d'une façon satisfaisante, le loyer peut consister en une portion de bois, si la terre produit du bois, en or, en argent, en cuivre (3), s'il s'y trouve des mines de l'un ou l'autre de ces métaux : « Les produits de ce genre, dit Kharchi, sont considérés comme *étrangers à la terre,* ils ne sont pas l'œuvre des hommes. » Soit, mais le contrat n'en est pas moins aléatoire, et à ce titre il devrait également être contraire à la loi (4).

Il semble que, dans ces hypothèses inconciliables comme solution, il faut rechercher surtout si le rendement des produits peut être prévu, en tant que quotité, d'une façon au moins approximative. Ce qui confirme cette supposition, c'est qu'il est permis de louer un moulin moyennant une redevance en nature (5). En effet on connaît, à peu de chose près, le volume de l'eau dont le preneur disposera ; il est possible d'établir une moyenne basée sur l'alternance des saisons pluvieuses et des saisons sèches, ou sur le débit de la rivière dont on utilise la force motrice (6).

La totalité du loyer est due, alors même que le preneur n'aurait occupé les lieux qu'un, deux, trois jours, par exemple, car on l'a mis en possession, et, par conséquent, en état de tirer du contrat toute l'utilité qu'il comporte.

Il reste à rechercher à quel moment le loyer est dû, et cette question offre de graves difficultés.

Quand, et c'est l'hypothèse la plus simple, il s'agit d'un immeuble urbain, maison, établissement de bains, le loyer est dû dès que le preneur peut disposer de la chose, de même que l'acheteur doit son prix dès que la chose lui a été délivrée. A-t-il loué sous réserve d'option (7), il n'est tenu du loyer qu'après l'expiration du délai

---

(1) *Conf. suprà*, nº 577.

(2) Il devient ce que les musulmans appellent une *mouzabana*, c'est-à-dire la vente d'une récolte (spécialement celle d'un dattier), moyennant des fruits jaugeables ou mesurables. Que produira le dattier ? on l'ignore ; tandis que le prix est connu.

(3) Il en est de même de l'*alfa* (ou mieux *halfa*), de l'herbe, etc.

(4) Peut-être faut-il dire que les produits de ce genre, non exposés à l'*aléa* des saisons, sont constants dans leur rendement, et dès lors plus faciles à évaluer, au point de vue de l'équivalence exigée, dans la vente, entre la chose et le prix.

(5) Quand, bien entendu, le moulin n'est pas une simple dépendance d'une terre.

(6) Si l'eau vient à manquer, le louage est dissous.

(7) *Conf. suprà*, nº 235.

d'option. A-t-il loué un immeuble *non présent*, il ne doit son loyer qu'après l'exercice de l'option d'examen (1).

Quand je dis que le loyer est dû, j'entends parler de la totalité du loyer, pour toute la durée du bail, s'il est fait pour une durée fixe et déterminée, et pour un jour, un mois, une année, s'il est fait au jour, au mois, à l'année, sans indication de durée. Ainsi, supposons-le, Primus a loué une maison pour dix ans; le droit de Secundus, propriétaire de l'immeuble, est d'exiger le loyer de dix ans, dès que Primus est entré en possession, car il a rempli son obligation en délivrant la chose, et, *théoriquement*, Secundus doit remplir la sienne. Il va de soi qu'en pratique le preneur sera, soit par une clause du bail, soit en vertu de l'usage local, admis à se libérer par fractions, car on trouverait peu de locataires disposés à se libérer ainsi par anticipation, surtout si le bail est à long terme. Nous l'avons vu, d'ailleurs, chaque fraction du loyer correspond à une fraction de la jouissance concédée (2).

Si, maintenant, l'immeuble ainsi loué subit des dégradations, ou si, pour d'autres causes, la jouissance du preneur paraît diminuée, il y a lieu d'établir les distinctions suivantes : 1° quand les dégradations sont de nature à ne porter aucun préjudice au preneur, il n'a droit à aucune diminution de loyer, et il n'a aucune action contre le bailleur pour l'obliger à des réparations quelconques; il est libre d'y procéder à ses frais, sauf à enlever, à la fin du bail, les matériaux par lui employés, si, séparés de l'immeuble, ils sont utilisables; mais le bailleur n'est pas tenu de lui en payer la valeur. On range dans cette première catégorie le mauvais état des fenêtres, des portes intérieures, le fait par un usurpateur étranger d'occuper une partie des lieux loués ; 2° quand les dégradations sont de celles qui nuisent à la jouissance du preneur, et la diminuent, il a le droit de faire réduire le loyer proportionnellement au préjudice qu'il éprouve. On range dans cette catégorie le fait par le bailleur d'habiter une chambre de la maison par lui louée. Si c'est un tiers qui occupe la chambre, le preneur n'a d'action que contre ce tiers. De même encore, lorsque l'immeuble, au lieu de ne se composer que d'un rez-de-chaussée comme la plupart des maisons arabes, a de plus une terrasse dont l'usage peut être utile, ou un premier étage, s'il n'existe pas d'escalier dans les lieux loués, le preneur est admis à exiger une diminution de loyer ; 3° quand, enfin, le préjudice infligé au preneur est tel qu'il en résulte, non seulement une diminution de jouissance, mais une véritable abolition de l'utilité que l'immeuble devait lui procurer, il est autorisé, à son choix, soit à quitter l'immeuble en cessant de payer le loyer, ou en en exigeant la restitution partielle s'il l'a payé d'avance, soit à y continuer son occupation sans avoir, dans ce cas, aucune réclamation à formuler, et sans pouvoir exiger aucune réparation. Il dépend d'ail-

(1) *Conf. suprà*, n° 209.
(2) *Conf. suprà*, n° 557.

leurs du bailleur de lui enlever ce droit d'option en procédant spontanément aux réparations utiles. Sont considérés comme causant un préjudice grave : le mauvais état de la couverture, la chute d'une partie des murs intérieurs ou extérieurs, la destruction totale de la maison.

En résumé, tantôt le preneur est irrecevable à se plaindre, tantôt il a une action en diminution de loyer, tantôt il est armé d'un droit d'option, mais toujours il doit le loyer, au moins en partie, quand il demeure dans les lieux loués ; jamais le bailleur n'est tenu de faire les réparations, fussent-elles indispensables (1).

Je passe aux immeubles ruraux, et ici le problème se complique à un haut degré. Sans doute, les principes que je viens d'exposer s'appliquent également aux terres, mais il faut tenir compte de la nature spéciale de celles-ci ; de là la difficulté.

Les terres sont, tout d'abord, propres à la culture, ou simplement destinées à être utilisées sous forme de pâturage. Les terres de culture, dont nous avons à nous occuper ici, sont *inondables, irrigables* ou *ombrodoques* (2). La terre inondable est celle qui, à l'instar de ce qui a lieu dans la vallée du Nil, est arrosée par la crue périodique d'un fleuve. La terre irrigable est celle que l'on peut arroser au moyen des sources et des puits qui s'y trouvent, du cours d'eau qui l'avoisinent. Enfin, la terre ombrodoque est celle qui ne reçoit d'autres eaux que celles du ciel. Cette classification est fondée sur la nature des choses, et une terre, suivant la catégorie à laquelle elle appartient, est plus ou moins assurée d'être arrosée, et, par conséquent, de produire une récolte. Toute la théorie du louage des héritages ruraux repose sur l'*alea* plus ou moins grande à laquelle le preneur est exposé, en raison même des chances plus ou moins sérieuses qu'il a de recueillir le fruit de ses peines. Lui livrer le sol est insuffisant; on ne lui livre rien d'*utilisable* aussi longtemps qu'on ne lui fournit pas, en même temps, cet élément indispensable de la fécondation des semences: l'EAU. Or, tout contrat doit nécessairement produire un effet utile, et remplir le but légitime auquel tendent les parties. Spécialement, le loyer d'une terre n'est dû qu'au moment précis où elle aura été *livrée en entier*, c'est-à-dire avec l'eau sans laquelle elle serait improductive. Mais aussi, dès ce moment, le loyer est dû en entier,

---

(1) Qu'on me permette de donner une forme saisissante à ce dernier principe : « Vous vous plaignez, peut dire le bailleur, du mauvais état de l'immeuble que je » vous ai loué? *Vous êtes libre de déguerpir, si vous n'êtes pas content.* Vous me » payerez vos loyers jusqu'au jour de votre sortie; la loi vous tient quitte du » surplus. »

(2) Je demande grâce pour ce néologisme un peu pédant, que je forge pour ne pas dire « *terre de pluie* », ce qui serait la traduction littérale de l'expression arabe. Je suis d'ailleurs moins coupable qu'on ne semblerait le croire, car les mots : *ombromètre, ombrométrie, ombrométrique* sont français. Ὀμβροδόχος signifie « *qui reçoit la pluie.* »

car le bailleur a entièrement rempli son obligation, de même que, dans la vente, l'acheteur doit son prix dès que le vendeur lui a livré la chose. D'où cette double conséquence aussi, qu'il est permis de stipuler le payement du loyer par anticipation quand la terre est de celles qui sont, par leur nature même, *garanties* (1) contre le manque de l'eau qui leur est nécessaire pour produire ; et qu'il est défendu de stipuler le payement par anticipation quand la terre est de celles qui ne sont pas garanties contre le manque d'eau.

En effet, la terre demeurant improductive, faute d'eau, le bailleur n'a pas rempli son obligation, et le preneur est fondé à exiger une diminution de loyer ; et si le loyer a été payé par anticipation, le bailleur, sujet à restitution, aura tiré profit d'une somme qui ne lui était pas due. Il naîtra de là un véritable conflit de droit, en ce sens qu'il y aura lieu de se demander si la somme indûment payée constitue un prêt ou un prix de bail, et s'il convient d'appliquer à cette restitution les règles du prêt à usage ou celles du louage (2). Que le preneur, volontairement, gracieusement, ait consenti à se libérer par anticipation, les mêmes inconvénients ne se produisent plus ; il a fait, en pleine liberté, un prêt au bailleur, et il est hors de doute que les principes applicables à la restitution sont ceux du prêt à usage. C'est là du formalisme à outrance.

Par application de ces principes, le loyer des terres ombrodoques n'est dû que le jour où il est certain que la semence confiée au sol a reçu assez d'eau pour produire une récolte. S'agit-il d'une terre inondable, rien ne s'oppose à ce que le payement anticipé du loyer soit stipulé, la crue du Nil, par exemple, ayant lieu à jour fixe (3), et le preneur étant assuré de ne pas souffrir de la sécheresse. Il en est de même des terres sur lesquelles il existe des sources, des puits pourvus de norias, ou dans le voisinage desquelles se trouve une rivière que la chaleur de l'été ne tarit pas, et dont les eaux sont utilisables au moyen de canaux d'irrigation. Au surplus, et le bon sens l'indique, si la terre ombrodoque est sise dans une région où les pluies tombent régulièrement à une époque déterminée de l'année, elle passe dans la seconde catégorie. A l'inverse, si la terre, bien que située dans la vallée du Nil, est au-dessus du point extrême atteint par la crue du fleuve, elle est rangée dans la première classe. Il en est de même des terres irrigables, si les fontaines, les puits, la rivière n'ont pas un débit assuré.

En résumé, le payement intégral du loyer, quand même il s'agirait d'un bail à long terme, est à la charge du preneur dès qu'il est

---

(1) C'est la traduction rigoureusement exacte du mot « *mamouna* », employé par Khalil.

(2) On sait combien les musulmans sont rigoristes en tout ce qui assure l'individualité juridique d'un contrat *(Conf. suprà*, n° 224).

(3) *Conf. suprà*, n° 581 et la note.

entré en possession complète de la chose louée. Il est permis de stipuler que le payement aura lieu, bien que le preneur ne soit pas encore en possession complète, pourvu qu'il s'agisse d'une terre *garantie* contre le manque d'eau, à quelque catégorie que cette terre appartienne. La stipulation du payement anticipé est interdite quand, au contraire, la terre, quelle que soit la catégorie à laquelle elle appartient, n'est pas *garantie* contre le manque d'eau. Le payement par anticipation peut avoir lieu volontairement, sans stipulation.

Une fois le preneur en possession complète, dans les conditions que je viens d'indiquer, il peut arriver, comme pour les immeubles urbains, que sa jouissance subisse des diminutions; et alors il y a lieu de formuler les distinctions suivantes :

1° Si la récolte périt par cas fortuit comme les sauterelles, la grêle, la gelée, une usurpation commise par un tiers, la submersion de la terre après le moment opportun pour le labour, l'emprisonnement du preneur, ou son état de gène qui l'empêche de se procurer les semences nécessaires, le loyer n'en est pas moins dû au bailleur; — 2° Si la valeur locative de la terre subit une dépréciation même légère, le preneur a droit à une diminution proportionnelle du fermage. Il en est ainsi quand une partie de la terre souffre de la sécheresse, ou quand la crue du Nil est tardive ou incomplète; — 3° Lorsque le preneur subit un préjudice considérable, il a l'option, dans les conditions indiquées plus haut à propos des immeubles urbains (1); — 4° Enfin, si la récolte périt, même partiellement, par une cause inhérente au sol, l'obligation de payer le fermage disparaît complètement, et s'il a été payé il doit être restitué. Il en est ainsi lorsque la terre est envahie par les insectes, par les rats, les souris, les mulots, les taupes, etc.

Si le bail a été consenti pour plusieurs années, et si le puits qui devait servir à l'irrigation de la terre s'est effondré alors que les semailles étaient déjà commencées, le preneur a le droit de retenir le fermage d'une année et de l'employer à la reconstruction du puits.

582. *D*. OBJET DU CONTRAT. — L'immeuble loué doit également, au point de vue de la jouissance concédée, remplir les conditions imposées, dans la vente, à la chose vendue.

Il faut qu'il soit exactement déterminé, comme tel magasin, tel four, telle usine, telle maison, tel établissement de bains, telle terre. Toutefois on peut louer non seulement une terre d'une contenance déterminée, mais encore, et par tolérance, tant d'hectares à prendre sur une étendue plus considérable, pourvu que les terres soient partout de même qualité. Par assimiliation à la vente, l'objet du

---

(1) *Conf. suprà*, même numéro.

contrat peut être simplement décrit, s'il est éloigné du lieu du contrat; il peut aussi être loué sur vue antérieure; mais alors le bail n'est parfait-obligatoire qu'après l'option d'examen (1), et c'est à ce moment seulement que le loyer sera dû par le preneur. Enfin il est permis de contracter un bail en se réservant le droit d'option (2).

Il n'est pas nécessaire d'ailleurs de préciser le moment de l'entrée en jouissance; il est présumé, dans le silence du contrat, être contemporain de l'époque où les consentements ont été échangés.

L'avantage que l'on procure au preneur doit être disponible (3), — ce qui exclut le louage de la maison d'autrui, de celle qu'on a vendue; il doit être appréciable en argent, ne pas entraîner la destruction de la chose. Ce sont là des conditions générales de validité qui s'appliquent à toutes les variétés du louage; mais il est assez difficile d'imaginer comment, dans la pratique, la jouissance d'un immeuble pourrait ne pas être appréciable en argent, et comment elle pourrait amener la destruction de cet immeuble.

Il ne faut pas non plus que la location soit de celles que la loi prohibe à un titre quelconque. Ainsi il est blâmable d'affecter un immeuble à un usage religieux, et de percevoir un loyer, sous forme de redevance, des fidèles qui viennent y prier. Ainsi encore, il est blâmable de louer l'étage supérieur d'une mosquée à un particulier (4). On ne doit pas non plus louer une maison à des chrétiens dont l'intention serait de la transformer en église. La location d'un établissement de bains est blâmable, d'après quelques rigoristes, en raison du scandale qui peut s'y produire (5).

Le bail peut être consenti au jour, au mois, à l'année.

Il est résiliable de plein droit à l'expiration de chacune des périodes énoncées, sauf le cas où le preneur a payé par anticipation un loyer supérieur à celui qui se rapporte à une de ces périodes : ainsi, Primus prend une maison en location, et dit : « Je loue » cet immeuble moyennant un loyer mensuel de cent francs, » — « ou bien, moyennant un loyer annuel de douze cents francs. » Bien que la durée du bail n'ait pas été fixée, les deux parties sont libres de le résilier à la fin de chaque mois, ou de chaque année, à

---

(1) Conf. suprà, n° 209.

(2) Conf. suprà, n° 235.

(3) Conf. suprà, n° 201, 4°. C'est ainsi qu'on ne peut pas louer un terrain submergé qui ne se découvre jamais. Se découvre-t-il quelque fois, la location est valable.

(4) On ne doit pas habiter au-dessus d'une mosquée, c'est un véritable attentat contre la majesté divine.

(5) Il ne faut pas oublier que les bains se prennent en commun, chez les musulmans. Ainsi la loi détermine-t-elle avec grand soin les règles de décence qui doivent y être observées. On ne doit s'y rendre que pour purifier son corps, ou pour se guérir d'une maladie ; on doit y tenir couverte la partie du corps qui s'étend du nombril aux genoux. Le fidèle, avisé que ses yeux seront offensés dans un établissement où la décence ne règne pas, doit s'abstenir de le fréquenter.

moins que Primus n'ait payé par anticipation deux cents ou quinze cents francs. Le bon sens l'indique, Primus est également admis à dire : « *Je loue pour un mois,* » — ou bien « *je loue pour une année, » de telle date à telle date* ; » mais, dans ce cas, le payement anticipé d'un loyer supérieur ne se comprendrait plus.

Pour les terres ombrodoques ou inondables, les baux faits pour une année finissent avec la moisson. Pour les terres irrigables, ils finissent quand les douze mois sont révolus; mais si, à ce moment, le preneur a encore, sur les lieux loués, une récolte pendante, il est fondé à se maintenir en possession jusqu'à parfaite maturité de cette récolte, et il doit, pour ce supplément de jouissance, un supplément de fermage, à dire d'experts. La raison de cette différence est facile à saisir. Une terre irrigable produit au gré de celui qui la cultive, puisqu'il dispose de toute l'eau nécessaire; il peut donc s'arranger de façon à faire coïncider l'époque où son bail prendra fin avec celle de ses récoltes; et, d'ailleurs, les terres de cette catégorie sont affectées, le plus souvent, aux cultures maraîchères qui se succèdent sans tenir compte de la révolution des saisons. Il en est tout autrement des terres ombrodoques et des terres inondables, propres à la grande culture; une fois la moisson faite, elles ont donné leur produit annuel, et le preneur n'a aucun intérêt à s'y perpétuer; et, d'autre part, il est essentiel qu'elles soient mises en temps utile à la disposition d'un nouveau locataire, car si celui-ci manque l'époque des labours, le bail sera sans utilité pour lui.

Le bailleur a le droit de déterminer le nombre des labours ou des fumures qu'il impose au preneur.

Ce dernier peut être chargé du curage des canaux et des égouts, des réparations à faire aux constructions, même en déduction des termes échus du loyer, mais jamais des termes à échoir, ni à ses frais.

Il n'est pas permis de louer une terre en autorisant le preneur à y faire telle construction, telle plantation d'arbres qu'il jugera convenable, sans déterminer avec précision, au moment du contrat, la nature et l'importance de ces ouvrages. Le motif de cette disposition de la loi, c'est que ce serait introduire dans le bail un élément aléatoire, une sorte de condition potestative, au grand dommage du bailleur; telle construction placée à tel endroit pourrait être plus préjudiciable à ce dernier que telle autre placée ailleurs; telle essence d'arbres pourrait être plus nuisible que telle autre. Mais s'il existe, à cet égard, un usage local, ces inconvénients disparaissent; rien n'empêche de laisser, par le contrat, pleine liberté d'action au preneur en s'en référant à l'usage établi (1). Il est

---

(1) Il ne faut pas, en cette matière, se placer à notre point de vue européen. Il ne s'agit pas de constructions telles qu'un fermier français en élèverait sur le fonds loué. Le fermier arabe construit un gourbi sur la terre qu'il occupe temporairement. Cependant, il peut se faire, très exceptionnellement, qu'un individu loue un terrain pour y construire une maison.

superflu d'ajouter que si la terre est louée pour y semer des grains, le preneur est libre d'y mettre du blé, ou de l'orge, ou du sorgho, alors même que le contrat manquerait de précision, alors même qu'il n'existerait aucun usage sur ce point, alors même que le choix du preneur serait contraire à un usage établi.

583. Risques. — Le locataire est considéré comme un dépositaire, et comme tel il ne répond pas des risques. Sa faute seule peut engager sa responsabilité. Il est considéré comme ayant commis une faute lorsque, par exemple, il a installé, dans les lieux loués, une industrie dangereuse, telle qu'une forge.

Mais il est à remarquer que les auteurs musulmans se montrent très sobres de détails en ce qui touche la théorie des risques appliquée aux immeubles. Pour eux, un édifice, une terre sont peu exposés aux accidents qui pourraient modifier leur substance, et donner ouverture à une action en responsabilité.

584. Rescision. — Le bail est dissous :

1° Par l'expiration du temps pour lequel il a été fait (1);

2° Par la perte de la chose, qu'elle se produise physiquement ou intellectuellement. Ainsi, si la jouissance du preneur est abolie par un fait d'usurpation (2), par un acte légitime ou illégitime du prince, la chose est considérée comme ayant péri, le locataire n'étant plus en mesure d'en tirer l'utilité qui faisait l'objet du contrat;

3° Par le décès du bailleur, quand il s'agit d'un bien habousé. En thèse générale, la mort du bailleur n'a aucune influence sur l'existence du contrat, et ses héritiers sont tenus de toutes les obligations de leur auteur. Mais, dans ce cas spécial, il ne saurait en être ainsi. En effet, le bénéficiaire d'un habous est impuissant à concéder plus de droits qu'il n'en possédait lui-même. A son décès, il est irrémédiablement dépouillé de la jouissance de l'immeuble immobilisé, et ses héritiers n'ont rien à réclamer, car le habous est une dérogation à la loi successorale (3);

4° Par le retour à la liberté contractuelle du bailleur frappé d'interdiction.

Certaines circonstances, sans entraîner directement la rescision du bail, la produisent en fait. Ainsi, qu'un locataire affecte l'immeuble à un usage contraire aux bonnes mœurs, — ouverture d'un cabaret ou d'une maison de prostitution, — il lui est enjoint de cesser son industrie. Faute d'obtempérer à cette injonction, il

---

(1) *Conf. suprà*, n° 582.

(2) *Conf. suprà*, n° 551.

(3) Rien n'empêche les dévolutaires suivants de ratifier le bail, et celui-ci procède alors de leur chef, et non du chef de leur prédécesseur.

est déchu du droit de jouir personnellement de l'immeuble, lequel est mis en location à ses risques et périls, en ce sens qu'il en doit les loyers aussi longtemps que la sous-location n'est pas réalisée, et qu'il est comptable de la différence des produits, si le second bail est consenti à un prix inférieur à celui qu'il payait lui-même.

Il peut arriver encore qu'un bail soit dissous, comme nous l'avons vu plus haut, quand la récolte périt par une cause inhérente au sol, comme une invasion d'insectes, de rats, etc.

585. CONTESTATIONS. — Nous avons terminé l'étude du louage, sous ses formes multiples. Un contrat aussi important doit évidemment soulever de nombreuses contestations. Comme toujours, Khalil s'est borné à enregistrer celles qui se produisent le plus souvent. Nous procéderons comme lui, en nous efforçant de formuler des principes généraux, ce que le grand jurisconsulte musulman a eu le tort de ne pas faire autant qu'on le désirerait.

586. *A.* SALARIAT. — Le salarié est cru sur parole :

1° Lorsqu'il affirme que la matière première lui a été remise pour la mettre en œuvre, le salariant soutenant qu'il la détient à un autre titre, comme dépositaire, par exemple. Cette solution est d'autant plus rationnelle que, outre la confiance qu'il mérite (1), le salarié a la vraisemblance pour lui. Primus remet un lingot d'or à un bijoutier; est-il vraisemblable qu'il le lui ait remis à titre de dépôt? La qualité seule du bijoutier contredit cette allégation (2);

2° Quand les deux contractants sont en désaccord sur la forme à donner à la matière première, pourvu encore que la prétention de l'artisan soit plus vraisemblable (3) que celle du salariant. Je suppose le cas où ce dernier a chargé un teinturier de lui teindre un vêtement. Si la couleur — verte, par exemple — donnée au vêtement est de celles que l'usage local admet, et si le salariant soutient qu'il avait chargé l'ouvrier de le teindre en rouge, contrairement à la mode du jour, le salarié est cru sur parole. Le dire du salariant est-il plus vraisemblable, le résultat opposé s'impose. Il en est de même si les deux allégations sont invraisemblables; mais alors le salariant est astreint au serment; le prête-il, il a le choix, soit de prendre livraison de l'étoffe et d'en payer la teinture, soit d'exiger le remboursement de la valeur de l'étoffe non teinte, en abandonnant celle-ci au teinturier; refuse-t-il de jurer, le serment est déféré à l'artisan;

---

(1) *Conf. suprà*, n° 563.

(2) Sur la *vraisemblance, conf. suprà*, n° 445 et la note.

(3) Je rappelle que si le salariant, dans cette hypothèse, comme dans toutes les suivantes, peut faire la preuve de son allégation, il obtient gain de cause. C'est donc *à défaut de preuve contraire* que le salarié est cru sur parole.

3° Lorsque la contestation porte sur le prix convenu pour la façon, pourvu toujours que le prix réclamé par le salarié paraisse raisonnable, et à charge de prêter serment. Si, au contraire, l'allégation du salariant est plus vraisemblable, elle l'emporte, s'il l'appuie d'un serment. Les deux prétentions étant déraisonnables, les deux contractants doivent prêter serment; s'ils le prêtent, les deux serments s'entredétruisent (1), et un salaire à dire d'experts est alloué à l'ouvrier (2). Ce n'est pas tout; il est, de plus, indispensable que ce dernier, pour conserver sa situation privilégiée, soit encore nanti de la chose fabriquée ou réparée par lui. Les auteurs, pour expliquer cette exigence de la loi, disent que l'ouvrier remplit ici le rôle du vendeur dans la vente, ce qui exige quelques explications. Quand, par exemple, l'ouvrier a travaillé chez le salariant, ou quand il s'agit d'une maison construite par lui en qualité de maçon ou d'architecte, il n'est pas en possession de la chose par lui confectionnée ou bâtie, et son dire ne l'emporte pas, en ce qui touche la quotité du salaire. Pourquoi? Par l'unique motif qu'il n'est pas en possession de la chose, et que, ne pouvant pas exercer le droit de rétention, il n'a qu'une action personnelle pour obtenir le payement de son salaire; il est un simple créancier, abstraction faite de la confiance qu'il peut mériter. Quand, au contraire, il est nanti de la chose, parce qu'il l'a confectionnée chez lui, il est un véritable vendeur, il *vend* au salariant la façon de la chose par lui fabriquée ou réparée; il est donc armé du droit de rétention (3), (sans qu'il y ait à rechercher s'il est ou non un homme de confiance) jusqu'au moment où le *prix* lui est payé; or, ce droit de rétention est exercé d'autant plus légitimement par lui que l'acheteur doit toujours remplir son obligation le premier (4), et que, dans l'espèce, loin de la remplir, le salariant conteste le prix. D'où cette conséquence que la possession du salarié est légitime, fondée sur des motifs de droit, et qu'elle doit le placer dans une situation privilégiée (5);

4° Quand il prétend et affirme par serment n'avoir pas reçu son salaire, alors même que l'ouvrage serait terminé, à moins qu'il ne se soit écoulé plus de deux jours depuis la réception de cet ouvrage; dans ce dernier cas, le dire du salariant est prépondérant, parce que le silence prolongé du salarié fait naître une présomption de payement contraire à sa prétention.

---

(1) Nous avons déjà eu l'occasion de nous occuper de ces serments inconciliables qui s'entredétruisent. *Conf. suprà*, n° 295, B.

(2) Le résultat est le même s'ils refusent tous deux de prêter serment.

(3) *Conf. suprà*, n° 270.

(4) *Conf. suprà*, n° 270.

(5) Le salarié est assimilé au vendeur, mais il faut se garder de pousser l'assimilation trop loin. En effet, lorsque, en matière de vente, il y a contestation sur la quotité du prix, les deux parties sont soumises au serment, et le seul privilège du vendeur consiste à prêter serment le premier. *(Conf. suprà*, n° 296, C.)

587. *B.* Transports. — Les contestations ont, en matière de transports, une physionomie particulière. Il est certain que, si elles se produisent avant le départ, ou pendant le trajet, elles doivent être appréciées différemment. Annuler un contrat de ce genre en plein désert, par exemple, ce serait porter un grave préjudice au salariant; le même inconvénient n'existe plus si la convention n'a reçu aucun commencement d'exécution, ou si les parties sont encore très voisines de leur point de départ.

Ainsi, dans cette dernière hypothèse, les deux contractants sont astreints au serment, quand il y a conflit sur la distance à parcourir. Mais le voiturier doit jurer le premier, car il est considéré comme un vendeur. S'il prête le serment mis à sa charge, le voyageur refusant de l'imiter, il triomphe dans sa prétention. Quand les deux parties jurent, ou refusent de jurer, le contrat est annulé.

Au contraire, lorsque la distance franchie est considérable, la solution ne peut plus être la même, car le contrat est exécuté, et il y aurait de graves dangers à l'annuler sans motif suffisant. Celui des deux contractants dont la prétention est seule vraisemblable est cru sur parole, et il importe peu que le salaire ait été payé d'avance ou non : cette circonstance de fait n'aura de valeur que dans les cas suivants :

1° Si, le dire du voiturier étant vraisemblable, celui du salariant l'est également, le payement d'avance du salaire fait pencher la balance en faveur du premier;

2° D'où, *a contrario,* si le payement d'avance n'a pas eu lieu, le dire du voyageur est prépondérant, pourvu qu'il soit corroboré par un serment. Il faut que le voiturier prête serment à son tour, à l'appui de son dire opposé, s'il veut obtenir la rupture de la convention en ce qui touche la distance contestée, et le payement d'un salaire proportionnel à la distance déjà parcourue.

Quand les allégations des deux contractants sont également invraisemblables, on leur défère le serment à tous deux. Celui qui le prête obtient gain de cause. Le prêtent-ils ou le déclinent-ils tous deux, le contrat est annulé complètement et, par conséquent, le salaire proportionnel dû au voiturier est fixé à dire d'experts.

Mais il peut encore arriver que la contestation porte à la fois sur le prix du transport et sur la distance à parcourir (1). Il échet, ici encore, de tenir compte de cette circonstance, que le salaire a été ou n'a pas été payé d'avance :

1° S'il l'a été, le dire du voiturier l'emporte, pourvu qu'il soit vraisemblable, alors même que celui du voyageur le serait également.

(1) Voici l'espèce. On arrive près de Médine. Le voiturier dit : « Nous arrivons au terme du voyage; j'ai promis de vous transporter jusqu'à Médine moyennant cent francs. » — « Non, répond le voyageur, vous devez me transporter à La Mecque, moyennant cinquante francs. »

Mais ils doivent tous deux corroborer leur allégation par un serment, afin, disent les auteurs, « de s'exonérer, le voiturier de continuer le voyage, le voyageur de payer les cinquante francs contestés. » Et le contrat se trouve ainsi dissous pour le surplus du trajet et du salaire. Quand les deux dires sont invraisemblables, il y a toujours lieu au double serment, le contrat est également rompu, et le salaire n'est dû que pour le trajet effectué ;

2° Si le salaire n'a pas été payé, le dire du voiturier est admis pour la distance à parcourir, et le dire du voyageur s'impose pour le salaire dont il ne doit, d'ailleurs, qu'une portion proportionnelle au trajet réellement effectué. Il faut, bien entendu, que les dires des contractants soient vraisemblables ; si celui du voiturier est seul vraisemblable, il est accepté pour la distance et pour le salaire, que ce dernier ait été payé ou non.

Ces règles ne s'appliquent qu'à défaut de preuves. Quand chacune des parties produit des témoins à l'appui de sa prétention, le juge doit peser avec soin la moralité des témoins ; si, de part et d'autre, les témoins sont irréprochables, leurs dépositions s'entredétruisent.

588. C. Baux. — Pour les contestations relatives aux baux, le point important est de rechercher si la location a reçu ou non un commencement d'exécution.

Le conflit se produisant avant toute occupation, le bail est résilié, à défaut de preuve de sa durée et du prix convenu. Mais, chacun des contractants est tenu de prêter serment.

Quand le bail a reçu un commencement d'exécution, sans que le loyer ait été payé, le preneur ne doit que les loyers échus, en prenant pour base celui qu'il a avoué sous serment, à la simple condition que son dire soit vraisemblable. Lorsque son dire ne l'est pas, ou qu'il refuse de jurer, l'affirmation du bailleur, sous la foi du serment, l'emporte à la condition qu'elle soit vraisemblable. Les deux allégations étant invraisemblables, chacune des parties est astreinte au serment, le bailleur reçoit, pour la durée de l'occupation du preneur, un loyer à dire d'experts, et le bail est dissous pour le surplus (1).

---

(1) J'ai dû simplifier beaucoup cette théorie qui, malgré tous mes efforts, est encore très compliquée. On la trouvera exposée en entier dans mon « *Essai d'un traité méthodique de droit musulman.* » On le remarquera aussi, les contestations amènent souvent la résiliation du contrat ; mais je n'ai pas jugé utile de faire figurer ces causes de rescision aux numéros 464, 576 et 584, parce qu'elles ne procèdent pas du contrat lui-même ; elles sont *de pure procédure.*

CHAPITRE XX

DE LA PROMESSE CONDITIONNELLE

(DJA'L)

—

589. GÉNÉRALITÉS. — Les rigoristes contestent la légalité de la promesse conditionnelle. Promettre une récompense à quelqu'un, pour le cas où il fera telle chose, en stipulant qu'il ne recevra rien si l'acte sollicité n'est pas accompli en entier, c'est, disent-ils, mettre l'agent en danger de perdre sa peine, c'est introduire un élément immoral dans un contrat. La critique est mal fondée, car l'agent ne perd jamais sa peine, comme nous le verrons. Au surplus, ce qui coupe court à toutes les controverses, le Coran a autorisé formellement le *d'jal* au verset 72 de la XII⁹ sourate, et le Prophète lui-même a promis, au moment de la bataille de Honeïn, à chacun de ses guerriers qui tuerait un ennemi, de lui abandonner les dépouilles de ce dernier, ce qui est bien le concept juridique du *d'jal*.

Nous avons déjà rencontré ce contrat sur notre route (1), mais non sur son terrain propre.

590. DÉFINITION. — La promesse conditionnelle est un contrat de réciprocité qui a pour objet la prestation d'un service par un être humain, moyennant une rétribution due après l'exécution complète de l'acte stipulé, non proportionnellement à son exécution partielle.

591. DIVISION. — Les règles particulières du *dja'l* se rapportent :

1° A la formule ;
2° Aux contractants ;
3° A l'objet du contrat ;
4° A la rétribution.

592. *A.* FORMULE. — La formule n'a rien de sacramentel ; mais

---

(1) *Conf. suprà*, nᵒˢ 539, 549, 550, 552, *et passim.*

ici, comme dans tous les contrats, l'intention des parties doit être clairement manifestée. Ainsi, elle résultera de la formule suivante : « *Si vous faites telle chose, je vous paierai telle somme.* »

593. *B.* CONTRACTANTS. — Pour contracter valablement sous la forme du *dja'l*, il faut avoir la capacité exigée pour contracter sous la forme du salariat (1), ce qui ramène à la capacité nécessaire pour la vente (2). Il s'agit ici, le bon sens l'indique, du promettant, car il s'engage à payer une somme déterminée, et dès lors il contracte à titre onéreux, et de l'agent (3) qui s'oblige également à titre onéreux.

594. *C.* OBJET DU CONTRAT. — En principe, tout ce qui peut faire l'objet d'un *dja'l* peut faire également l'objet d'un salariat (4); mais, cette règle n'est pas absolue.

En effet, et tout découle de là, dans le salariat chaque fraction du salaire correspond à une fraction de la jouissance concédée (5). Dans le *dja'l* au contraire, rien n'est dû à l'agent s'il n'achève pas l'entreprise commencée par lui; c'est une sorte de marché à forfait (6). Le principe posé, il suffit d'en tirer les conséquences juridiques.

Ainsi, il est permis de contracter sous la forme du *dja'l* pour faire creuser un puits dans une terre morte, non pour faire creuser un puits dans une propriété privée. Pourquoi cette différence? Si l'ouvrage commencé était abandonné avant d'être terminé, celui qui l'a commandé n'en tirerait aucun profit aux dépens de l'ouvrier, dans le cas où il s'agirait d'une terre morte (7); il en serait autrement dans une propriété privée, et le puits, ne fût-il pas achevé, constituerait pour le propriétaire du sol un profit immoral, puisqu'aucun salaire ne serait dû tant que le travail ne serait pas achevé. En matière de salariat, la solution serait différente; appliqué à une terre morte où à une propriété privée, le contrat, même si l'ouvrier abandonnait son entreprise, ne produirait aucun résultat illégal ou immoral. En effet, le puisatier pourrait toujours tou-

---

(1) *Conf. suprà*, n° 560.

(2) *Conf. suprà*, n° 196.

(3) J'adopte les mots *promettant* et *agent*, en raison de leur clarté. Les termes arabes signifient littéralement *le mettant* et *le mis*, *l'établissant* et *l'établi*.

(4) *Conf. suprà*, n° 562.

(5) *Conf. suprà*, n° 557.

(6) Mais il faut établir une distinction entre le *dja'l* simplement contracté et celui qui a reçu un commencement d'exécution. Je développe ce point dans ce numéro même.

(7) *Conf. infrà*, n° 617. Il faut, pour valider l'occupation, que le puits soit en état de produire l'eau nécessaire à l'irrigation des cultures. Il est certain que le travail de l'ouvrier serait toujours perdu pour lui, mais au moins le promettant n'en tirerait aucun profit.

cher un salaire proportionnel à la portion de l'ouvrage exécutée par lui, dût-il ne pas le terminer.

Aussi, dans cette première hypothèse, le principe général fléchit; et le forage d'un puits, permis de toutes façons, quand il s'agit d'un salariat, n'est légal, en matière de dja'l, que dans les terres mortes.

De même, on peut salarier quelqu'un pour confectionner un vêtement, pour travailler au jour, au mois ou à l'année, pour vendre des marchandises, car si, dans ces différentes espèces, le travail de l'agent salarié est interrompu, il est toujours possible de le rétribuer proportionnellement à ses peines et soins. Mais on ne peut pas emprunter la forme du dja'l pour exécuter ces diverses entreprises, le promettant devant, en cas d'interruption ou d'abandon du travail, s'attribuer un profit sans bourse délier (1).

Parfois, ce qui peut faire l'objet d'un dja'l ne peut faire l'objet d'un salariat. Ainsi, je promets cent francs à qui me ramènera tel animal égaré. Rien de plus légitime, car l'animal sera ou ne sera pas ramené, et si mon agent abandonne son entreprise, je ne risquerai jamais de m'enrichir aux dépens d'autrui. Mais il m'est interdit de salarier une personne pour se mettre à la recherche de la bête fugitive, car le salariat doit être exempt de tout *alea*, et rien ne dit que l'animal sera retrouvé. Si le salaire, dans le dj'al, n'est dû qu'après l'achèvement de l'œuvre entreprise, c'est en grande partie pour enlever à ce contrat spécial le caractère aléatoire dont il est affecté par la force des choses.

Il est à peine nécessaire d'ajouter que tous les actes que l'on doit accomplir personnellement, défendus en matière de salariat, le sont aussi dans le dja'l (2).

Mais, dira-t-on, il est inique de refuser à l'agent la rémunération de ses peines, sous prétexte qu'il a renoncé à une entreprise commencée par lui : toute peine mérite salaire. Sans doute; aussi les prohibitions dont je viens de parler sont-elles purement théoriques, en ce sens que, si elles sont violées, le contrat est frappé de nullité, quand, bien entendu, il n'a reçu aucun commencement d'exécution. Dans le cas contraire, il subit une transformation; l'agent a droit, à titre d'indemnité, à un salaire d'équivalence (3).

595. *D.* Salaire. — Le salaire doit être déterminé avec d'autant plus de soin qu'il forme l'élément le plus solide de ce contrat spécial, aléatoire par la force des choses.

---

(1) S'il s'agit de la vente d'un seul objet, le dja'l est permis, l'opération ne pouvant être faite en partie.

(2) *Conf. suprà*, n° 562.

(3) J'ai eu souvent l'occasion de le faire remarquer, c'est un véritable salaire *à dire d'experts*. **Nous** avons d'ailleurs déjà rencontré une situation semblable en matière de *Commandite (Conf. suprà*, n°ˢ 528, 530, 531, 532 et 552).

Mais ce n'est pas tout. Pour avoir droit au salaire offert, l'agent doit connaître l'engagement pris par le promettant. Sans doute, ce n'est pas là, comme les auteurs musulmans paraissent le supposer, une condition de capacité imposée à l'agent; il n'en est pas moins vrai que c'est là une condition de validité de la convention, et que malgré son caractère extérieur, pour ainsi dire, en ce qui touche les parties elles-mêmes, elle pèse de tout son poids sur l'agent. Il est facile de le démontrer, il ne sera fondé à réclamer son salaire que s'il a agi, non de son chef, mais à la suite de la connaissance qu'il a eue des offres du promettant. En effet, aucun lien de droit ne peut se nouer entre ce dernier et la personne qui trouve, par exemple, un objet perdu, et qui le réintègre entre les mains de son propriétaire, sans savoir qu'une récompense déterminée a été promise à qui rapporterait la chose. Bien entendu, il se forme, dans l'ignorance de la récompense offerte, un quasi-contrat (1) entre les deux parties, et un salaire sera dû à celui qui volontairement a géré l'affaire d'autrui; mais le *negotiorum gestor* n'aura aucune action pour se faire attribuer la récompense promise; il n'aura droit qu'à une rétribution d'équivalence (2), parce que toute peine mérite salaire, et suivant les distinctions dont il sera parlé plus loin (3).

Ce n'est pas tout. Dans certains cas, l'agent perdrait encore le droit de réclamer la récompense promise; comme si, par exemple, chargé de procurer au promettant une épouse qui remplisse des conditions déterminées de beauté, de rang, d'éducation, il est immédiatement en mesure de le faire, parce qu'il connaît déjà, à l'avance, une personne de cette catégorie. En effet, à peine moindre, salaire moindre; et, dès lors, il ne peut réclamer qu'une rétribution d'équivalence.

Nous l'avons vu précédemment (4) le salaire promis n'est dû qu'après l'achèvement de l'entreprise. Mais, si le promettant fait terminer par un tiers l'œuvre abandonnée, il doit au premier agent le salaire de son travail. Et, dans cette hypothèse, ce n'est plus un salaire d'équivalence qui est dû. En effet, le promettant a pris soin de le fixer lui-même. Je m'explique au moyen d'un exemple. Primus a promis cent à qui creusera un puits de dix mètres de profondeur. Secundus a accepté l'offre, et a conduit l'entreprise à cinq mètres; après quoi, il l'a abandonnée. Primus est le maître de laisser le puits inachevé; mais il se décide à le continuer, et convient de donner cinquante à qui l'achèvera. Par cela seul il fixe également à

(1) *Conf.* Code civil, art. 1372. Mais il ne faut pas pousser l'assimilation trop loin. En droit musulman, celui qui gère ne contracte nullement l'engagement de continuer la gestion commencée. Il n'aura droit à rien s'il ne l'achève pas, voilà tout.

(2) Sur le salaire d'équivalence, ou *à dire d'experts, conf. suprà,* nos 586, 3°, *et passim.*

(3) *Conf. infrà,* n° 596.

(4) *Conf. suprà,* n° 590.

cinquante le salaire du premier agent. Cette règle ne souffre aucune exception. Ainsi, supposons-le, par suite d'un renchérissement de la main-d'œuvre, le second entrepreneur a exigé cent pour creuser les cinq mètres qui restent; le premier a le droit d'exiger aussi cent pour la portion du travail exécuté par lui, malgré les termes de la convention originaire.

Il n'est pas permis, en thèse générale, d'imposer à l'agent un délai pour l'achèvement de l'ouvrage, à moins de stipuler qu'il lui sera toujours loisible de renoncer à la somme qui lui a été offerte, moyennant un salaire proportionnel au travail accompli. Primus a stipulé que le puits serait creusé dans un délai de trois mois. Que Secundus éprouve, en raison de la nature du sol, par exemple, de grandes difficultés qui le retardent dans son entreprise, il risquera de perdre tout le fruit de ses peines. Aussi, pour corriger ce que la convention aurait d'excessif, faut-il, pour qu'elle demeure valable, que Secundus ait la faculté de renoncer au salaire promis, et d'exiger un salaire proportionné à ce qu'il aura fait du travail entrepris.

Il est interdit de convenir que la rétribution sera payable d'avance, en raison de l'*alea* qui en résulterait. S'agit-il, par exemple, de retrouver un animal perdu, qui peut garantir qu'il sera retrouvé? Mais rien ne s'oppose à ce que, dans le silence du contrat, le promettant consente bénévolement à se libérer à l'avance (1).

596. CONTESTATIONS. — Lorsqu'un individu, ignorant l'offre du promettant, se met spontanément en quête d'un animal perdu ou volé, nous avons vu qu'il a droit, non à la somme offerte, mais à un salaire d'équivalence (2). Ce principe n'est pas absolu. Il est nécessaire de distinguer si cet individu a ou non pour industrie habituelle la recherche des objets perdus; ce n'est que dans le premier cas qu'il peut exiger le salaire d'équivalence. Dans le second cas, il ne lui est dû que le remboursement de ses dépenses.

Quand il y a contestation sur le chiffre de la récompense pro-

---

(1) *Conf. suprà*, n° 210, 4°. Ici, comme là, on ignore à quel titre la somme serait payée. Serait-ce comme salaire ou comme prêt? — On trouve dans les *Mille et une Nuits*, ouvrage classique pour les musulmans, un specimen bizarre du *d'jal* combiné avec une vente. *(Édit. Macnaghten, Calcutta, 1839,* tome III, p. 593). Il s'agit de se procurer l'histoire de Seïf El-Mouloud, qui est très rare; l'esclave de Hassan, qui a intérêt à la rapporter à son maître, promet à un vieux savant dix pièces d'or à titre de *d'jal* s'il lui livre le texte de ce conte, et cent pièces d'or pour prix de la copie qu'il sera autorisé à en prendre. Lane *(London, Murray,* 1859, tome III, p. 346), le plus exact des traducteurs des *Mille et une Nuits,* s'est absolument trompé là; il traduit : « I will give thee a hundred pieces » of gold as its price, and ten as a gratuity. » Dozy *(Suppl. aux Dictionnaires arabes, Paris, Maisonneuve, 1881, tome Ier, p. 199)* a épousé l'erreur de Lane.

(2) *Conf. suprà,* n° 591.

mise, l'allégation la plus vraisemblable est admise (1). Toutes deux étant invraisemblantes, l'agent soutenant, par exemple, qu'on lui a offert une somme exorbitante, et le promettant qu'il a offert une récompense dérisoire, — les deux parties sont astreintes au serment; jurent-elles toutes deux, ou refusent-elles toutes deux de jurer, l'agent reçoit le salaire d'équivalence. L'une d'elles jure-t-elle, elle triomphe (2). Mais il est toujours loisible au propriétaire de la chose retrouvée de la laisser pour compte à l'agent.

Lorsqu'un animal perdu et retrouvé s'échappe de nouveau et est ramené par un tiers, la récompense est partagée entre les deux agents, au prorata de leurs peines et soins. Il en est de même si la convention a été exécutée par deux personnes.

Le contrat n'est obligatoire pour aucune des deux parties aussi longtemps qu'il n'a reçu aucun commencement d'exécution.

Le salaire d'équivalence remplace toujours le salaire promis, quand le contrat est entaché de nullité.

APPENDICE

DES TRANSPORTS MARITIMES

—

597. GÉNÉRALITÉS. — Nous l'avons vu précédemment (3), le fret maritime n'est pas considéré comme un louage, en droit musulman, en raison de son caractère aléatoire. *La fortune de mer* est la plus redoutable des forces majeures; aussi longtemps qu'un navire n'est pas arrivé au port et qu'il ne lui a pas été possible de décharger ses marchandises, il est en danger de périr; tel est le point de départ de la théorie que nous allons étudier en quelques mots rapides, cette variété du louage n'ayant qu'un intérêt fort restreint (4). Il résulte de là que le contrat d'affrètement offre de gran-

---

(1) Sur la vraisemblance des allégations contradictoires, *conf. suprà*, n° 445, et la note.

(2) Sur les serments qui s'entre-détruisent, *conf. suprà*, n° 295, B.

(3) *Conf. suprà*, n° 557.

(4) Khalil ne consacre à l'affrètement que deux mots. Après avoir déterminé la nature du dja'l, il ajoute : « *Il en est de même du fret.* » Cette brève indication est complétée par celle-ci qui se trouve à la section des transports : « Il en est de même du transport maritime, » et les commentateurs enseignent que Khalil a voulu dire par là que tout le commencement de cette même section s'applique en matière de transports maritimes.

des analogies avec le dja'l. D'après un auteur (1) il *oscille* entre le d'jal et le salariat. En effet, le transport se fait moyennant une rétribution, et, d'autre part, cette rétribution n'est due qu'au moment où le transport est un fait accompli. Mais, il ne faut pas s'y tromper, c'est en raison de l'*alea* à laquelle le navire est exposé qu'il en est ainsi ; dans le dja'l, si le salaire n'est payable qu'après l'achèvement du travail commandé, c'est parce que ce contrat est une sorte de marché à forfait (2).

598. Définition. — L'affrètement est la vente de la jouissance d'un navire, moyennant un équivalent payable après l'arrivée de la chose à bon port.

599. Formule. — Il importe peu que les parties emploient la formule du salariat ou celle de la promesse conditionnelle, la nature du contrat s'opposant dans tous les cas à ce que le salaire soit dû avant l'arrivée de la marchandise à destination.

600. Contractants. — Les contractants doivent jouir de la capacité exigée pour contracter à titre onéreux, comme dans le salariat (3).

601. Salaire. — Le salaire, en ce qui touche sa détermination, sa nature, sa quotité, est soumis aux mêmes règles que pour les transports par terre (4) ; mais, différence notable que j'ai déjà signalée, il n'est dû qu'après l'arrivée du navire à bon port ; si le navire périt, *fût-ce dans le port,* et si le capitaine n'a pas perdu de temps pour opérer son déchargement, l'état de la mer le permettant, aucun salaire n'est dû.

602. Objet du contrat. — De même, en ce qui touche l'objet du contrat, les règles des transports par terre sont applicables, dans la mesure du possible. Il est évident, par exemple, que la corpulence de la personne à transporter n'est pas à considérer, en matière de transports maritimes.

603. Risques. — Le salarié est ici également un homme de con-

---

(1) Ibn El hadjib.

(2) *Conf. suprà,* n° 594. Je crois inutile d'épuiser ce parallèle. On remarquera seulement que, dans la promesse conditionnelle, le contrat, d'abord unilatéral, ne devient bilatéral qu'au moment où le service sollicité a été rendu. Ici le contrat bilatéral se forme dès le début.

(3) *Conf. suprà,* n° 560.

(4) *Conf. suprà,* n° 573.

fiance, et il n'est responsable que de sa faute, de son impéritie, de sa négligence. N'a-t-il pas procédé au déchargement en temps utile, et la perte de la marchandise s'en est-elle suivie, il est garant. Il ne l'est pas des avaries survenues par fortune de mer.

604. JET. — Nous avons à mentionner, en ce qui touche les transports par mer, une question spéciale à ce contrat; celle du *jet*.

Le jet est toujours permis en cas de danger imminent, et la perte qui en résulte constitue évidemment une avarie commune (1). Les auteurs ajoutent, sans grande nécessité, qu'il n'est jamais permis au capitaine de soulager la marche du navire en jetant à la mer des êtres humains, hommes ou femmes, musulmans ou infidèles.

605. RESCISION. — Le contrat est dissous :

1° Par la perte du navire, quand celui-ci a été déterminé;

2° Par des avaries graves survenues au navire;

3° Par la mort du capitaine, une aptitude particulière étant nécessaire pour conduire un navire.

---

(1) Code de commerce, art. 399 et suiv.

CHAPITRE XXI

DE LA TERRE MORTE

(MAOUAT)

—

606. GÉNÉRALITÉS. — La promesse conditionnelle s'applique souvent à la recherche des objets perdus. Une terre *morte,* c'est-à-dire abandonnée, a quelques ressemblances avec une chose perdue, car on ne tire profit ni de l'une, ni de l'autre ; et, de plus, quand la chose perdue est retrouvée, elle est, à certains égards, *revivifiée.* Tel est l'artifice de méthode par lequel Khalil se justifie de traiter les deux sujets l'un après l'autre.

607. DÉFINITION. — La terre morte est celle qui est exempte de toute attribution spéciale, et dont on ne retire aucune utilité.

608. DIVISION. — La terre appartient à Dieu, comme tout ce qui a été créé ; mais il a permis aux hommes de s'approprier ce qui peut avoir pour eux une utilité, à la double condition de ne s'emparer ni d'une chose qui, de sa nature, est utile au genre humain tout entier, ni d'une chose qui a déjà un maître.

Ainsi la lumière du soleil, l'air, les eaux d'un fleuve sont, de leur nature, utiles à tous les hommes ; il n'est donc pas permis de s'en attribuer l'usage exclusif.

Ainsi encore, — et c'est là le sujet qui nous occupe — une terre appartenant à quelqu'un n'est pas une terre morte, alors même qu'elle demeurerait sans culture.

Les auteurs musulmans, pour étudier la théorie des terres mortes et de la vivification, procèdent par voie d'éliminations successives, en ce sens qu'ils énumèrent tous les faits juridiques qui enlèvent à une terre le caractère de terre morte.

De là la division de notre matière. N'est pas terre morte :

1° Celle qui a été l'objet d'une vivification précédente ;

2° Celle qui constitue la dépendance d'une propriété publique ou privée ;

3° Celle qui a été l'objet d'une concession du prince.

609. 1° VIVIFICATION PRÉCÉDENTE. — Celui qui a vivifié une terre dans les conditions voulues par la loi, en est devenu propriétaire; et si les traces de cette vivification ont disparu avec le temps, le droit de propriété une fois acquis ne cesse pas pour cela de s'affirmer; il fait obstacle à toute occupation nouvelle du chef d'un second vivificateur, à moins que les vestiges de la première occupation n'aient disparu depuis très longtemps. En effet, dans ce cas, le premier occupant est présumé avoir renoncé à ses droits et avoir consenti tacitement au retour de la terre à son état primitif de terre morte. Il y a, toutefois, une distinction à noter. Si, les vestiges de la première vivification ayant disparu récemment, le second occupant est de bonne foi, le premier devra lui rembourser la valeur de la mise en valeur de la terre; dans le cas contraire, le second vivificateur ne peut exiger que la valeur des matériaux qui auraient conservé de la valeur une fois détachés du sol (1). Il faut, bien entendu, que le premier occupant n'ait pas gardé le silence quand il a connu la prise de possession du second; il est déchu de toute action quand, sans excuse valable, il n'a élevé aucune réclamation en temps utile (2).

610. 2° DÉPENDANCES D'UNE PROPRIÉTÉ PUBLIQUE OU PRIVÉE. — Pour qu'une terre soit considérée comme *morte,* et pour qu'elle puisse être vivifiée, et, par conséquent, acquise par le premier occupant, il faut qu'elle soit exempte de toute attribution spéciale. Or, les dépendances légales d'une propriété publique ou privée ne sont pas dans ce cas : par cela seul qu'elles sont utiles à une collection d'individus, ou à un individu, ou même à une chose, elles ont une attribution spéciale exclusive de toute appropriation ultérieure (3). Cette zone de protection est accordée :

a. Aux centres, comme les villes, les villages, etc. ;

b. Aux puits ;

c. Aux arbres ;

d. Aux habitations isolées.

(1) *Conf. suprà,* n° 477, 2°, et la note 1 de la page 61.

(2) Ce point est controversé. D'après une opinion, considérée comme *faible,* une terre vivifiée ne peut jamais appartenir à un second occupant, l'occupation étant un mode d'acquérir la propriété comme la vente, la donation, les successions, etc.

(3) L'expression arabe *Harim,* que je traduis par *dépendances légales,* est un nom d'action du verbe *harama,* qui signifie à la fois *éloigner, défendre, déclarer illicite, être sacré.* Le mot *Harim* est ainsi défini par les dictionnaires arabes : *Le harim d'une chose est ce qui est autour d'elle en fait de droits et de dépendances ; on l'appelle ainsi parce qu'il est défendu à tout autre qu'au propriétaire de la chose de s'en attribuer la jouissance.*

611. A. *Dépendances d'un centre.* — Les habitants d'une ville, d'un village ont besoin de bois de chauffage, et de fourrage pour leurs bestiaux. Aussi le lieu où ils ont l'habitude de couper du bois ou de faire paître leurs troupeaux ne peut à aucun titre être regardé comme une terre morte, bien qu'il ne soit en réalité la propriété d'aucun membre de la communauté, et qu'on n'y pratique aucun travail de culture. Aussi, quand un centre est créé, ceux qui s'y établissent ont-ils un droit exclusif sur ces dépendances naturelles de leurs propriétés; ils sont fondés à interdire aux tiers d'y faire des entreprises, ou d'en enlever les produits. Leur droit s'exerce sur toute l'étendue de ce territoire inoccupé qu'un homme à pied peut parcourir dans une journée en rentrant le soir à son domicile. Le bois, le fourrage que chacun d'eux y récolte deviennent sa propriété particulière et exclusive.

Le prince seul a le pouvoir de restreindre ces dépendances, — je suis tenté de dire ce *communal,* — en en concédant une partie à un individu déterminé, et dans des conditions que nous examinerons plus loin.

612. B. *Dépendances d'un puits.* — Un puits est entouré d'une sorte de zone de protection, que certains auteurs ont cherché à déterminer d'une façon précise, mais que d'autres, plus pratiques, déclarent éminemment variable. Tout dépend en effet de l'usage auquel le puits est destiné. Se borne-t-on à en consommer les eaux pour l'usage des hommes, il suffit que l'abord en demeure libre, et qu'elles ne puissent pas être salies par la chute ou le jet de matières impures quelconques. S'agit-il d'une aiguade pour les bêtes et les gens, il faut que les troupeaux puissent en approcher, y séjourner temporairement et s'y abreuver sans obstacle. Dans tous les cas, un tiers serait mal venu à faire, dans le voisinage immédiat d'un puits, des entreprises de vivification qui en diminueraient ou en supprimeraient complètement le débit, par exemple en creusant un autre puits. En somme, les alentours d'un puits ne peuvent être considérés comme constituant une terre morte; il est nécessaire de lui assurer une zone de protection dont l'étendue dépend de la nature du sol, de l'abondance des eaux, de l'emploi qu'on en fait.

613. C. *Dépendances d'un arbre.* — Il en est de même d'un arbre, de quelque essence qu'il soit. Les constructions, les cultures, l'aménagement des eaux, en un mot, les entreprises d'un vivificateur ne doivent en rien en compromettre le développement, en gêner l'accès.

614. D. *Dépendances d'une maison.* — Quand une maison est isolée, nul n'a le droit d'empêcher les habitants d'y accéder; elle a pour dépendances naturelles l'emplacement où l'on dépose les immondices et les ordures ménagères, le lieu où les égouts et les gargouilles se déchargent.

Il en est autrement des maisons réunies en groupe; celles-ci profitent en commun de ces servitudes actives, ainsi que des rues et des places qui assurent la circulation publique. Mais il est également imposé aux tiers qui vivifieraient une terre morte située dans le voisinage, de respecter l'état de choses existant.

615. 3° CONCESSION DU PRINCE. — Le prince a le droit incontestable de concéder tout ou partie d'une terre morte à un individu ou à une collection d'individus. Par le seul fait de la concession, la terre cesse d'être morte; elle entre dans le domaine du concessionnaire qui peut dès lors en disposer comme de sa chose.

Cette concession peut être faite gratuitement, ou moyennant une redevance au profit du trésor public.

Mais, ici, une distinction est à noter. Les concessions de ce genre ne sont possibles, en tant qu'elles deviennent la propriété du concessionnaire, que sur les terres non habousées.

Que signifie cette expression *terres non habousées?* Il est nécessaire de s'entendre sur ce point, car le problème de la propriété musulmane est hérissé de difficultés, et les documents dont on dispose pour le résoudre sont éminemment contradictoires.

Le monde, pour les musulmans, se divise en deux parties : *la maison de l'Islam,* ou territoire occupé par les sectateurs de l'Islam, — *la maison de l'ennemi,* ou le territoire habité par les infidèles que l'on doit combattre, soumettre ou convertir.

Le territoire islamique se divise à son tour en trois catégories : 1° celui où l'islamisme s'est établi sans coup férir; 2° celui où il s'est établi par les armes et la conquête violente; 3° celui où l'infidèle a conservé ses biens et ses lois en se soumettant à un impôt.

Là où l'islamisme s'est établi pacifiquement, le prince peut faire des concessions, mais sur les terres mortes seulement, les autres étant la propriété privée des musulmans qui les occupent.

Dans les régions conquises par l'islamisme, les armes à la main (1), la concession n'est permise également que sur les terres mortes, les autres étant habousées, c'est-à-dire séquestrées au profit de la communauté musulmane (2). Aussi, en ce qui touche ces dernières, le prince n'est-il autorisé à les concéder qu'à titre d'usufruit, limité comme durée soit à la vie du concessionnaire, soit à la vie du concessionnaire et de sa postérité, et moyennant une redevance due au trésor public.

(1) C'est ce qu'on appelle *la terre de la violence.*

(2) Il faut bien se garder de prendre ce mot *habousé* dans son acception courante, qui est un véritable *sens dérivé.* Au propre, le verbe *habasa* signifie *arrêter, emprisonner,* et par conséquent *séquestrer, placer hors du commerce.*

Enfin, les territoires dont les infidèles ont conservé la propriété, à la charge de payer un impôt (1), ne peuvent être concédés à aucun titre, qu'il s'agisse de terres mortes ou de terres *vivantes*. Aux infidèles qui les occupent à en disposer d'après leurs lois.

Il est encore permis au prince de réserver une partie des terres mortes, pour un service public; et, par conséquent, personne ne peut vivifier ces réserves qui, par le fait même, ont perdu jusqu'à un certain point leur nature de terres mortes, en ce qu'elles ont été l'objet d'une appropriation. Les réserves de ce genre sont soumises aux conditions suivantes : il faut 1° qu'elles répondent à un besoin réel; 2° qu'elles portent sur une faible étendue; 3° qu'elles s'appliquent à un terrain absolument nu.

616. TRANSITION. — La terre morte, ces principes une fois posés, est donc celle qui échappe à toutes les attributions qui viennent d'être énumérées : c'est celle qui, demeurée stérile, n'est utile à personne.

Il reste à rechercher à la suite de quels travaux, dans quelles conditions, la terre morte est considérée comme *vivifiée* et devient la propriété du vivificateur.

617. DE LA VIVIFICATION. — La vivification, pour produire ses effets juridiques, doit être autorisée par le prince, quand elle s'applique à un terrain voisin d'un centre de population. Il ne faut pas, en effet, qu'un particulier s'établisse dans une zone trop rapprochée d'un centre, aux risques d'empêcher le souverain de constituer la réserve dont il a été parlé plus haut.

En dehors de cette zone, l'autorisation du prince n'est pas exigée.

L'acquisition de la propriété d'une terre morte résulte de l'un des travaux suivants exécutés par le vivificateur :

1° La découverte ou l'aménagement d'une source;

2° Une construction;

3° Une plantation d'arbres;

4° Des labours, ou des défrichements, ou des terrassements, etc., etc.

Le fait d'avoir clôturé le terrain, ou d'y avoir fait paître un troupeau, ou d'y avoir creusé un puits pour abreuver ce troupeau, n'est pas suffisant pour valider l'occupation du vivificateur, au point de vue de l'acquisition de la propriété. Mais le point de savoir si celui qui accomplit *ensemble* tous les travaux que je viens d'énumérer devient propriétaire de la terre sur laquelle il les a exécutés, est controversée parmi les jurisconsultes malékites.

(1) C'est ce qu'on nomme *la terre de la transaction*.

618. RENVOI. — Par un artifice de méthode qui lui est familier, Khalil, à l'occasion de la théorie des terres mortes, indique tous les actes qu'il est permis de faire dans une mosquée. Voici le fil très ténu qui sert de lien à ces deux matières : La terre morte est celle qui, n'étant la propriété particulière de personne, peut être occupée par le premier venu. Or, celui qui pénètre dans une mosquée a le droit d'y occuper toute place qui n'est occupée par aucun fidèle. A certains égards, la mosquée, ou plutôt l'espace vide où l'on s'établit temporairement, dans une mosquée, est donc assimilable à une terre morte. Il est superflu de faire remarquer que cette assimilation est absolument arbitraire : le premier occupant d'une terre morte devient propriétaire; celui qui occupe une place vide dans une mosquée n'en devient jamais propriétaire; il n'a que le droit de s'y maintenir temporairement sans qu'il soit licite à un tiers de l'en expulser, la mosquée faisant partie du domaine public.

Quant aux actes permis dans une mosquée, ils sont du ressort de la loi religieuse, et nous ne nous en occuperons pas ici (1).

APPENDICE I

DU RÉGIME DES EAUX

—

619. GÉNÉRALITÉS. — C'est encore par un artifice de méthode que Khalil expose ici ce qui se rapporte aux eaux. L'eau, surtout dans les pays brûlés par le soleil, est l'élément vivificateur par excellence (2); il a donc semblé au grand jurisconsulte malékite que le régime des eaux et les règles auxquelles il est soumis avaient leur place marquée à la suite du chapitre consacré aux terres mortes et à la vivification.

---

(1) Toutes les explications nécessaires seront données à cet égard dans mon *Essai d'un traité méthodique de droit musulman.*

(2) L'eau est, aux yeux des musulmans, qui l'emploient pour leurs ablutions, qui en font leur boisson par excellence, l'usage du vin leur étant interdit, le plus admirable des dons de Dieu. On rencontre dans leur langue une foule d'expressions gracieuses ou pittoresques qui témoignent du prix qu'ils attachent à ce merveilleux liquide. Ainsi *l'eau du visage* signifie *l'honneur; l'eau de l'œil* signifie *la tendresse maternelle; l'eau de la vie* est une expression coranique pour indiquer le *semen virile; l'eau du sabre* l'éclat d'un sabre dont la lame étincelle au soleil.

620. Division. — Notre sujet se divise rationnellement en autant de sections qu'il y a de catégories d'eaux, celles-ci constituant soit une propriété privée, soit n'étant la propriété privée de personne, soit constituant une propriété commune.

621. 1° Eaux constituant une propriété privée. — Il est de principe que les eaux, quelle que soit leur nature, qu'elles soient emmagasinées dans un bassin, dans un puits, dans une mare formée par la pluie, sont la propriété exclusive du propriétaire du fonds. Il a le droit d'en disposer à son gré, de les aliéner à titre gratuit ou à titre onéreux, et d'en refuser l'usage à un tiers, quel qu'il soit (1).

Il est tenu, toutefois, de fournir de l'eau à celui qui est en danger pressant de mourir de soif (2), moyennant rétribution si celui-ci est en état de payer le service qu'on lui rend, et gratuitement dans le cas contraire.

Il en est de même à l'égard du voisin qui est menacé de perdre sa récolte, son puits s'étant effondré, pourvu qu'il ait déjà commencé à le réparer. Le propriétaire de l'eau n'est soumis à cette obligation qu'après avoir irrigué ses propres récoltes d'une façon suffisante. Sous cette réserve, et en cas de refus, il peut être contraint à abandonner à son voisin l'eau dont celui-ci a besoin.

622. 2° Eaux ne constituant pas une propriété privée. — Nous l'avons vu précédemment (3), le fait d'avoir creusé un puits pour y abreuver son troupeau n'est pas une œuvre de vivification. D'où cette conséquence que l'eau de ce puits n'est la propriété de celui qui l'a foré que dans la mesure stricte de ses besoins. L'excédant en est obligatoirement à la disposition, et sans rétribution, de quiconque veut y puiser pour son usage personnel ou pour celui de ses bestiaux. Afin d'éviter tout conflit, la loi a pris soin de déterminer l'ordre dans lequel chacun devra tirer profit du puits :

Celui qui l'a creusé a le droit de prélever, avant tout autre, l'eau nécessaire à ses besoins personnels, dût-il l'épuiser.

Le voyageur vient ensuite, et a les mêmes droits; il peut exiger qu'on lui prête les ustensiles nécessaires, cordes, seaux, etc.

Après lui, les habitants du pays.

Puis les animaux de celui qui a fait le puits; puis ceux du voyageur; enfin ceux des habitants du pays.

Toutefois, celui qui est en danger passe toujours le premier.

---

(1) Mais la loi religieuse lui *recommande* de ne pas refuser à celui qui a soif la faculté de se désaltérer à son puits.

(2) On suppose qu'il n'aurait plus la force de se rendre à un autre puits, très éloigné du premier.

(3) *Conf. suprà*, n° 617.

Lorsque les eaux pluviales se sont amassées sur une terre morte (1), le propriétaire du fonds immédiatement inférieur, chez qui elles s'écoulent, a la faculté de les retenir, fût-ce jusqu'à la hauteur de la cheville ; mais à la condition formelle de respecter tous les droits antérieurement acquis. Au besoin, il devra niveler son terrain, afin de rendre l'exercice de son privilège aussi peu préjudiciable que possible aux propriétés qui suivent la sienne. Si le nivelage n'est pas praticable, ou s'il est trop coûteux, il devra irriguer son fonds, plan par plan, comme s'il formait autant de fonds distincts.

Lorsqu'il n'existe aucune cause de préférence entre les propriétés qui avoisinent la *daya* ou le *r'edir*, elles reçoivent les eaux au même titre, c'est-à-dire en même temps et dans la même proportion.

Les règles précédentes, spéciales aux eaux pluviales, s'appliquent également aux eaux du Nil (2).

623. 3° EAUX CONSTITUANT UNE PROPRIÉTÉ COMMUNE. — Lorsqu'une terre irrigable, d'abord possédée par un propriétaire unique, se trouve ensuite partagée entre plusieurs co-ayants droit, l'eau leur appartient en commun, proportionnellement à la surface attribuée à chacun d'eux. La répartition se fait à la jauge, ou à l'heure au moyen d'un sablier, ou par tout autre procédé équitable. C'est le sort qui décide le tour de chacun des co-propriétaires, à défaut d'un règlement amiable.

APPENDICE II

DE LA CHASSE ET DE LA PÊCHE

—

624. GÉNÉRALITÉS. — Le gibier n'est évidemment pas une chose morte ; mais il offre une grande analogie avec les choses mortes, en ce qu'il n'est la propriété privée de personne, aussi longtemps qu'il n'a pas été capturé. Il rentre dans la catégorie des choses sus-

---

(1) Ces amas d'eaux pluviales portent le nom de *dayas* ou de *r'edirs*.

(2) Il ne s'agit pas ici, bien entendu, de l'eau des fleuves, des rivières, qui est la propriété inaliénable du genre humain. Chacun a le droit de s'en attribuer une portion, qu'il fait sienne en la puisant, et en l'isolant ainsi dans un vase, dans un récipient quelconque. *(Conf. infrà, n° 624, note 1.)*

ceptibles d'appartenir au premier occupant (1) ; il est, si l'on veut, *vivifié,* au point de vue du droit de propriété privée, par la capture qui en est faite.

La chasse et la pêche sont formellement autorisées par le Coran(2), bien que la chasse, au moins, entraîne une violation flagrante de la loi religieuse. Un animal, pour que la chair en soit comestible, doit avoir été saigné à la gorge ; c'est ce qu'on appelle *l'égorgement de choix.* Or, il est impossible à un chasseur d'atteindre le gibier à cette partie du corps, sinon par l'effet du hasard ; d'où cette conséquence que l'animal tué à la chasse n'est pas égorgé suivant les prescriptions de la loi, et que la chair n'en est pas licite, dans la rigueur des principes. Aussi, pour tout concilier, a-t-on imaginé *l'égorgement de nécessité,* moyennant quoi le gibier peut être mangé sans péché.

On comprend, sous le nom de chasse (3), la chasse et la pêche, l'expression arabe s'appliquant à la fois à la capture du poisson et à celle du gibier de poil ou de plume.

625. CONDITIONS AUXQUELLES LA CHASSE ET LA PÊCHE SONT SOUMISES. — Nul n'a le droit d'interdire la chasse ou la pêche, même sur son domaine, sauf le cas où il en résulterait un préjudice pour lui, ou un dommage pour ses récoltes.

Certains jurisconsultes ont cherché à établir des distinctions fondées sur la situation politique du pays, selon qu'il a été conquis pacifiquement ou par les armes, ou qu'il constitue ce que l'on appelle la terre de la transaction (4), mais cette opinion n'a pas prévalu, et, d'après l'opinion généralement admise, il faut, pour que l'interdiction soit légale, que le propriétaire soit exposé à un dommage, du chef du chasseur et du pêcheur, ou qu'il se soit formellement réservé le droit de chasse et de pêche. Il importe peu qu'il s'agisse d'un véritable propriétaire, ou d'un simple détenteur.

Quant au gibier qui se trouve sur une terre morte, et quant au poisson qui peuple la mer ou un cours d'eau quelconque, il est de toute évidence qu'ils peuvent être capturés sans opposition.

---

(1) *Moubah* est la chose licite, permise à tous les hommes, parce qu'elle n'est la propriété privée de personne. Parmi ces choses, les unes ne peuvent être *monopolisées* qu'en partie ou temporairement, comme l'air, la lumière, la mer, les fleuves, le rivage de la mer, etc. ; — les autres entrent complètement et définitivement dans le patrimoine du premier occupant, comme les terres mortes. Quant au gibier, il forme une sorte de catégorie mixte. En effet, on ne peut le capturer qu'en partie, mais on devient propriétaire définitif de celui que l'on a capturé.

(2) Coran, V, 95, 96, 97.

(3) *Çada* signifie *prendre du gibier par un procédé quelconque.*

(4) *Conf. suprà,* n° 615.

APPENDICE III

DE LA VAINE PATURE

—

626. GÉNÉRALITÉS. — Les prairies artificielles sont inconnues dans l'Orient; il serait d'ailleurs difficile d'en créer dans ces régions brûlées par le soleil. On n'y trouve que de l'herbe qui pousse spontanément, à certaines époques de l'année; personne ne la soigne. Née sans le concours de l'homme, elle n'est la propriété de personne, en thèse générale du moins, et peut, dès lors, être acquise par l'occupation, abstraction faite du sol qui la porte.

627. CONDITIONS AUXQUELLES LA VAINE PATURE EST SOUMISE. — Nul n'a le droit de s'opposer à ce qu'un troupeau, appartenant à un tiers, vienne paître l'herbe poussée spontanément sur son terrain, pourvu que celui-ci soit inculte, ou dépouillé de sa récolte.

Mais si, pour parvenir à ce pâturage, le troupeau est obligé de traverser une terre cultivée, il en est autrement. En effet, pour que la vaine pâture soit permise, il faut qu'il n'en résulte aucun dommage pour le propriétaire.

Ce dernier a, d'ailleurs, le droit de s'opposer à ce qu'un troupeau étranger s'introduise sur les terres réservées comme pacage, s'agit-il de bas-fonds marécageux où l'herbe pousse sous l'influence de l'humidité, ou d'espaces maintenus en friche pour l'usage des bestiaux.

Dans les terres mortes, l'occupation temporaire, mais inviolable, d'une caravane ou d'une tribu nomade s'étend jusqu'au point extrême où l'on perçoit le son des aboiements d'un chien.

CHAPITRE XXII

DU HABOUS

(OUAKF)

—

628. GÉNÉRALITÉS. — Le habous a été l'objet de bien des attaques, la plupart légitimes, et la jurisprudence algérienne s'est
efforcée, non seulement d'en atténuer les effets, mais encore de le
faire disparaître graduellement. Quand la France s'est emparée de
la Régence, elle a trouvé les cinq dixièmes du sol immobilisé, sous-
trait à toute transaction (1). Elle ne pouvait admettre une pareille
situation. Nous n'avions pas conquis un vaste et riche territoire
pour y vivre au jour le jour, sans y prendre pied d'une façon durable; c'eût été nous désintéresser de tout projet d'avenir, permettre
au peuple vaincu de se soustraire à la grande loi du progrès, laisser
improductifs d'immenses espaces, et ôter à notre conquête toute
valeur, toute signification. Notre mission économique était donc de
lutter avec énergie contre les conséquences désastreuses d'un sys-
tème aussi préjudiciable aux indigènes eux-mêmes qu'aux immi-
grants français.

Il faut le dire, les Arabes n'ont jamais protesté contre les idées
nouvelles dont nous cherchions à leur démontrer l'utilité. Pour eux
aussi le habous était une gêne; la légalité même de cette dérogation
à la sainteté de la loi successorale était contestée (2).

---

(1) Si nous avions voulu continuer en Algérie la tradition musulmane, nous
aurions pu en *séquestrer* tout le territoire, ou plutôt nous borner à en *continuer le
séquestre*, car c'est une *terre de violence (conf. suprà*, n° 615).

(2) Un jurisconsulte, Chouraïh, n'a pas craint de déclarer hautement que « *il
ne peut pas y avoir de habous en contravention à la loi successorale établie par Dieu.* »
Et un commentateur, Ibn Younès, explique ainsi cette opinion : « *Chouraïh veut
dire par là que la chose habousée doit entrer dans l'actif de la succession.* » Il est
juste d'ajouter que Malik accuse Chouraïh d'avoir généralisé ce qui n'est autre
chose que la coutume de son pays, et lui jette à la face le verset du Coran : « *Ne
poursuis pas ce que tu ne connais pas* » (XVII, 38). Il est précieux, néanmoins,
d'enregistrer la protestation de Chouraïh, car il est hors de doute que le habous
est une *violation légale de la loi successorale*. Il a fallu toute l'autorité du prophète
pour l'introduire dans une législation où le habous était inconnu avant lui.

Les jurisconsultes se sont évertués à légitimer l'institution du habous. C'est, disent-ils, toujours un acte recommandable que de habouser ses biens; il peut même se faire que ce soit un acte obligatoire, lorsque, par exemple, on s'y est engagé par un vœu, par un serment solennel, ou à la suite de l'injonction d'une personne à laquelle on doit obéissance.

Il n'en est pas moins vrai que si, à l'origine, les musulmans ont considéré le habous comme une œuvre pie, ils y ont vu plus tard un moyen de protéger leurs biens contre les exactions des pachas. Ce motif ayant cessé d'exister, il est facile, en s'appuyant sur le respect dû à la loi successorale, de les amener à abandonner cette dangereuse pratique qui couvre le pays de biens de main-morte, et réduit des familles entières au dénûment. En effet, les immeubles ont acquis une valeur qui augmente tous les jours; en interdire l'aliénation, c'est obliger le bénéficiaire du habous à vivre chétivement des produits insuffisants d'une terre qu'il ne sait pas ou ne veut pas cultiver d'après les procédés perfectionnés de l'agriculture moderne, d'autant plus qu'il s'intéresse médiocrement à l'avenir d'un bien dont il n'est que le possesseur viager.

Au surplus, et pour demeurer juste, il faut reconnaître que le habous respecte toujours, jusqu'à un certain point, les droits des héritiers du sang. S'ils ne peuvent pas aliéner le fonds immobilisé, ils en ont au moins l'usufruit jusqu'à l'extinction complète de la famille, et, d'autre part, le constituant est tenu, chez les Malekites au moins, d'attribuer aux femmes une part dans les produits de la chose.

Une question intéressante que je traite ailleurs (1) est celle de savoir quelle a été la genèse du habous. Est-ce à l'imitation du séquestre général apposé sur la *terre de la violence* (2) que le habous contractuel a pénétré dans la législation musulmane? Je serais tenté de le croire.

629. Définition. — Le habous est la donation de l'usufruit d'une chose, pour une durée égale à celle de la chose, la nue-propriété demeurant au donateur, même éventuellement (3).

630. Division. — Les règles de validité du habous se rapportent :

---

(1) *Conf.* mon *Essai d'un traité méthodique de Droit musulman.* V° *Habous.*

(2) *Conf. suprà*, n° 615, 3°. Il faut d'ailleurs ne pas l'oublier, il y a deux espèces de habous : tantôt le constituant, disposant de l'intégralité de ses biens, en règle la dévolution à l'égard de ses héritiers; — tantôt, ne disposant que d'une portion de son patrimoine, il l'affecte directement, *omissio medio*, à une œuvre pie, à l'entretien d'une mosquée, à la construction d'un pont, à la nourriture des pauvres, etc.

(3) *Éventuellement* s'applique à l'espèce assez rare où le constituant dit : « *Si je deviens propriétaire de la maison d'un tel, je la habouse dès à présent au profit de...* »

1° Au constituant;

2° Au bénéficiaire;

3° A la formule;

4° A l'objet du contrat.

631. A. *Du constituant.* — Le habous est une disposition à titre gratuit; d'où cette conséquence que tous ceux qui ont la capacité suffisante pour faire une donation peuvent aussi constituer un habous.

Le constituant doit donc être :

1° *Sain d'esprit ;*

2° *Sain de corps,* ce qui revient à dire qu'il ne doit pas être malade, dans le sens que les musulmans attribuent à cette expression (1). Mais le habous constitué par un malade n'est pas nul, l'effet en est simplement suspendu, ou modifié, suivant les circonstances. Le constituant revient-il à la santé, le habous est rétroactivement considéré comme valable. Le fondateur meurt-il, la constitution est assimilée à un legs, et, comme telle, annulée, lorsqu'elle est faite au profit d'un héritier, la loi interdisant tout legs en faveur des succesibles ; et réductible au tiers, quand elle est faite au profit d'un non-succesible. Mais si la valeur des biens habousés ne dépasse pas le tiers disponible, et si le habous est fait au profit des héritiers en ligne directe, il est maintenu; en effet, dans ce cas, il ne porte préjudice à aucun de ces derniers, et il ne viole en rien la loi successorale, le constituant ayant ainsi, d'une part, disposé du tiers disponible seulement, et, d'autre part, attribué à ses héritiers ce à quoi ils avaient droit, avec cette seule différence qu'ils n'en recevront que l'usufruit ;

3° *Musulman,* au moins quand la dévolution doit profiter à une mosquée ;

4° *Propriétaire des biens habousés.* — Ainsi un individu dont les biens sont grevés de dettes, ceux-ci étant le gage commun de ses créanciers, ne peut valablement constituer un habous;

5° *Pubère discernant,* et, d'une façon plus générale, non interdit. C'est ainsi que, par exemple, une femme mariée n'est pas admise à habouser plus du tiers de ses biens, sans le consentement de son mari (2).

632. B. *Du bénéficiaire.* — Le habous peut être constitué au profit de toute personne capable de posséder, qu'il s'agisse d'une personne

---

(1) *Conf. suprà,* n° 191, F.

(2) *Conf. suprà,* n° 192, G. Le constituant doit, de plus, être libre ; mais cette condition de capacité est sans intérêt en Algérie.

dans le sens ordinaire du mot, ou d'une personne morale comme une mosquée, un cimetière, une école. Il n'est même pas nécessaire que le bénéficiaire existe au moment de l'immobilisation; des enfants à naître sont valablement admis à bénéficier d'un habous.

Le sujet tributaire n'est pas exclu du droit de recevoir une libéralité de ce genre. Il en est de même de l'étranger, c'est-à-dire de celui qui ne fait pas partie de la famille du fondateur.

L'impubère, l'interdit, les femmes ne sont frappés d'aucune incapacité, quand il s'agit de recevoir une libéralité de ce genre.

633. C. *De la formule.* — Le habous est une libéralité; de plus il constitue un acte hautement recommandable aux yeux de la loi religieuse (1). Dès lors toute formule est efficace, pourvu qu'elle soit suffisamment explicite pour manifester l'intention du constituant. Bien mieux, lorsque ce dernier construit, par exemple, une mosquée, et l'abandonne à l'usage des fidèles, sans désigner les personnes auxquelles il entend l'attribuer, il est présumé avoir voulu en faire don, sous la forme du habous, à la communauté musulmane.

La notoriété publique produit les mêmes effets. La simple inscription du mot « *habous* » sur un livre, sur le fronton d'un édifice, école, mosquée est également suffisante.

Mais il ne suffirait pas de dire : « *Je donne telle chose,* » car l'intention du constituant serait incertaine, et on ne saurait pas s'il a voulu faire une donation, une donation aumônière, ou un habous.

Donner ses biens aux pauvres, aux malades, aux étudiants, implique, par la qualité même des bénéficiaires, la volonté de constituer un habous, car la destination donnée à l'objet du contrat se renouvelle, pour ainsi dire, et, dès lors, il est impossible de supposer que tel bénéficiaire aura le droit d'aliéner la chose, et l'inaliénabilité est le caractère essentiel du habous.

Il en est de même du habous constitué en faveur de l'imam de telle mosquée, la fonction ainsi désignée ne demeurant jamais vacante.

634. D. *De l'objet du contrat.* — L'immobilisation des immeubles est particulièrement conforme à la notion du habous, la durée de celui-ci étant subordonnée à la durée de la chose, et les immeubles ayant une existence plus longue et plus assurée que les meubles.

Mais, Khalil le déclare en termes formels, toute chose susceptible d'être possédée peut être constituée habous. D'où cette conséquence que les meubles, malgré leur fragilité, sont, par une singulière tolérance, admis à être habousés. Certains auteurs vont même jusqu'à autoriser l'immobilisation des choses fongibles, pourvu que le bénéficiaire, après les avoir consommées, les rétablisse de

_____

(1) *Conf.*, toutefois, n° 628 et note 2.

même qualité et en même quantité, de façon à être toujours en mesure de les transmettre à son successeur.

Il est permis de habouser des choses non frugifères, pourvu que le bénéficiaire puisse en tirer une utilité quelconque. Ainsi l'immobilisation d'un livre, d'un cheval de guerre, d'une certaine quantité d'armes, de munitions, n'est pas contraire à l'esprit de la loi. Il sera même licite pour le fondateur de rentrer momentanément en possession de ces objets jusqu'au moment où un nouveau bénéficiaire s'en servira.

L'indivision ne met pas obstacle à l'immobilisation. Si l'immeuble est partageable en nature, le fondateur pourra en provoquer le partage; le copropriétaire indivis aura le même droit. Si le partage est impossible, l'immeuble sera vendu, et le fondateur sera tenu de faire le remploi de sa part du prix.

635. DIVISION. — Telle est, à grands traits, la physionomie du habous. Il reste à rechercher : 1° quelles sont les conditions permises, réputées non écrites, ou illicites; 2° quels sont les effets du habous; 3° comment il s'exécute; 4° quelles contestations il soulève.

636. 1° *Des conditions permises, réputées non écrites, ou illicites.* — Le habous est, en général, une œuvre pie; le constituant a pour but de se créer des mérites auprès de Dieu. Néanmoins, ce but n'étant pas évident, le contrat n'en est pas moins valable. Ainsi, lorsqu'on habouse un bien au profit de gens riches, il est certain que, en ce qui les concerne, l'intention de faire un acte louable n'apparaît nullement. Il n'en est pas moins vrai que si la constitution doit profiter plus tard aux deux villes saintes de La Mecque et Médine, le but louable du fondateur se trouve ainsi atteint dans l'avenir (1).

Rien n'empêche le constituant d'exiger que les revenus ou les fruits de la chose immobilisée passent par ses mains, afin qu'il en opère lui-même la distribution aux dévolutaires.

Par contre, la fondation est nulle :

1° Si elle est faite au profit d'une œuvre réprouvée par la loi, comme si les fruits d'une vigne sont destinés à être transformés en vin, ou si l'immeuble doit être affecté au culte d'une divinité autre que le vrai Dieu;

2° Si elle est faite au profit d'un non musulman résidant dans le *dar-el-harb* (2);

3° Si elle est faite par un mécréant au profit d'une mosquée; faite au profit d'un établissement non religieux, elle est tolérée.

---

(1) Sauf pourtant quand le habous est temporaire.
(2) *Conf. suprà*, n° 615.

.. 4° Si elle est faite au profit des fils du fondateur à l'exclusion des filles, ou si les filles sont exclues à dater de leur mariage ; mais il est permis de la faire au profit des filles, à l'exclusion des mâles ;

5° Si le fondateur revient habiter l'immeuble habousé, avant l'expiration de l'année, le dessaisissement du constituant étant formellement exigé, et ce dessaisissement n'étant notoire que lorsqu'il a duré au moins un an ;

6° Si le constituant se réserve l'administration de la fondation, ou l'a faite à son profit personnel. S'est-il adjoint un co-bénéficiaire, le habous demeure valable pour la part de ce dernier, pourvu qu'elle soit déterminée, et pourvu qu'il y ait eu, en ce qui la touche, prise de possession de ce co-bénéficiaire, avant la mort du constituant (1) ;

7° Si le fondateur ne s'est pas dessaisi avant son insolvabilité judiciairement déclarée (2), avant sa mort, ou avant sa dernière maladie. Mais ce dessaisissement n'est pas indispensable si le bénéficiaire est sous la tutelle du fondateur, mais à la condition : 1° que l'acte de habous ait été rédigé en la forme voulue ; 2° que les revenus aient été affectés aux besoins du bénéficiaire ; 3° qu'il ne s'agisse pas de la maison habitée par le fondateur ; 4° que la chose ne soit pas indivise.

Quant aux conditions réputées non écrites, elles trouvent leur place naturelle dans les numéros suivants.

637. **2° Des effets du habous.** — Le constituant doit indiquer avec précision l'ordre dans lequel les bénéficiaires seront appelés. Ceux-ci venant à s'éteindre, les plus proches agnats du fondateur leur succèdent, en commençant par le plus pauvre.

Et la femme qui serait agnat, si elle était homme, concourt avec eux. A égal degré, les femmes sont préférées aux mâles, quand les revenus du habous sont insuffisants. Ces deux dispositions sont remarquables. Elles réhabilitent presque le habous. La loi proclame que la femme est, par son sexe même, toujours pauvre (3), et établit en sa faveur une hiérarchie successorale d'exception. Quand

---

(1) C'est la rigoureuse application des principes généraux. La prise de possession fait seule sortir la chose habousée du patrimoine du constituant. Si donc cette prise de possession n'a pas eu lieu *en temps utile*, c'est-à-dire 1° *avant la déclaration d'insolvabilité*, la chose demeure le gage commun des créanciers, parce qu'ils la trouvent dans le patrimoine du constituant ; — 2° *avant la mort ou la maladie qui a entraîné la mort*, la constitution est assimilée à un legs, et dès lors annulable ou réductible (*Conf. suprà*. n° 631, 2°), et ici-même, il va de soi que le habous n'est pas nul, dans ces diverses hypothèses ; il est *annulable* au gré des créanciers ou des héritiers.

- (2) *Conf. suprà*, n° 190, E.

(3) Nous avons déjà vu, dans le même ordre d'idées, l'exclusion des filles vicier le habous. (*Conf. suprà*, n° 635, 4°.)

les appelés ont tous disparu, quand le habous est vacant, pour ainsi dire, les agnats (1) du constituant héritent de l'usufruit des biens habousés, le plus pauvre, quelque soit son rang (2), devant recevoir sa *suffisance* (3) avant tous autre (4) ; toutes les femmes qui, transformées en hommes, seraient des agnats, sont appelées comme tels ; et, en vertu de la présomption de pauvreté créée en leur faveur, elles priment les agnats mâles, non seulement à degré préférable, mais même à degré égal. Ainsi, la mère s'élève à la dignité de père, la grand'mère à celle de grand-père, la tante paternelle à celle d'oncle, etc., etc. (5). A défaut d'agnats, ce sont les agnats des agnats qui sont appelés ; à défaut de ces derniers, les pauvres.

La constitution est-elle faite au profit de deux personnes désignées, et des pauvres après elles, le décès de l'une emporte attribution de sa part aux pauvres.

Faite au profit de tant ou tant de personnes spécialement désignées, elle s'éteint par leur décès, et les biens rentrent dans le patrimoine du constituant ou de ses héritiers.

Faite pour assurer la construction ou la réparation d'un édifice public, elle recevra son affectation spéciale aussi longtemps que l'on pourra conserver l'espoir de remplir le vœu du fondateur ; cet espoir perdu, il sera fait remploi de la somme pour une œuvre de même nature.

638. 3° *De l'exécution du habous.* — L'intention du constituant, pourvu qu'elle soit claire, doit être toujours respectée. Mais s'il ne s'est servi que de l'expression « *aumône* » la chose appartient en toute propriété au bénéficiaire, qui peut l'aliéner à son gré. Si, par exemple, la chose a été ainsi donnée aux pauvres, elle est vendue et le prix en est distribué par les soins de l'autorité.

Le habous peut être fait à terme ; mais l'acte constitutif doit fournir la preuve de cette modalité, la constitution pure et simple étant présumée.

C'est ainsi que les bénéficiaires des deux sexes reçoivent des parts égales, à défaut de stipulation contraire. Cette règle est d'autant plus remarquable qu'elle place les femmes dans une situation préférable à celle que leur fait la loi successorale. En effet, il est de principe que l'héritier mâle reçoit, dans la plupart des cas, une part double de celle qui est attribuée à l'héritier du sexe féminin.

---

(1) Sur les agnats, *conf. infrà*, n° 721.

(2) A défaut de motif de préférence fondé sur la pauvreté, on suit la hiérarchie des oualis du mariage. *(Conf. suprà*, n° 16.)

(3) C'est l'expression arabe.

(4) Le constituant ne peut jamais participer à l'usufruit, sous prétexte qu'il est devenu indigent.

(5) Et, par conséquent, ces femmes reçoivent une part virile, le habous n'eût-il accordé aux femmes qu'une demi-part virile.

Par une dérogation singulière au concept fondamental du habous, celui-ci peut être temporaire, soit qu'il ne soit constitué que pour un an, par exemple, soit que le fondateur ait stipulé que l'immobilisation ne produirait son effet que sa vie durant, l'immeuble rentrant dans sa succession après son décès (1). Il est assez difficile d'expliquer cette anomalie dont les auteurs ne donnent aucun motif (2). Je serais tenté de croire que, le habous constituant une violation de la loi successorale, le fondateur ne s'y résigne que sous l'empire d'une pressante nécessité dont il prévoit la durée limitée. Que l'on suppose le cas où le trône est occupé par un prince tyrannique ; celui où le fondateur, décidé à entreprendre le pélerinage, et craignant les entreprises d'un voisin malintentionné, cherche à mettre momentanément ses biens en sûreté; que l'on suppose encore l'hypothèse où une famine, une épidémie déciment la population et la réduisent à la misère, et où tel riche propriétaire conçoit le projet de consacrer temporairement les revenus de sa fortune au soulagement des pauvres et des malades. Certes, dans cette dernière espèce surtout, le but louable que se propose le fondateur est évident. Il ne l'est pas autant dans les hypothèses précédentes, quoique celui qui empêche une injustice de se commettre, qui prend des mesures pour rendre impossible *la perte du bien,* fasse une action hautement approuvée par la loi religieuse. Et, d'ailleurs, nous l'avons vu précédemment, le but louable du fondateur n'a pas besoin d'être évident.

Il n'est pas indispensable que la destination de la chose habousée soit précisée. La déclaration : « *J'immobilise ma maison* » constitue un habous valable. On donne alors aux revenus de l'immeuble un emploi conforme à l'usage local ; à défaut d'usage dominant, les produits sont distribués aux pauvres.

De même encore, il n'est pas obligatoire que le habous soit accepté par le bénéficiaire, ce qui serait impossible d'ailleurs, quand celui-ci n'est pas une personne certaine. Mais, dans le cas contraire, c'est-à-dire si le habous est constitué en faveur de telle personne spécialement désignée, l'acceptation de celle-ci est requise. Bien mieux, le bénéficiaire appelé en premier lieu doit accepter le habous, non seulement pour lui, mais encore pour ses successeurs, même ceux qui ne sont pas encore nés (3). Et, si les premiers dé-

---

(1) Les jurisconsultes sont, d'ailleurs, divisés sur cette question. El-Moutithy enseigne que le habous temporaire n'est toléré que dans le cas où il a déjà reçu un commencement d'exécution.

(2) Elle s'explique peut-être tout simplement par la faveur insigne dont le habous jouit chez les Musulmans et par le désir qu'ils ont de voir les fondations pieuses se multiplier le plus possible.

(3) *Conf.* mon *Recueil d'actes judiciaires,* publié avec la collaboration de Si Mohammed Ould Sidi Saïd (Alger, Jourdan), page 80. On trouvera là un modèle de habous régulier, et beaucoup de notes utiles à l'intelligence de cette intéressante matière.

volutaires refusent, leur refus s'applique non seulement à eux-
mêmes, mais aussi à tous leurs successeurs éventuels, et les
revenus de la chose sont attribués aux pauvres.

On doit se conformer strictement aux clauses et conditions imposées par le fondateur, pourvu qu'elles soient licites et raisonnables (1). Ainsi, faveur insigne, celui-ci jouit d'une telle liberté
qu'il peut choisir celle des quatre écoles orthodoxes qui lui plaît
pour régler la situation du habous qu'il constitue (2). Bien mieux,
il peut adopter le type de telle école particulière, de tel jurisconsulte (3), de telle localité.

L'administrateur choisi par le constituant doit toujours être
maintenu, à moins qu'il ne se rende coupable de malversations.
S'il n'en a désigné aucun, c'est le cadi qui est investi, de plein droit,
de cette fonction.

Quand le fondateur a stipulé au profit d'un dévolutaire quelconque qu'il prélèvera une somme déterminée sur les revenus du
habous, même sur ceux de la seconde année, il n'est pas permis
de critiquer cette disposition.

Les bénéficiaires peuvent valablement être autorisés par le constituant à vendre la chose, s'ils se trouvent dans le besoin ; ils peuvent même être dispensés de rapporter la preuve de leur indigence.
Dans cette hypothèse le habous devient temporaire, par la force
des choses. Il le devient encore quand le fondateur a décidé que,
l'administrateur commettant des malversations, la chose repren-
drait sa qualité de propriété libre (4).

Il est certain que, le habous portant sur une chose mobilière, et
celle-ci devenant impropre à son usage naturel, il est nécessaire
de la vendre. Ici le habous n'est plus temporaire ; on doit faire
le remploi du prix pour l'acquisition d'une chose semblable. Il en
est extactement de même dans le cas où l'objet a péri et quand
l'auteur de la perte a été condamné à payer une indemnité.

Mais il n'est pas permis de vendre un immeuble habousé, sous
prétexte qu'il tombe en ruines, même en y substituant un autre
immeuble équivalent. Maison, matériaux, tout demeure immobilisé (5). La vente et le remploi ne sont licites que dans le cas d'une
expropriation pour cause d'utilité publique.

---

(1) Kharchi dit énergiquement : *les paroles du fondateur sont comme les paroles
de la loi.*

(2) Les quatre écoles orthodoxes sont celles de Malik, d'Abou Hanifa, de Cha-
fiay, de Hanbal ; elles sont loin d'être d'accord sur la théorie du habous.

(3) Les disciples d'Abou Hanifa, et notamment Mohammed, s'écartent souvent
de l'enseignement de leur maître.

(4) *Milk.*

(5) Les hanéfites sont moins rigoureux et plus raisonnables. Ils autorisent la
vente et le remploi (*conf.* mon *Recueil d'actes judiciaires*, p. 125). Ainsi arrive-t-il
fréquemment que l'on s'adresse à un cadi hanéfite même quand il s'agit d'un
habous malékite.

Quiconque a détruit ou dégradé un objet, mobilier ou immobilier, frappé de habous, doit le restaurer.

Les conditions illicites ou simplement irréalisables sont réputées non écrites. Ainsi qu'un livre ait été habousé, et déposé, par la volonté du fondateur dans un lieu désert, où il ne pourrait être consulté qu'avec difficulté, il sera placé dans une école, une mosquée, une bibliothèque, accessible aux lecteurs ou aux étudiants. Ainsi encore, que le bénéficiaire soit tenu de l'impôt ou des réparations d'entretien sur ses biens personnels, cette clause ne le lie point. Il en est encore de même s'il lui est interdit de prélever, avant toute perception de fruits, les fonds nécessaires à l'entretien, aux réparations du habous. S'il s'agit d'une maison où le bénéficiaire est autorisé à habiter en vertu du habous, il doit la maintenir en bon état; faute quoi, il en est expulsé, et l'immeuble est loué à un tiers et réparé au moyen des loyers, jusqu'à due concurrence, le surplus revenant au dévolutaire. Les réparations terminées, il lui est loisible de rentrer en possession de la maison.

Quand une chose a été habousée au profit d'un enfant à naître, le bon sens indique que l'immobilisation ne produit aucun effet, si le fondateur meurt sans postérité, et que l'objet redevient une propriété franche et libre.

639. CONTESTATIONS. — Il est impossible de prévoir ici toutes les difficultés qui s'élèvent à l'occasion des habous, en raison même de leur multiplicité.

Khalil énumère un certain nombre de ces contestations, et je me bornerai à les analyser brièvement. L'étude de la jurisprudence algérienne est indispensable pour acquérir une claire notion du jeu de cette institution.

Lorsque l'on rencontre dans un habous les expressions suivantes : « J'immobilise en faveur de ma postérité, » — « en faveur de mes enfants, un tel, une telle, et de leurs enfants, » — en faveur de mes garçons, de mes filles, et de leurs enfants, » — on doit en conclure que le constituant a eu l'intention de comprendre dans les appelés les enfants de la fille.

Dire : « ma lignée, » — « ma race, » — « mon enfant et l'enfant de mon enfant, » — mes enfants et les enfants de mes enfants, » — « mes fils et les fils de mes fils, » — c'est faire naître la présomption contraire.

Quant à la formule « mon enfant et leurs enfants » elle est controversée au point de vue de l'exclusion ou de l'admission des enfants de la fille.

L'expression « au profit de mes collatéraux » comprend les frères et les sœurs. Les mineurs sont compris dans celle-ci : « en faveur de mes collatéraux du sexe masculin et du sexe féminin. » Celle-ci : « en faveur des fils de mon père » est présumée comprendre les frères germains et les frères consanguins, et leurs descendants mâles. Celle-ci : « en faveur de ma famille, ou de mes proches » comprend non seulement les agnats, mais encore la femme qui serait élevée au rang d'agnat, si elle était du sexe masculin. Celle-ci : « *en faveur de mes parents* » comprend les agnats et les cognats. Celle-ci : « *en faveur de ma maison* » ne comprend que les agnats. Cette autre : « *en faveur des enfants en bas âge* » ne s'adresse qu'aux impubères des deux sexes. Cette autre : « *en faveur des jeunes gens* » s'applique aux hommes et aux femmes, depuis la puberté jusqu'à l'âge de quarante ans. Celle-ci : « *en faveur des hommes faits* » comprend les individus des deux sexes âgés de quarante à soixante ans. Enfin, celle-ci : « *en faveur des vieillards* » comprend les hommes et les femmes de plus de soixante ans.

Lorsqu'un immeuble habousé a besoin de grosses réparations, le constituant a le droit de les autoriser ou de les empêcher, à son choix. Ses héritiers ont la même faculté. Cette disposition légale paraît, à première vue, singulière. Mais il ne faut pas oublier que, si l'usufruit appartient aux dévolutaires seuls, la nue-propriété ne cesse pas de résider sur la tête du constituant.

Les baux consentis sur tout ou partie des biens habousés ne pourront être annulés par suite de l'offre d'un loyer supérieur que dans le cas de dol ou de fraude de la part du locataire. Néanmoins celui-ci est admis à subir volontairement une augmentation de loyer.

Les loyers ne doivent jamais être partagés par anticipation entre les bénéficiaires, ceux-ci pouvant mourir dans l'intervalle, et leur droit s'éteignant avec eux.

Quand le habous est fait en faveur de personnes certaines, l'administrateur n'est pas autorisé à consentir des baux de plus de deux ans, à moins que le preneur ne soit un bénéficiaire présomptif. En effet, comme la mort de chaque dévolutaire met fin à son usufruit, il serait dangereux d'engager l'avenir outre mesure.

Les constructions et plantations faites par un bénéficiaire sont présumées habous, s'il n'a pas, de son vivant, pris la précaution de spécifier son intention contraire. Mais il n'en est pas de même d'un tiers qui construirait sur un immeuble habousé; il a le droit, par lui ou ses héritiers, d'enlever les matériaux de son ouvrage, à moins qu'il ne s'entende avec l'administrateur et qu'il ne lui vende la construction au prix qu'auraient les matériaux après déduction des frais de démolition. Quand la construction est notoirement avantageuse pour le fond habousé, l'administrateur est autorisé à l'acquérir, dût-il, pour la payer, déléguer au vendeur les revenus du habous.

Quand les bénéficiaires sont des personnes incertaines, comme les pauvres, les malades, ou des personnes non désignées nominativement, comme *un tel de ses descendants,* l'administrateur est tenu de procéder à la distribution des revenus suivant les besoins de chacun des ayants droit (1). Mais il ne peut jamais déloger un

(1) Ainsi le pauvre revenu à une situation meilleure peut être privé de tout ou partie des secours qui lui étaient fournis.

dévolutaire pour y substituer un autre plus nécessiteux, à moins d'une clause formelle du contrat, ou d'un voyage lointain de l'occupant, laissant supposer une renonciation de sa part.

APPENDICE

DU HABOUS HANÉFITE

—

640. *Résumé de la doctrine.* — Bien que cet ouvrage soit spécialement affecté à l'exposé des doctrines malékites, je crois utile de résumer ici, en peu de mots, la théorie du habous hanéfite, sur les points où elle diffère de celui du habous malékite, les sectateurs de Malik ayant, comme nous l'avons vu, la faculté de choisir entre les deux écoles.

Ainsi, chez les Hanéfites :

1° Le constituant peu se réserver l'usufruit du habous, sa vie durant ; d'où cette conséquence, que la prise de possession du premier appelé n'est pas exigée ;

2° Il peut exclure ses descendants du premier degré, ou quelques uns d'entre eux, ou les filles seulement, tant qu'elles sont mariées ou qu'elles ne sont pas indigentes ;

3° Il est permis, d'après quelques auteurs, de habouser les meubles et les immeubles, comme dans l'école malékite ; d'après les autres, les immeubles seuls sont habousables ;

4° Un auteur exige que le habous reçoive l'approbation de l'autorité judiciaire. Si le constituant a choisi la *loi* de cet auteur, il doit se soumettre à cette formalité ;

5° Le habous temporaire n'est pas légal, en principe ; mais en pratique, le constituant est admis à modifier, à annuler la constitution, pourvu qu'il s'en soit formellement réservé le droit, et les dévolutaires peuvent, lorsqu'ils sont d'accord, en solliciter l'annulation ;

6° Les biens habousés peuvent être aliénés ou échangés quand ils tombent en ruines, à charge de remploi (1).

---

(1) On consultera avec fruit mon *Recueil d'actes judiciaires* où se trouve un exposé plus complet de la doctrine hanéfite. *Conf. Jugement déclarant un habous hanéfite valable* (page 83). — *Acte de constitution de habous hanéfite* (page 88). —

CHAPITRE XXIII

DONATION

(HIBA)

—

641. Division. — Il existe, en droit musulman, plusieurs espèces de donations. Nous les étudierons, comme le fait Khalil, sous des rubriques spéciales.

Section I. — *De la donation proprement dite*

642. Généralités. — Le habous est la donation de l'usufruit d'une chose. Par la donation, la propriété même de la chose est attribuée au donataire. Les musulmans font un grand usage de ce contrat, au moyen duquel ils atténuent les rigueurs de la loi successorale. Comme les donations ne sont pas sujettes à rapport, elles leur servent souvent à rétablir, au profit de leurs filles, l'égalité entre les deux sexes.

643. Définition. — La donation est une translation de propriété à titre gratuit, faite en considération du donataire (1).

644. Des conditions de validité. — Les conditions de validité se rapportent :

1° Au donateur;
2° Au donataire;
3° A la forme;
4° A l'objet du contrat;
5° A la tradition.

Jugement hanéfite déclarant que en matière de habous, la volonté du constituant fait loi (page 114). — *Jugement prononçant l'annulation d'un habous hanéfite* (page 118). — *Autorisation donnée par le cadi hanéfite de procéder à l'échange d'un bien habous* (page 136), etc.

(1) Code civil, art. 894.

645. A. *Du donateur.* — Le donateur doit être capable d'aliéner à titre gratuit (1).

646. B. *Du donataire.* — Le donataire, à vrai dire, n'a aucune condition de capacité à remplir. On n'aperçoit pas comment il serait empêché de recevoir une libéralité qui l'enrichît, sans qu'il ait aucune charge à supporter (2).

647. C. *De la forme.* — La formule employée par le donateur n'a rien de sacramentel. Mais, le bon sens l'indique, elle doit impliquer l'intention manifeste de faire une libéralité au donataire, et l'on conçoit que, dans certaines circonstances, cette intention doit être accentuée avec un soin particulier. *Je te donne telle chose,* ou bien : *Je fais donation de telle chose à un tel,* ou bien : *Prends ceci,* ou : *Je n'ai plus de droit sur cet objet,* sont des formules exclusives de toute incertitude.

Il en est de même de tout acte d'où résulte la volonté de se dessaisir d'une chose en faveur d'une personne déterminée. C'est ainsi que le fait d'attacher un bijou au cou d'un tiers rend celui-ci propriétaire de cet objet (3).

Mais dire à son fils : « *Bâtis,* » alors même que l'on ajouterait « *une maison pour toi* » ou « *sur mon terrain* » ne peut jamais constituer une donation. Ce sont là de simples paroles qu'un père adresse à son enfant, sans y attacher aucun sens précis. Aussi, le fils, au décès de son père, n'a-t-il que le droit d'enlever les matériaux de la construction, ou d'en recevoir la valeur.

Adressées à un étranger, ces mêmes formules auraient une signification plus sérieuse et constitueraient une véritable donation.

648. D. *De l'objet du contrat.* — Tout objet possédé par le donateur à titre de propriété privée peut valablement être donné. Et ici, par une faveur spéciale, il est permis de faire donation d'une chose incertaine, comme un chameau égaré, un esclave en fuite, d'une chose qu'il serait interdit de vendre, comme un chien de chasse (4).

On peut aussi faire donation d'une créance, soit au débiteur lui-même, soit à un tiers. Dans le premier cas, la donation emporte

---

(1) *Conf. suprà,* n° 361. On trouvera là l'exposé complet de la capacité exigée pour aliéner à titre gratuit.

(2) L'enfant simplement conçu peut recevoir à titre gratuit, mais la donation sera caduque s'il ne naît pas viable.

(3) C'est le don manuel. Il est valable alors même que le donateur serait du sexe masculin, et qu'il s'agirait d'un bijou que la loi défend à un homme de porter.

(4) On peut posséder un chien de chasse, mais non le vendre. (*Conf. suprà,* n° 201, 3°).

quittance (1); dans le second, elle est soumise aux formalités de la mise en gage. Voici l'espèce. Primus a une créance sur Secundus, il la donne à Tertius. Aussi longtemps que le titre constitutif de la créance n'aura pas été remis effectivement à Tertius, et que, en second lieu, Secundus n'aura pas consenti à ce transfert, la donation sera illusoire. En effet, il faut que Secundus sache qu'il a un nouveau créancier, il faut encore que Tertius sache, de la bouche de Secundus, que la créance est reconnue par lui; ce sont donc des formalités dictées par le bon sens (2). On peut aussi donner une chose grevée d'un droit de gage, quand la tradition du gage n'a pas encore eu lieu, et quand le donateur est solvable (3); celui-ci étant insolvable, le consentement du créancier est indispensable, car il renonce ainsi à la sûreté qui lui était proposée; s'il refuse, le donateur devra s'arranger de façon à retirer le gage, soit en offrant une sûreté nouvelle, soit en se libérant de sa dette.

649. E. *De la tradition.* — La donation est un contrat consensuel, en ce sens qu'elle se forme par le seul consentement. Dès que le donataire l'a acceptée, il est propriétaire de la chose (4). Mais il est certain que son droit, purement intellectuel, a besoin de la tradition pour produire ses effets utiles (5). Aussi, dans le cas où le donateur refuse d'opérer la délivrance de la chose, le donataire a-t-il la faculté de l'y contraindre par voie judiciaire. En d'autres termes, l'acceptation est une des conditions intrinsèques de la validité d'une donation, la tradition n'en est que la condition extrinsèque, la conséquence logique. Le donataire a, d'ailleurs, un intérêt majeur à exiger sa mise en possession de la chose donnée. En effet, s'il ne se hâte pas, la donation peut devenir nulle, sans qu'il ait aucun recours contre le donateur, car il n'a qu'à s'en prendre à lui-même de sa négligence. Ainsi, si le donateur tombe en déconfiture (6), si

---

(1) Il ne faudra donc aucune acceptation de la part du débiteur.

(2) *Conf. suprà*, n° 328, *avant dernier alinéa.*

(3) Code civil, art. 938.

(4) D'où la conséquence qu'il a une action réelle — mobilière ou immobilière, suivaut la nature de la chose — pour se faire délivrer cette dernière.

(5) Nous avons déjà rencontré cette théorie à l'occasion du gage. *(Conf. suprà*, n° 326).

(6) J'emprunte cette expression à Seignette, bien qu'elle ne soit pas arabe, et qu'elle soit inexacte. En effet, la déconfiture est l'état d'un débiteur non commerçant qui est dans l'impossibilité de payer ses dettes, à cause de l'insuffisance de son actif. Or, il n'y a ni commerçants, ni non commerçants, dans le sens juridique de l'expression, chez les musulmans; mais aussi longtemps qu'un débiteur n'est pas judiciairement déclaré insolvable *(conf. suprà*, n° 190, E), il se trouve dans une situation mal définie, à laquelle je donne arbitrairement le nom de *déconfiture*, et durant laquelle les créanciers ont le droit de prendre contre lui des mesures conservatoires, et notamment de l'empêcher d'aliéner ses biens à

un tiers plus diligent prend possession en vertu d'une donation même postérieure en date, le donataire perd tout le bénéfice de la libéralité dont il a été l'objet.

Ces principes trouvent leur confirmation dans deux espèces bizarres mentionnées par Khalil, et que j'enregistre ici parce qu'elles servent de démonstration à la théorie qui précède. Primus emporte avec lui un objet qu'il se propose de donner à Secundus absent du pays, ou bien il lui expédie cet objet par un messager. Mais Primus meurt avant l'arrivée de la chose entre les mains de Secundus, ou bien Secundus décède avant de l'avoir reçue. Dans le premier cas, la donation est nulle pour défaut de tradition; dans la seconde hypothèse, elle est nulle pour défaut d'acceptation de la part de Secundus, à moins que Primus n'ait pris la précaution de faire constater devant témoins sa ferme volonté de considérer l'objet comme donné à Secundus, dès le moment où il s'est mis en route ou dès le moment où le messager est parti. En effet, Primus une fois décédé ne peut plus opérer la délivrance de la chose; Secundus une fois décédé ne peut plus accepter cette chose. La déclaration formelle de Primus a seule la vertu de tenir lieu de la délivrance et de l'acceptation : dès ce moment, par la volonté arbitraire de la loi, la chose est sortie irrévocablement du patrimoine du donateur. La seconde partie de cette théorie ne s'applique, d'ailleurs, que dans le cas où le donataire est personnellement désigné. Si Primus dit, au moment où il se met en route, ou au moment où il expédie son messager : *Je donne tel objet à Secundus, ou, s'il est décédé, à ses héritiers,* — le décès de Secundus ne met pas obstacle à la validité de la donation, ceux-ci pouvant l'accepter.

La donation est encore caduque si le donateur aliène la chose avant que le donataire ait eu connaissance de la libéralité dont il est l'objet. Dans le cas contraire, c'est-à-dire si la vente a eu lieu postérieurement à la connaissance acquise par le donataire de la libéralité qui lui est faite, le prix de la vente appartient à ce dernier.

La donation est également caduque si, avant la tradition, le donateur est frappé d'aliénation mentale sans intervalles lucides, ou s'il est atteint d'une maladie dont il meurt. En effet, la tradition n'est valable que si elle procède d'une personne saine d'esprit et de corps. Il en est de même si, la libéralité portant sur un dépôt, le dépositaire n'a pas signifié son acceptation avant le décès du donateur; dans ce cas, le titre en vertu duquel le dépositaire est détenteur de la chose n'a pu subir aucune modification efficace.

Mais la donation produit tous ses effets si : 1° le donataire a pris, dans les hypothèses précédentes, possession provisoire de la chose, sous bénéfice d'option de sa part; 2° s'il a fait des diligences utiles

---

titre gratuit (*conf. suprà, loc. cit.*). L'expresssion arabe, traduite par le mot déconfiture, répond exactement à cet état. Voici le texte même de Khalil : « La donation devient nulle lorsque la prise de possession est retardée jusqu'au moment où se produisent des *dettes qui embrassent l'actif.* »

pour obtenir la délivrance de la chose, pour établir la validité de son titre; 3° s'il a aliéné, par vente ou par donation, la chose donnée, en prenant la précaution de faire constater son aliénation par des témoins; 4° s'il meurt lui-même avant que la donation ne soit connue, car, dans ce cas, il n'a pu ni l'accepter, ni la refuser, et ses héritiers, la situation étant entière, sont admis à exercer un droit qu'ils trouvent dans la succession de leur auteur.

Il est, d'ailleurs, suffisamment satisfait aux exigences de la loi quand la prise de possession a lieu par l'intermédiaire d'un tiers. Cette prise de possession indirecte se produit, par exemple, quand la chose a été prêtée à Primus qui la détient dès lors à titre de commodataire, et qu'elle est ensuite donnée à Secundus : ce qu'il faut, en effet, c'est que le donateur soit dessaisi, et il l'est par le fait même du commodat. Secundus ayant, d'autre part, accepté la donation, toutes les prescriptions de la loi sont observées.

Il en est encore ainsi quand il s'agit d'un dépôt, pourvu que la donation soit signifiée au dépositaire, comme elle doit l'être, dans l'exemple précédent, au commodataire. Mais il n'en serait plus ainsi à l'égard d'un usurpateur ou d'un possesseur de mauvaise foi quelconque, car sa possession étant vicieuse ne peut évidemment être le point de départ ou l'équivalent d'une possession régulière et valable.

Mais si, par exemple, le donateur, après s'être dessaisi, redevient, à bref délai, possesseur ou détenteur de la chose, soit par bail, soit par simple tolérance, la possesion du donataire ne peut être invoquée contre les tiers. Il faudrait déjà, pour sauver la donation, que la possession eût duré une anuée, que le donataire n'eût pas eu connaissance de l'interruption, que le donateur fût rentré dans la maison donnée, à titre de visiteur seulement, et y fût décédé subitement.

Section II. — *De la donation entre époux*

650. GÉNÉRALITÉS. — Bien que, dans le mariage musulman, le mari seul supporte les charges du mariage (1), rien ne s'oppose à ce que l'un des époux fasse une libéralité à l'autre. Il est vrai que, d'après le Coran (2), les hommes sont placés au-dessus des femmes *par ce par quoi Dieu a avantagé les uns par rapport aux autres, et par ce que ceux-ci donnent à celles-là de leurs biens.* Le livre sacré semble indiquer par là qu'un mari déroge et perd de sa dignité en acceptant quelque chose de sa femme. Mais, le bon sens le montre, il s'agit là des obligations légales résultant du mariage;

---

(1) *Conf. suprà*, n° 64.
(2) Coran, IV, 33.

une donation est purement volontaire; elle peut être acceptée ou refusée, la dignité de l'homme se trouve ainsi sauvegardée.

La donation entre époux constitue, d'ailleurs, une dérogation notable aux principes. En effet, les deux époux vivant sous le même toit, les objets qui garnissent leur domicile étant à leur disposition mutuelle, il est difficile d'imaginer comment la propriété de ces objets pourra être réellement, physiquement déplacée, transférée. Aussi les auteurs ont-ils jugé nécessaire de justifier cette tolérance de la loi, en disant que le contrat n'en demeure pas moins valable, parce qu'il ne peut pas en être autrement.

651. Définition. — La donation entre époux est celle par laquelle l'un des époux fait à l'autre une libéralité, mobilière ou immobilière (1).

652. Des conditions de validité. — Les conditions imposées pour la validité de la donation entre époux sont les mêmes que celles de la donation proprement dite (2). Ainsi, les hardes, meubles meublants, les objets mobiliers quelconques peuvent être donnés par le mari à sa femme, ou par la femme à son mari; c'est même là le terrain habituel de cette libéralité spéciale. Elle ne diffère de la donation ordinaire qu'au point de vue de la tradition, laquelle n'est pas exigée à peine de nullité.

La femme peut donner à son mari la maison qu'elle habite; mais le mari ne peut donner à sa femme la maison qu'il habite, et la raison en est bizarre. La femme est tenue, dit-on, de résider au domicile conjugal; si donc le mari lui faisait donation de l'immeuble qui constitue le domicile des époux, il se trouverait que ce domicile serait la propriété de la femme, ce qui serait contraire à la dignité du mari.

SECTION III. — *De la donation du tuteur*

653. Généralités. — Quand un tuteur, quel qu'il soit, fait une libéralité à son pupille, celui-ci n'a qualité ni pour accepter la donation dont il est le bénéficiaire, ni pour exiger la tradition. Il n'est pas admissible que le tuteur soit tenu d'accepter la donation et de provoquer contre lui-même la délivrance de la chose donnée. Ce dédoublement de sa personne, impraticable en droit et en fait, serait sans utilité pratique. Aussi, par une tolérance nécessaire, les donations de ce genre sont-elles dispensées, en thèse générale du moins, de toute acceptation, de toute tradition.

(1) Code civil, art. 1091.
(2) *Conf. suprà*, n° 636 et suiv.

654. Définition. — La donation du tuteur est celle par laquelle l'interdit reçoit une libéralité de la personne sous l'autorité de laquelle il est placé.

655. Conditions de validité. — Ici encore il suffit de se reporter à la théorie de la donation de droit commun, en ce qui touche la capacité (1), la formule (2), l'objet du contrat (3). Il ne faut pas perdre de vue qu'un interdit peut toujours recevoir une libéralité, qu'il n'a aucune condition de capacité à remplir, *puisqu'il s'enrichit.* Il est simplement incapable d'accepter la donation et d'en solliciter personnellement la délivrance. Ces formalités doivent être remplies par le tuteur, père, tuteur testamentaire, ou tuteur datif (4).

Ces règles s'appliquent à tous les interdits (5), et elles ont pour conséquence de laisser à la donation sa pleine efficacité, alors même que la chose serait demeurée entre les mains du tuteur jusqu'à sa déconfiture (6) ou jusqu'à sa mort. En effet, le donateur n'est détenteur de la chose que pour le compte du donataire.

Mais, si la chose donnée consiste en objets dont l'identité est impossible à reconnaître, comme du numéraire, comme des choses fongibles, il faut, pour qu'ils soient valablement compris dans un acte de donation, qu'ils sortent des mains du tuteur et soient consignés en mains tierces, afin qu'ils soient individualisés. Il ne serait même pas suffisant de les placer sous scellés.

Quand la libéralité porte sur un immeuble, habité par le tuteur, la donation est caduque, s'il en occupe plus de la moitié.

Section IV. — *De la donation viagère*

(OMRA)

656. Généralités. — La donation viagère est *permise,* Khalil le dit formellement ; elle est donc peu recommandable aux yeux des rigoristes. Donner d'une main et reprendre de l'autre, ce n'est pas donner.

657. Définition. — La donation viagère est celle par laquelle le donataire se dépouille spontanément et gratuitement de l'usufruit

---

(1) *Conf. suprà,* nos 637 et 638.
(2) *Conf. suprà,* no 639.
(3) *Conf. suprà,* no 640.
(4) Le tuteur datif est celui qui est *donné* par la loi, à défaut du père, et à défaut du tuteur testamentaire. C'est le tuteur judiciaire *(Conf. suprà, no* 186).
(5) *Conf. suprà,* no 183 et suiv.
(6) Pour ce mot, *Conf. suprà,* no 641, note 6.

de sa chose, au profit du donataire, pour la durée de la vie de ce dernier.

658. Conditions de validité. — La formule employée par le donateur doit avoir ici une précision particulière, la donation restreinte à la vie du donataire ne se présumant évidemment pas : « *Je vous donne viagèrement* » ou bien : « *Je donne viagèrement à votre héritier* sont des formules valables, car elles ne laissent aucun doute sur l'intention du donateur.

La donation viagère est soumise à toutes les règles qui régissent la donation ordinaire. Elle diffère de cette dernière en ce que le donataire n'a que l'usufruit de la chose. A son décès, elle fait retour au donateur ou à ses héritiers.

Quand la donation viagère porte sur une terre, laquelle est labourée et ensemencée au moment du décès du donataire, le donateur doit rembourser aux héritiers de ce dernier les dépenses faites, s'il ne préfère leur abandonner la récolte.

Section V. — *De la donation mutuelle à cause de mort*

(ROUKBA)

659. Généralités. — Khalil ne mentionne cette variété de la donation que pour la déclarer illégale et inefficace. Le motif sur lequel il se fonde est puéril : la donation mutuelle est, dit-il, contraire à la loi, comme éminemment aléatoire : on ne sait pas quel est celui des deux contractants qui mourra le premier, on ignore donc quel est le donateur, et quel est le donataire. Il serait facile de combattre ce raisonnement. En effet, quand on achète deux objets en se réservant le droit d'option (1), on ignore également quelle est celle des deux choses qui fera, en dernière analyse, l'objet du contrat. La vente par option n'en est pas moins permise. Il en est de même ici : la donation est alternative et non pas aléatoire. Quoi qu'il en soit, elle est prohibée en droit musulman.

660. Définition. — La donation mutuelle à cause de mort est celle par laquelle deux personnes conviennent que tout ou partie de leurs biens sera la propriété du dernier survivant.

661. Nature du contrat. — Cette forme de la donation n'est mentionnée par Khalil, dans son *Précis,* que pour en proclamer la nullité dans toutes les hypothèses. C'est, disent les commentateurs,

---

(1) *Conf. suprà,* n° 235.

sortir de la voie de la libéralité pour entrer dans celle de l'*alea*. On ignore, comme je viens de le dire, quel sera, des deux contractants, le donateur et le donataire.

SECTION VI. — *De la donation à charge de récompense*

662. GÉNÉRALITÉS. — Nous quittons ici le terrain de la donation; faire une libéralité en exigeant du bénéficiaire une récompense, ce n'est pas, à proprement parler, lui procurer un avantage gratuit. Sans doute, la charge qui lui est imposée est, en thèse générale, inférieure à l'émolument qu'il touche, et, à ce titre, il reçoit une libéralité. Il n'en est pas moins vrai que, de l'aveu même des jurisconsultes musulmans, cette donation tient de la vente, ou plutôt du contrat commutatif, et l'acceptation du bénéficiaire est, par conséquent, requise ici avec plus d'énergie que dans la donation commune. En effet si, à certains égards, il contracte à titre gratuit, il contracte aussi à titre onéreux, puisqu'il se dépouille d'une partie de ses biens pour devenir le bénéficiaire de la libéralité qui lui est faite (1).

663. DÉFINITION. — La donation à charge de récompense est celle par lequelle le donataire n'acquiert la chose donnée qu'en se soumettant à une prestation.

664. CONDITIONS DE VALIDITÉ. — Tout en se référant aux conditions exigées pour la validité de la donation (2), on doit leur faire subir quelques modifications imposées par la nature même de ce contrat.

Ainsi, les contractants doivent être capables d'aliéner à titre onéreux (3) et à titre gratuit (4).

Quant à la chose exigée en retour, il faut qu'elle soit déterminée, ou au moins décrite, si elle n'est pas placée sous les yeux des contractants.

La parole du donateur fait foi quand le donataire nie la charge qui lui est imposée, pourvu que les allégations du premier soient vraisemblables ou conformes à l'usage. C'est ainsi que, *à contrario*, si la position sociale du donateur exclut toute idée de récompense, son dire est considéré comme invraisemblable, et il est soumis alors à la formalité du serment.

---

(1) Code civil, art. 945.
(2) *Conf. suprà*, n° 636 et suiv.
(3) *Conf. suprà*, n° 196.
(4) *Conf. suprà*, n° 361.

Un cadeau en numéraire est toujours présumé pur et simple, à moins de stipulation contraire.

Les cadeaux que se font les époux sont également présumés exempts de charge, l'usage n'ayant jamais sanctionné le contraire, et la notion de générosité étant de l'essence même du mariage.

Il en est de même des dons en nature que l'on fait à une personne, fût-elle riche, qui revient de voyage. Le donateur soutenant qu'il entendait recevoir une récompense, c'est le dire du donataire qui est admis, lorsqu'il conteste cette prétention. En effet, les libéralités de ce genre sont toujours présumées absolument gratuites (1).

Il est permis au donateur de retenir la chose donnée jusqu'à la prestation des charges stipulées. Il s'agit ici d'un véritable droit de rétention, analogue à celui que le vendeur peut exercer. Mais le donateur n'est jamais admis à reprendre la chose qu'il a donnée, sous prétexte que le donataire ne s'est pas libéré de l'obligation qui lui a été imposée, En effet, le donataire peut trouver la libéralité peu avantageuse en raison même des charges auxquelles on prétend le soumettre, et refuser de les subir, en restituant, bien entendu, la chose donnée. Ce n'est que, dans le cas où elle a péri ou changé d'état entre ses mains, il n'est plus recevable à opposer un refus au donateur. Quant à ce dernier, son droit se borne à exiger la récompense, et, par conséquent, à mettre le donataire en demeure soit de la livrer, soit de repousser la donation.

SECTION VII. — *De la donation aumônière*

(*SADAKA*)

665. GÉNÉRALITÉS. — Donner une chose, soit à sa famille, soit aux pauvres, en interdisant aux bénéficiaires de l'aliéner, constitue un habous. La leur donner sans réserve, ou en déclarant qu'ils auront le droit de l'aliéner, constitue une donation aumônière, pourvu que l'on ait en vue de plaire à Dieu, en faisant une bonne œuvre. Si l'on est déterminé par l'intérêt exclusif du donataire, la libéralité est une donation proprement dite, et n'est plus une aumône. Tout dépend donc de l'entretien.

666. DÉFINITION. — La donation aumônière, ou aumône, est une libéralité faite en vue de Dieu.

---

(1) On suppose qu'une personne revenant de voyage manque des denrées de première nécessité. L'usage veut que ses voisins lui fassent des dons en nature, afin de lui laisser le temps de se procurer ce qui lui est nécessaire, quand elle se sera reposée.

667. CONDITIONS DE VALIDITÉ. — La formule employée par le donateur joue ici un rôle important. En effet, la donation proprement dite, la donation viagère, l'aumône, le habous, sont des libéralités qui ne diffèrent entre elles que du plus au moins. Nous l'avons déjà vu (1), l'intention du donateur doit être manifeste, sans que, néanmoins, il soit assujetti à aucun formalisme. S'il dit : « *Je donne mes biens en aumône, à la condition expresse qu'ils ne pourront jamais être aliénés* », il est certain que la libéralité constituera un habous parfaitement valable, bien qu'il se soit servi de l'expression « *aumône.* » Mais si le donateur s'est borné à dire : « *Je donne mes biens en aumône,* » la libéralité devient une simple aumône, n'eût-il même pas ajouté : « *et les bénéficiaires auront le droit d'aliéner la chose.* »

Quant à la capacité du donateur elle est la même que dans la donation ordinaire.

Les bénéficiaires de la donation aumônière ont le droit de disposer absolument de la chose donnée, c'est-à-dire de conserver la chose en nature, ou de l'aliéner à titre onéreux ou à titre gratuit.

Quand l'aumône est faite à une catégorie de personnes, comme les pauvres, la chose doit être vendue par les soins de l'autorité publique, et le prix distribué aux pauvres alors présents dans la localité ; il serait en effet impossible, soit de conserver la chose en nature, soit d'en distribuer le prix à *tous* les pauvres.

SECTION VIII. — *De la révocation des donations*

(IA'TIÇAR)

668. GÉNÉRALITÉS. — En thèse générale, une donation est toujours définitive : « *Celui,* a dit le prophète, *qui reprend ce qu'il a donné, est comme le chien qui mange ce qu'il a vomi* (2). » Celui qui a donné une chose en aumône doit même éviter de s'en rendre acquéreur. Se servir d'un cheval qu'on a donné, manger du fruit de l'arbre qu'on a donné, sont des actes que la loi désapprouve hautement. Mais, dans certaines circonstances exceptionnelles, il est permis de révoquer une libéralité, à l'exception de celle qui est faite en vue de Dieu, car ce serait commettre un véritable acte d'impiété.

669. DÉFINITION. — La révocation est le fait par le donateur de reprendre la chose donnée par lui, sans offrir aucun équivalent au donataire, et contre le gré de ce dernier.

---

(1) *Conf. suprà*, nº 639.

(2) La Bible parle aussi avec mépris du chien *qui retourne à son vomissement.*

670. DONATIONS RÉVOCABLES. — La donation faite par le père à son fils ou à sa fille est toujours révocable, le Prophète l'ayant formellement décidé (1), à moins que, tout en ayant en vue l'avantage de l'enfant, le donateur n'ait eu également en vue de plaire à Dieu.

Il en est de même de la libéralité faite par la mère, mais il faut alors qu'elle se soit produite durant la vie du père, celui-ci fût-il frappé d'interdiction, et que l'enfant soit encore impubère.

Encore le père et la mère ne peuvent-ils pas toujours user de ce droit. Ainsi, sont irrévocables : 1° la donation faite en faveur du mariage; 2° celle en considération de laquelle l'enfant a obtenu une ouverture de crédit. Mais le donataire devra toujours des aliments à son père, s'il tombe dans le dénûment, sur les biens compris dans la donation, ce qui constitue une sorte de révocation indirecte et atténuée.

Quant à la donation faite en vue de Dieu, elle est toujours irrévocable, sauf le cas où le donateur a formellement stipulé qu'il se réservait la faculté de la révocation.

Lorsque la chose donnée a péri ou changé d'état entre les mains du donataire, la donation ne peut plus être révoquée.

Aucune donation n'est révocable durant la maladie du donateur ou du donataire. Il est indispensable d'attendre leur retour à la santé pour provoquer la révocation, quand celle-ci est d'ailleurs autorisée par la loi (2).

---

(1) Voici le texte de la tradition : « *Nul ne peut révoquer une donation, sauf le* » *père à l'égard de son enfant.* »

(2) Dans l'école hanéfite, la donation est, en principe, toujours révocable.

CHAPITRE XXIV

DES ÉPAVES, — DES ENFANTS TROUVÉS

—

SECTION I. — *Des épaves.*

(LOUKATA)

671. GÉNÉRALITÉS. — Une chose utile ne doit pas être laissée à l'abandon ; le fidèle qui la rencontre dans cet état a le devoir de la *ramasser* et de la conserver, de façon à la rendre à son légitime propriétaire, si celui-ci se révèle. L'inventeur ne devient jamais propriétaire de la chose ainsi trouvée, car celle-ci appartient sûrement à quelqu'un, et un droit de propriété antérieur ne peut jamais être aboli par aucun fait, quel qu'il soit, sans le consentement formel du propriétaire originaire.

672. DÉFINITION. — L'épave est un bien placé sous la protection de la loi, que l'on trouve à l'abandon. Les êtres animés doués de la parole et les bestiaux ne sont jamais considérés comme des épaves.

Ibn Arfa, auteur de cette définition, entend par *les biens placés sous la protection de la loi* ceux que la loi musumane regarde comme des biens, dont elle défend la perte (1), et que, par conséquent, on doit recueillir, quand on les trouve abandonnés, pour les empêcher de périr.

Il ne faut pas attacher une importance trop grande à la deuxième partie de la définition. Si les êtres animés doués de la parole et les bestiaux ne sont pas des épaves, c'est uniquement parce que, rencontrés à l'abandon, les premiers constituent, sous le bénéfice des distinctions qui seront établies plus loin (2), ils sont des *enfants trouvés ;* les seconds, des bestiaux égarés. Il ne s'agit donc ici que d'une classification scientifique.

673. DIVISION. — Khalil, pour étudier cette matière, la divise

---

(1) *Conf. suprà*, nº 201 , 4º, E.

(2) *Conf. infrà*, nº 669 et suiv.

rationnellement en trois parties. Il examine d'abord quelles sont les charges de l'inventeur; puis, les droits qu'il acquiert sur l'épave; et, enfin, quels sont les droits du propriétaire. Nous suivrons le même ordre que le grand jurisconsulte malékite.

674. DES CHARGES DE L'INVENTEUR. — Tout musulman pubère et sain d'esprit est tenu, par devoir de suffisance (1), de recueillir la chose qu'il trouve abandonnée, quand il y a lieu de craindre qu'un voleur ne s'en empare, et quand il est assez sûr de sa propre honnêteté pour que cette chose ne coure aucun risque dans ses mains. D'où cette conséquence que, s'il a conscience de son improbité, il doit, au contraire, s'abstenir. Il en est de même si l'épave ne court aucun danger de tomber en la possession d'un voleur ou d'un homme de mauvaise foi.

L'objet recueilli, l'inventeur doit, pendant une année entière, publier qu'il a trouvé telle ou telle chose, sans en donner une description qui pourrait éveiller des convoitises illégitimes et susciter des réclamations mal fondées. Ce sera, en effet, au propriétaire véritable à fournir cette description, comme nous le verrons (2), afin de justifier son droit.

Les publications sont faites et répétées tous les deux ou trois jours, dans les lieux fréquentés, où le propriétaire de l'objet ne manquera pas de venir le réclamer, comme sur les marchés, à la porte des mosquées. A défaut de remplir cette obligation, l'inventeur est garant de la perte de la chose. Néanmoins, si celle-ci est de valeur trop minime, il n'y a pas lieu à publication; si elle est de celles qui se consomment par l'usage qu'on en fait et qui se détériorent promptement, comme les fruits, l'inventeur est autorisé à les consommer immédiatement, sauf à en payer la valeur à qui de droit.

Si l'invention se produit entre deux localités, les publications sont obligatoires dans chacune de ces deux localités. Si elle a lieu dans un centre habité exclusivement par des non musulmans, l'objet est remis purement et simplement à l'autorité locale.

L'inventeur doit prendre toutes les mesures convenables pour assurer la conservation de l'épave, la nourrir, s'il s'agit d'une bête de somme (3), la mettre à l'abri de toute entreprise ou de toute

---

(1) Les devoirs imposés au fidèle se divisent en deux catégories : 1° *les devoirs obligatoires*, dont il est toujours tenu, directement, personnellement, comme jeûner, prier, etc. ; 2° *les devoirs de suffisance*, dont il est affranchi dès qu'un nombre *suffisant* de musulmans s'en acquittent, comme la guerre sainte, l'assistance à un enterrement, etc.

(2) *Conf. infrà*, n° 668.

(3) Le bétail seul, bœufs, vaches, moutons, est exclu de la définition de l'épave. Il est certain, d'ailleurs, que le bétail égaré, bien qu'il ne constitue pas une épave, dans la rigueur des principes, doit être recueilli, quand on le trouve à l'abandon, nourri et soigné.

détérioration. Il est garant, non des risques, mais de sa faute, de sa négligence, dès le moment où il a aperçu la chose; il en est de même dans le cas où, après avoir recueilli l'épave, il la replace à l'endroit où elle avait été rencontrée.

L'inventeur doit restituer l'épave à son légitime propriétaire, dès que celui-ci a justifié de sa qualité; s'il l'a aliénée, si, par son fait, elle a péri, il en doit le prix.

Il est à remarquer que l'invention n'est pas un mode d'acquérir la propriété. L'épave n'étant pas *res nullius*, elle appartient toujours à son propriétaire; si elle n'est pas réclamée, ce propriétaire demeure inconnu, mais l'inventeur ne peut jamais succéder à ce dernier, quelque soit le temps écoulé : il est éternellement un détenteur à titre précaire, autorisé à aliéner la chose, nul n'étant tenu de conserver un objet qui peut être encombrant, qui, dans tous les cas, est une source de responsabilités.

675. DES DROITS DE L'INVENTEUR. — Après l'expiration de l'année qui suit l'invention, celui qui a recueilli l'épave n'est plus astreint à aucune publication. Il est autorisé, soit à retenir la chose (1), soit à la donner en aumône, soit à se l'approprier; mais s'il choisit l'un de ces deux derniers partis, il doit la valeur de l'épave à son propriétaire, quand celui-ci se présente.

Nous avons vu précédemment (2) qu'il peut la consommer quand elle est sujette à dépérissement, mais dans les mêmes conditions.

Il lui est permis de louer la chose à un tiers, pour s'indemniser de ses dépenses, de monter la bête de somme pour la conduire à son domicile. Mais, chaque fois qu'il l'emploie à son usage, il est garant des risques.

Il fait les fruits siens, en compensation de ses peines et soins. Le croît des animaux ne lui appartient jamais.

676. DES DROITS DU PROPRIÉTAIRE. — Quand le propriétaire se présente, il a le droit évident d'exiger la restitution de sa chose. Encore faut-il qu'il justifie de sa qualité. Il suffit qu'il donne la description du vase qui sert de récipient à la chose, du lien qui l'entoure, de la quantité de cette chose.

Quand elle est réclamée par deux personnes, elle est attribuée à celle qui fournit la description la plus complète. A description égale, la chose est partagée entre les deux réclamants. Si chacune d'elle précise la date de la perte, l'épave sera attribuée à celui qui l'aura perdue le premier.

La remise de l'objet à celui qui en a fourni une description com-

---

(1) Seignette a commis une erreur ici. Il traduit : « L'inventeur peut disposer de la chose, *soit à titre de habous......* » Il ne s'agit pas de habous ici. *Conf. suprà*, n° 615 et la note, où j'ai déjà indiqué le sens du verbe *habasa.*

(2) *Conf. suprà*, n° 666.

plète dégage l'inventeur de toute responsabilité, alors même qu'il se présenterait ensuite une réclamation plus légitime.

Si la description est incomplète, il est sursis à la restitution. Si la description est inexacte sur un point important, le revendiquant est débouté définitivement de sa demande.

Le propriétaire peut reprendre sa chose en indemnisant l'inventeur de ses dépenses, ou la lui abandonner. Il n'a droit qu'au prix, si elle a été vendue, après l'expiration de l'année. Il est admis à la revendiquer entre les mains de tout donataire. Il a le choix, si elle a subi une détérioration entre les mains de l'inventeur, de la reprendre dans l'état où elle est, ou d'en exiger la valeur au jour de la perte.

Section II. — *De l'enfant trouvé*

(LAKITH)

677. Généralités. — Recueillir un enfant abandonné est également un devoir de suffisance. La personne humaine est plus précieuse qu'un bien quelconque; il faut éviter qu'un enfant devienne la proie des bêtes féroces ou meure faute de soin et de nourriture. L'inventeur devient, par suite du devoir qu'il a rempli, le père nourricier de l'enfant (1).

678. Définition. — L'enfant trouvé est celui dont on ignore les père et mère, et la condition.

679. Division. — Ici encore, je me conformerai à la division adoptée par Khalil, parce qu'elle est rationnelle et épuise normalement la matière traitée. Il examine : 1° les charges de l'inventeur; 2° l'état civil de l'enfant trouvé; 3° et, enfin, les contestations qui se produisent entre plusieurs inventeurs.

Je négligerai la dernière section de ce chapitre, consacrée aux esclaves fugitifs, ce sujet n'offrant aucun intérêt pratique en Algérie.

680. Des charges de l'inventeur. — Tout musulman, pubère et sain d'esprit, est tenu de recueillir l'enfant qu'il trouve abandonné. Mais il ne s'agit, comme en matière d'épave, que d'un devoir de suffisance (2).

Celui qui a recueilli un enfant doit pourvoir à son entretien, sauf

(1) *Conf. suprà*, n° 16, 12°.
(2) *Conf. suprà*, n° 666 et la note 1.

recours contre le père, si ce dernier vient à être connu, et s'il est établi qu'il l'a exposé volontairement. Tels sont les principes généraux ; mais il est nécessaire d'en préciser la portée et l'application.

Quel est, d'abord, l'enfant qu'il est obligatoire de recueillir? C'est, le bon sens l'indique, tout jeune enfant, quel qu'en soit le sexe, incapable de pourvoir par lui-même à ses besoins, en raison de son âge et de sa faiblesse. Il ne viendra à l'idée de personne de considérer un pubère comme un enfant trouvé. Ce n'est pas tout, les père et mère de cet enfant doivent ne pas être connus ; car, s'il en était autrement, l'obligation de l'entretenir pèserait sur ceux-ci. Il en serait de même si la mère seule était connue, s'il s'agissait, par exemple, d'un enfant de la fornication (1). Il faut, enfin, que la condition de l'enfant ne soit pas connue ; il serait plus juste de dire que sa condition doit être incertaine, afin qu'il puisse tirer profit de la présomption légale en vertu de laquelle il est considéré comme ingénu. Si, d'ailleurs, son état d'esclave était prouvé, il ne serait plus un *enfant trouvé*, les enfants des esclaves étant des choses.

Quel est, en second lieu, le musulman tenu de recueillir l'enfant trouvé? L'obligation pèse sur toute personne, homme ou femme, pourvu qu'elle soit elle-même pubère, et, de plus, saine d'esprit. Mais la femme mariée a besoin de l'autorisation de son mari, à moins qu'elle ne possède des biens personnels suffisants pour l'entretien de l'enfant.

L'inventeur n'est dispensé de subvenir aux besoins de l'enfant que dans les cas suivants : 1° lorsque le trésor public se charge de la dépense ; 2° lorsqu'un tiers s'engage à y pourvoir ; 3° lorsqu'on trouve, dans les vêtements de l'enfant, la somme nécessaire à son entretien ; 4° enfin, quand cette somme est enfouie sous lui et est accompagnée d'un écrit qui en indique clairement l'emploi.

L'inventeur n'est admis à exercer son recours contre le père, quand celui-ci est découvert, qu'à certaines conditions dictées par le bon sens. Il faut que le père soit solvable, que les dépenses soient pleinement justifiées, et surtout il faut que *le père nourricier* (2) affirme, sous la foi du serment, qu'il a toujours eu l'intention de faire à l'enfant des avances sujettes à restitution, et non une libéralité. Enfin, il est encore certain que le père n'est tenu de rembourser ces dépenses que dans le cas où il a volontairement exposé son enfant ; si celui-ci s'est enfui, lui a été enlevé, il ne doit absolument rien.

681. DE L'ÉTAT CIVIL DE L'ENFANT TROUVÉ. — L'enfant trouvé est présumé libre ; comme il doit à la communauté musulmane la

---

(1) Sur la fornication, *conf. Essai d'un traité méthodique de droit musulman*, t. Ier, p. 46, note 1.

(2) *Conf. suprà*, n° 16, 12°.

Traité élémentaire de droit musulman. T. II.   14

cessation de l'incertitude qui pesait sur sa condition, il est, pour ainsi dire, l'*affranchi des musulmans*, et, à ce titre, ceux-ci sont ses patrons; et, par conséquent, la communauté musulmane hérite de ses biens, comme onzième agnat (1). Il est aussi présumé musulman, et élevé dans la religion musulmane, pourvu qu'il ait été trouvé dans une localité habitée par des musulmans, ne fût-ce que par deux familles musulmanes. Il est, au contraire, présumé infidèle, quand il a été recueilli dans un lieu habité par des infidèles, et, dans ce cas, il est livré à l'autorité locale, et la société musulmane se désintéresse absolument de lui.

L'enfant trouvé ne peut être reconnu ni par l'inventeur, ni par un tiers, à moins de preuves péremptoires, ou de présomptions précises et concordantes établissant sa filiation (2).

L'enfant, une fois recueilli, ne peut plus être rapporté à l'endroit où il avait été exposé, sauf le cas où l'inventeur n'avait d'autre intention que de le déposer entre les mains du représentant de l'autorité, lequel a refusé de s'en charger; il faut encore que le lieu de l'exposition soit très fréquenté, et qu'il y ait certitude que l'enfant n'y courra aucun risque et sera recueilli à coup sûr par une autre personne.

682. CONTESTATIONS ENTRE INVENTEURS. — Quand deux ou plusieurs personnes trouvent en même temps un enfant abandonné, il s'agit de rechercher, avant toutes choses, quelle est celle qui offre le plus de garanties, au point de la moralité et des ressources. A garanties égales, la personne qui a, la première, *mis la main* sur l'enfant, est préférée. Le sort décide, à défaut d'autre cause de préférence.

---

(1) *Conf. infrà*, n° 732. Le 11e agnat se confond ici avec le 12e.

(2) *Conf. suprà*, n° 439.

LIVRE QUATRIÈME

—

DES TESTAMENTS ET DES SUCCESSIONS

———

CHAPITRE PREMIER

DU TESTAMENT

(OUACIIA)

—

683. GÉNÉRALITÉS. — Dans les premiers temps de l'islamisme, la liberté du testateur, pourvu qu'il ne dépassât pas le tiers disponible, était complète. Il pouvait faire des legs en faveur de ses père et mère, et de ses proches. Le verset 176 de la deuxième sourate du Coran ne laisse aucun doute à cet égard. Mais ce verset a été abrogé, tous les commentateurs sont d'accord sur ce point. Dans l'état actuel de la législation arabe, on ne peut ni dépasser le tiers disponible, ni léguer une portion quelconque de ses biens à un successible, à moins que tous les autres héritiers ne ratifient le legs. Aussi longtemps qu'une personne est vivante, elle est propriétaire absolue de tous ses biens, sans exception ; c'est pour cela que les donations qui excèdent le tiers disponible sont valables. Une fois décédée, ses biens, sauf le tiers disponible, sont la propriété de ses héritiers : si donc le testateur en a disposé, il a disposé de ce qui ne lui appartenait pas. De là la nullité des legs qui dépassent le tiers disponible; de là aussi le droit, pour les héritiers, de les ratifier.

684. DÉFINITION. — Le testament est l'acte par lequel le testateur grève le tiers disponible de ses biens d'un droit qui deviendra définitif par son décès, ou par lequel il institue un vicaire (1) pour le remplacer après sa mort.

—

(1) J'emploie le mot *vicaire* qui figure dans le texte par grand souci de l'exactitude et pour donner ici, pour ainsi dire, la contre-partie de la définition du *mandat*. (Conf. suprà, n° 422, et la note).

685. CONDITIONS DE VALIDITÉ. — Les conditions de validité auxquelles le testament est soumis se rapportent :

1° Au testateur ;

2° Au légataire ;

3° A la chose léguée ;

4° A la forme ;

5° A l'acceptation.

686. DU TESTATEUR. — Pour tester valablement, il faut être : 1° libre ; 2° doué de discernement, ce qui exclut l'impubère non doué de discernement, le fou, l'homme ivre qui a complètement perdu la raison ; 3° propriétaire de la chose qui fait l'objet du testament, ce qui exclut l'homme dont les dettes dépassent l'actif.

Le testament de l'impubère n'est pas nul ; il est simplement annulable quand, vérification faite, on y constate des contradictions, des obscurités, signe certain que le testateur ne jouissait pas encore de tout son discernement.

687. DU LÉGATAIRE. — Il faut que le légataire soit capable de posséder et, de plus, capable de recevoir, sous la forme spéciale du legs, ce qui exclut l'héritier du testateur (1), sans qu'il y ait à rechercher s'il est pubère ou non, doué ou non de discernement, musulman ou non, existant ou non au moment de la confection du testament. Ainsi, est valable le legs en faveur d'une personne que l'on sait être décédée ; le montant en sera affecté au paiement de ses dettes, ou attribué à ses héritiers. Ainsi encore, l'enfant simplement conçu peut être le bénéficiaire d'un legs ; mais, bien entendu, pour que le testament produise son effet à son égard, il est indispensable qu'il naisse viable (2), sinon la chose léguée fait retour aux héritiers du testateur. L'enfant n'a, jusqu'à sa naissance, aucun droit aux fruits de la chose ; les héritiers du *de cujus* les perçoivent, et sans être exposés à aucun rapport. Quand il naît des jumeaux, ou même des trijumeaux, le legs leur est distribué par parts viriles, sans distinction de sexe, à moins que le testateur n'en ait autrement ordonné.

Il est permis de faire un legs à une personne incertaine, et même à une personne morale, comme une mosquée. Dans ce dernier cas, les revenus de la chose léguée sont appliqués à l'entretien de la mosquée.

Il en serait de même si le legs était fait au profit d'un pont, d'une forteresse, à construire ou à entretenir.

---

(1) *Conf. infrà*, n° 692.

(2) Naître viable, c'est avoir crié en venant au monde, ou avoir pris le sein de sa nourrice.

L'indignité du légataire ne le rend pas incapable d'être le bénéficiaire d'un legs, pourvu que le testateur l'ait connue.

688. DE LA CHOSE LÉGUÉE. — Tout ce qui est dans le commerce, c'est-à-dire tout ce qui n'est frappé d'aucune réprobation (1) peut valablement faire l'objet d'un legs. La chose n'a même pas besoin d'être déterminée, ce qui est une faveur insigne, eu égard à la sévérité de la loi en matière d'*aléa* (2). Ainsi, léguer le tiers, le quart d'une universalité de biens, ou un objet à prendre dans une collection d'objets semblables, ou une chose non existante et qu'il faudra acquérir pour la délivrer au légataire, constituent des legs valables à tous égards.

Lorsque le testateur a légué une ou plusieurs têtes de son bétail, moutons, vaches, bœufs, chameaux, il s'établit, le jour de son décès, une sorte de communauté par indivis entre le légataire et l'héritier, et cela dans la proportion de leurs parts respectives, sans qu'il y ait à considérer d'ailleurs si le troupeau a augmenté, a diminué, ou est demeuré ce qu'il était lors de la confection du testament. Or, voici comment les choses se passent. Primus a-t-il légué un mouton, et existe-t-il trois moutons dans la succession, le légataire est *associé* pour un tiers dans la propriété des trois moutons ; s'il en périt deux, il reçoit le troisième. Il faudrait déjà, pour qu'il n'en fût pas ainsi, que le legs dépassât le tiers disponible, car alors le legs serait réductible jusqu'à due concurrence.

Si maintenant Primus s'est exprimé ainsi : « *Je lègue à un tel le tiers de mes moutons* », Secundus (le légataire) a droit au tiers des moutons vivants lors de l'ouverture du testament, car ce droit ne s'ouvre qu'à ce moment-là ; aussi, ne restât-il qu'un mouton, il doit se contenter du tiers de ce mouton ; à l'inverse, si le nombre de ces moutons a doublé entre l'époque où le testament a été fait et celle où le testateur est décédé, le légataire reçoit le tiers des animaux qui existent au moment où la succession s'ouvre.

En effet, dans le premier cas, la portion attribuée au légataire est déterminée ; dans le second, le nombre des animaux qui lui sont donnés est seul déterminé, et encore ne l'est-il qu'au jour du décès.

Enfin, si le testateur a légué un de *ses* moutons au légataire, et s'il ne s'en trouve pas dans la succession, ce dernier n'a droit à rien : on s'est moqué de lui. Au contraire si le testament mentionne simplement *un* mouton, le légataire a droit à la valeur d'un mouton de qualité moyenne, au cours du jour (3).

Le legs de la chose d'autrui n'est pas nul. On s'efforce d'acquérir la chose, afin de la délivrer au légataire. Si le tiers refuse de la

---

(1) *Conf. suprà*, n° 201, 1° et 3°.

(2) *Conf. suprà*, n° 219, et la note.

(3) Je n'ai pas besoin de dire qu'il faut généraliser cette théorie, et l'appliquer à toutes les catégories de bétail, et à tous les objets quels qu'ils soient.

vendre, à quelque prix que ce soit, par malice, ou par haine contre le bénéficiaire du legs, celui-ci est caduque, faute de pouvoir être exécuté. Si la résistance du tiers n'est fondée que sur l'âpreté au gain, en ce sens qu'il ne veut se dessaisir de sa chose qu'à un prix exorbitant, ou en paie au légataire la valeur augmentée d'un tiers.

689. DE LA FORME. — Le testateur n'est astreint à l'emploi d'aucune formule sacramentelle. Il suffit que son intention soit manifeste. Dire : « *Je lègue à un tel* » est une formule qui ne laisse subsister aucune incertitude. Mais il s'en faut qu'elles soient toujours aussi explicites. Un signe, pourvu qu'il indique clairement la volonté d'attribuer tel objet à telle personne, est également opérant. Il en est de même d'un écrit.

Mais il ne faut pas confondre le testament lui-même avec la preuve de son contenu, ou même de son existence. Nous verrons qu'à ce point de vue il est soumis à certaines formalités dictées par la prudence et par le bon sens (1).

690. DE L'ACCEPTATION. — Il est indispensable pour saisir la théorie du testament, de bien se pénétrer du rôle que l'acceptation y joue.

Le testateur, en instituant un légataire, ne lui confère qu'un droit éventuel, sujet à révocation; dès lors, l'acceptation de ce dernier, si elle se produit durant la vie du testateur, ne produit aucun effet utile. Il en est de même de son refus qui ne met pas obstacle à ce qu'il accepte plus tard le legs, quand le testateur décède (2).

Tout change au moment où celui-ci meurt. Le droit du légataire s'ouvre, et il devient immédiatement, en vertu de la saisine que la loi accorde à tous les légataires sans exception (3), propriétaire de la chose.

L'acceptation n'est donc pas une condition essentielle, ni pour la validité du testament, ni pour le transfert de la propriété; elle n'a d'autre effet que de rendre le testament irrévocable, de le parfaire, mieux encore, de l'exécuter (4).

---

(1) *Conf. infrà*, n° 696.

(2) C'est même là ce qui distingue le testament de la donation. Le donateur se dépouille de son vivant; le testateur ne se dépouille que pour le moment où il aura cessé de vivre.

(3) La demande en délivrance ne peut pas exister en droit musulman, le cadi devant, avant tout partage, payer les dettes et les legs de la succession, sans aucune intervention des héritiers.

(4) Quand le légataire est interdit, l'acceptation a lieu par son tuteur, le bon sens l'indique, car, s'il en était autrement, l'interdit ne pourrait pas recevoir sous la forme spéciale du legs, et nous avons vu qu'il jouit à cet égard d'une pleine capacité (*conf. suprà*, n° 687).

Cela est si vrai que l'acceptation n'est requise que dans le cas où elle est possible, ce qui a lieu quand le légataire est une personne certaine. Fait au profit d'une catégorie de personnes non désignées nominativement, comme les pauvres, par exemple, le testament est parfait, la propriété de la chose est transférée, par le seul avènement du décès du testateur (1).

Ces principes posés, il est facile de régler la question des fruits, lorsque la chose léguée est frugifère. A quelque moment que l'acceptation se manifeste, peu de temps ou longtemps après la mort du testateur, les fruits appartiennent au légataire, comme accessoires de la chose dont il est devenu propriétaire dès l'instant où la succession du *de cujus* s'est ouverte. Mais, si ces fruits sont produits par des travaux nouveaux d'amélioration ou d'accroissement du fonds, ils entrent en ligne de compte pour le calcul de la portion disponible, celle-ci ne pouvant jamais être dépassée. Ainsi, supposons-le, le tiers de la succession est de mille; Primus a légué à Secundus un jardin valant cette somme, mais les améliorations faites depuis le décès de Primus, et avant l'acceptation de Secundus, ont une valeur de deux cents ; Secundus ne recevra que les cinq sixièmes du jardin.

691. DIVISION. — Telles sont les conditions de validité du testament. Il nous reste à examiner :

1° Quelle est la liberté dont jouit le testateur, en matière de legs;

2° Comment se calcule la quotité disponible;

3° Dans quels cas un legs devient caduque;

4° S'il est permis au testateur de révoquer son testament;

5° Quelles sont les règles d'interprétation d'un testament obscur;

6° Dans quel ordre les legs sont délivrés, lorsque le tiers disponible est insuffisant pour les acquitter tous;

7° Quels sont les pouvoirs de l'exécuteur testamentaire;

8° Comment se fait la preuve des testaments.

692. DE LA LIBERTÉ DU TESTATEUR. — En droit français, on ne fait aucune différence entre les libéralités par actes entre vifs et celles par testament, au point de vue des entraves apportées à la liberté du donateur (2). Dans les deux cas, celui-ci ne peut enlever à ses descendants ou à ses ascendants qu'une certaine portion de

(1) Il est, en somme, indispensable, *quand on le peut*, de savoir si le légataire accepte le legs. car s'il le refuse, pour un motif quelconque, la chose fera retour aux héritiers du testateur et leur sera partagée au prorata de leurs droits.

(2) *Code civil*, art. 913.

ses biens, variable selon le nombre des héritiers en ligne directe qu'il laisse (1).

La loi musulmane procède d'une façon différente. L'indépendance de celui qui fait une libéralité entre vifs est absolue; il est, durant sa vie, seul et unique propriétaire de ses biens, et en dispose suivant son bon plaisir (2). Quant au testateur, ses libéralités ne doivent jamais dépasser le tiers de ses biens (3), quels que soient d'ailleurs la qualité et le nombre de ses héritiers; la raison en est que le testament ne produit ses effets que par le décès du testateur, et qu'à ce moment, et jusqu'à concurrence des deux tiers, la propriété de ses biens est transférée de plein droit sur la tête de ses héritiers, sans qu'aucune disposition contraire ait la vertu de modifier la loi sur ce point.

Cela est si vrai que si, par aventure, le testateur a excédé son pouvoir, et si les héritiers, par respect pour leur auteur, ratifient, après son décès, ses dernières volontés, le legs n'est pas exécuté en tant que legs, mais en tant que libéralité faite directement et personnellement par eux. Aussi n'est-il pas permis au testateur d'ordonner que la portion du legs excédant la quotité disponible sera distribuée aux pauvres, dans le cas où ses héritiers refuseraient de ratifier le testament; le consentement de ces derniers doit être spontané, libre, car ils disposent de leur chose (4).

D'autre part, il est interdit au testateur de faire un legs quelconque à l'un de ses héritiers (5). Les motifs de cette prohibition sont : 1° que la loi successorale, établie par Dieu lui-même, a fixé la part de chacun des héritiers, et que toute libéralité, si minime fût-elle, aurait pour effet de violer cette loi; 2° que le testateur n'est propriétaire de ses biens que pendant sa vie; il ne lui est donc pas permis d'en disposer pour l'époque où il n'existera plus. De ces deux motifs, le premier a pour conséquence de l'empêcher, de disposer même de la quotité disponible en faveur d'un de ses héritiers; le second met obstacle à ce qu'il fasse une libéralité à ces mêmes héritiers sur les deux tiers qui sont déjà leur propriété en vertu de la loi; là il modifierait la quotité de l'émolument auquel les susceptibles ont droit; ici il disposerait de la chose d'autrui.

---

(1) *Code civil*, art. 913, 914, 915.

(2) *Conf. suprà*, n° 683. La femme seule, par une bizarre anomalie, ne peut disposer entre vifs que du tiers de ses biens *(conf. suprà*, n° 192, G).

(3) La quotité disponible a été fixée à un tiers par de nombreuses traditions prophétiques.

(4) Par tolérance, le testateur peut dire : « *Je laisse cent aux pauvres, si mes héritiers ne consentent pas à les donner à mon fils*, » parce que, dans ce cas, les héritiers conservent leur pleine liberté d'action et que la libéralité ne cesse pas de procéder d'eux-mêmes.

(5) Cette prohibition est fondée sur l'interprétation d'un verset du Coran (IV, 37). *Conf.* code civil, art. 921.

Mais, rien ne s'oppose à ce que les héritiers ratifient le testament par lequel l'un d'eux a été avantagé; il leur est évidemment permis de disposer à titre gratuit de ce qui leur appartient, comme ils pourraient en disposer à titre onéreux.

Il résulte de ce qui précède qu'un héritier est admis à renoncer à se prévaloir de la faculté qui lui est attribuée de provoquer la réduction des legs, excédant la quotité disponible, faits à des étrangers. Encore faut-il que sa renonciation se produise en temps utile et dans des conditions régulières. Si elle a lieu avant la dernière maladie du testateur, elle est inopérante et prématurée, car, avant ce moment, il n'a aucun droit sur les biens du *de cujus,* et il renoncerait à ce qui ne lui appartient à aucun titre, alors surtout que le testament étant toujours révocable, sa renonciation pourrait n'avoir aucun objet. Après le décès du testateur, sa renonciation serait tardive, et surtout inutile, car elle ferait double emploi avec le droit qu'il a de ratifier les libéralités de son auteur; bien mieux, elle serait en contradiction avec ce droit de ratification, puisque l'approbation qu'il donne a la valeur d'une libéralité consentie personnellement par lui (1).

Il est donc indispensable que la renonciation se produise durant la dernière maladie du testateur, à tel point que, s'il recouvre la santé, elle ne produit aucun effet utile. L'héritier est, d'ailleurs, toujours autorisé à la rétracter, s'il prouve : 1º qu'il était sous la dépendance du testateur; 2º qu'il était son débiteur; 3º qu'il a agi sous l'empire de la crainte révérentielle, ou de la violence; 4º qu'il a été victime d'une fraude; 5º qu'il ignorait le droit qu'il avait de provoquer la réduction, au moment où la renonciation a été obtenue de lui. Mais, dans ce dernier cas, il faut que l'ignorance alléguée par l'héritier soit admissible, eu égard à sa position sociale, à son éducation, et il est, sur ce point, astreint au serment.

Cette théorie s'applique également aux legs faits à un héritier, à la condition expresse que celui-ci ait cette qualité au moment du décès du testateur; sa qualité antérieure, eût-elle été connue du *de cujus,* n'a évidemment aucune influence sur la validité du testament. Ainsi, Primus a un frère habile à lui succéder (2), auquel il lègue une certaine somme; si cette situation ne se modifie pas avant le décès de Primus, le legs est caduque; mais qu'il ait un fils, le legs devient valable (3). A l'inverse, si le légataire n'était pas le

---

(1) Cette théorie paraît subtile. Mais elle est basée sur une rigoureuse analyse. Quand le testateur est sur son lit de mort, ses biens vont lui échapper, et ses héritiers sont sur le point de lui succéder; la propriété de l'actif de la succession *flotte,* pour ainsi dire, entre l'un et entre les autres; ces derniers peuvent donc encore renoncer à ce qui n'est pas encore tout à fait leur bien et qui n'est presque plus le bien du testateur. C'est un véritable *interrègne* de propriété.

(2) Il faut pour cela qu'il n'existe aucun agnat préférable.

(3) Ainsi que nous le verrons, le frère germain est au cinquième degré de l'agnation; le fils est au premier, et exclut par conséquent le frère.

successible du testateur, au moment de la confection du testament et s'il le devient ensuite, le legs est également caduque. Ainsi, Primus a légué mille à Secunda, qui lui est étrangère; plus tard, il l'épouse; le legs, d'abord valable, perd toute sa valeur (1).

Si donc le légataire possède la qualité d'héritier au moment de l'ouverture de la succession, le legs qui lui est attribué se trouve frappé, *ipso facto*, de caducité, à moins que, pour les raisons exposées plus haut, il ne soit validé par le consentement libre des cohéritiers, formulé durant la dernière maladie du testateur, ou transformé, après son décès, en libéralité spontanée par ces mêmes cohéritiers.

Il me reste à dire un mot, avant de quitter ce sujet, de deux espèces, dont l'une a son analogue en droit français, et dont l'autre est, dans sa bizarrerie, spéciale au droit musulman.

Il peut arriver que, dans certains cas, le tiers disponible se trouve dépassé et que les héritiers soient, pour ainsi dire, et suivant le parti auquel ils s'arrêtent, contraints de se soumettre à la volonté du testateur; pour mieux dire, ils n'ont d'autre ressource, pour s'y soustraire, que d'abandonner au légataire la quotité disponible entière. Voici les deux exemples enregistrés dans le *Précis* de Khalil.

Primus lègue à Secundus la jouissance d'un corps certain, pour un temps déterminé; la valeur de cet usufruit excède la quotité disponible. Les héritiers ont l'option, ou d'exécuter cette disposition, ou de faire abandon de la propriété de la quotité disponible (2). Les motifs de cet expédient, imaginé pour concilier l'indépendance du testateur avec le droit incontestable de l'héritier de disposer immédiatement de sa réserve, sont assez connus pour qu'il me soit permis de ne pas insister (3).

La même solution s'impose dans le cas où Primus lègue à Secundus un objet qui ne se trouve pas en nature dans la succession, mais qu'il a donné l'ordre d'acheter. Si le prix de l'objet ne dépasse pas le tiers disponible, il n'y a pas de difficulté. Mais supposons-le, le prix dépasse la quotité disponible; dans ce cas, l'héritier a l'option, ou d'acquérir l'objet, ou d'abandonner à Secundus la propriété de la quotité disponible (4). Ici, disent les auteurs, il n'y a pas lieu de réduire le legs, parce qu'il porte sur un objet déterminé,

---

(1) La femme est réservataire du quart, si le défunt meurt sans postérité; du huitième, quand il laisse des enfants.

(2) *Code civil*, art. 917. *Conf.* sur cette thèse. *Demolombe*, tome XIX, pages 427 et suivantes.

(3) L'hypothèse indiquée comprend l'usufruit d'un immeuble, l'usage d'une monture ou d'une bête de somme, etc.

(4) On donne à cette double solution le nom de *Khola' Et-Tsouloutsi*. Nous avons déjà rencontré ce mot *Khola' (Conf. supra,* n° 87 et la note); il signifie *l'action de se déshabiller, l'action d'abandonner*. L'héritier se rachète de l'obligation d'exécuter le legs, par l'abandon *du tiers (tsoulouts)*.

sur un corps certain qu'il est impossible de fractionner; d'autre part, le testateur a pu croire de bonne foi que l'on pourrait se procurer la chose sans dépasser le tiers disponible; sa volonté doit donc être respectée. Mais, d'autre part, rien n'oblige l'héritier à une libéralité personnelle; il est donc équitable de lui conférer l'option.

J'en viens à la seconde espèce qui est beaucoup plus singulière. Primus a inscrit dans son testament une clause ainsi conçue : « *Je » lègue à Secondus la part héréditaire de mon fils Tertius,* » ou bien : « *une part héréditaire égale à celle de mon fils Tertius.* » Si le fils ratifie le legs, il est complètement évincé, quand il est unique et qu'il n'existe aucun héritier réservataire. Il va de soi que, le fils refusant de ratifier le legs, celui-ci est réduit au tiers disponible. S'il y a des réservataires, le légataire ne touche évidemment que la part du fils, déduction faite des réserves.

Quand le testateur laisse deux fils, il faut distinguer. L'un d'eux a-t-il ratifié le legs, le légataire n'a droit qu'à la moitié de la succession, après défalcation des réserves, s'il y a lieu. Les deux fils ratifient-ils le legs, la solution est la même, avec cette différence que les fils se partagent la seconde moitié de l'hoirie.

Que le testateur meure à la survivance de trois fils, le légataire n'a droit, dans tous les cas, qu'à la quotité disponible.

Dans le cas où le *de cujus* s'est exprimé en ces termes : « *Mettez » Secundus comme héritier avec mon fils (ou mes fils),* » — ou bien : « *Admettez-le au nombre de mes fils,* » — ou bien : « *Adjoignez-le » à mes fils,* » le légataire ainsi constitué est simplement admis au partage au même titre que les fils, lorsque, bien entendu, ceux-ci ont ratifié le legs. S'il y a un fils, on suppose qu'il y en a deux; s'il en existe deux, il est compté comme troisième fils, etc.

Quand le légataire est du sexe féminin, et qu'il est assimilé à un héritier du même sexe, la théorie est la même.

693. Du calcul de la quotité disponible. — Il est important de savoir sur quelles bases on calcule le tiers disponible, en d'autres termes, comment se forme la masse des biens constituant l'hoirie, car l'un est, le simple bon sens l'indique, le tiers de l'autre.

La masse des biens à partager se compose, pour le calcul de la quotité disponible, de tous ceux qui existent au moment du décès du testateur, déduction faite des dettes. On y comprend, bien entendu, toutes les choses qui, à un titre quelconque, sont destinées à rentrer dans l'actif parce qu'elles n'en sont sorties que temporairement. Ainsi les donations viagères, les prêts, les habous temporaires, qui ne sont que des aliénations faites pour un temps déterminé, doivent être évalués et considérés comme des éléments nécessaires du calcul (1).

---

(1) J'omets volontairement le *statu liber* qui doit recevoir sa liberté par le fait du décès du testateur, l'esclavage étant aboli sur le territoire français.

Les auteurs ne sont pas d'accord en ce qui touche le navire dont la perte avait été annoncée, les fonds engagés dans une commandite qui passe pour être en déficit, les animaux égarés. Faut-il les comprendre dans l'actif si le navire revient, si la commandite se liquide avantageusement, si les animaux sont retrouvés, après le décès du testateur? Pour les uns, il faut considérer l'actif tel qu'il existe, à la connaissance du *de cujus* au moment de son décès, sans tenir aucun compte de ces éléments aléatoires. Pour les autres, il importe peu que le testateur ait connu ou ignoré l'existence de ces objets; retrouvés, et c'est le seul fait qui mérite considération, ils doivent être comptés (1).

Lorsque le testateur, pour augmenter sa liberté d'action, s'est reconnu indûment débiteur de certaines sommes au profit de personnes suspectes (2) et que ces dettes ont été déclarées non avenues, le montant en doit être compris dans la masse active de la succession.

694. DE LA CADUCITÉ DU LEGS. — Les causes de caducité du legs sont :

1° L'apostasie du testateur ou du légataire;

2° La destination illicite de la chose, imposée au légataire. Ainsi on ne peut léguer du vin à une personne, ou du raisin à charge de le transformer en vin. Il est également interdit de léguer une somme à un individu en le chargeant d'assassiner un tiers. De même encore, le legs deviendrait caduque s'il était fait pour prix d'un acte obligatoire pour le testateur lui-même, comme la prière, le jeûne, etc. ;

3° Le fait par le testateur d'attribuer un legs à l'un de ses héritiers (3) ou de dépasser le tiers disponible, qu'il s'agisse d'un successible ou d'un étranger (4). Mais les héritiers sont seuls admis à critiquer cette attribution ou ce dépassement, ainsi que nous l'avons vu.

695. DE LA RÉVOCATION DU TESTAMENT. — Le testament est toujours révocable. Il l'est même pendant la dernière maladie du testateur, alors même qu'il se serait interdit formellement de modifier les dispositions prises par lui.

La révocation est expresse ou tacite.

---

(1) Il résulte de cette théorie que si, par exemple, lors de la confection du testament, le tiers disponible est dépassé, et s'il ne l'est plus au moment du décès du testateur, celui-ci ayant augmenté sa fortune, le legs est parfaitement valable.

(2) La personne suspecte est celle qui, en raison de sa situation à l'égard du testateur, peut-être soupçonnée d'être de connivence avec lui.

(3) *Conf. suprà,* n° 687.

(4) *Conf. suprà,* n° 692.

Elle est expresse, quand le testateur le déclare expressément, en disant, par exemple : « *Je révoque mon testament* », ou « *J'annule telle clause de mon testament,* » ou « *Ne donnez aucune suite à telle disposition....* »

Elle est tacite, lorsque le testateur a aliéné la chose d'une façon quelconque, ou lui a fait subir un changement d'état, en faisant, par exemple, tisser le fil, égorger le mouton, transformer le numéraire en bijoux, tailler l'étoffe, par lui légués.

Le legs conditionnel est révoqué quand la condition stipulée ne se réalise pas. Ainsi, que le testateur ait dit : « *Je lègue telle chose à un tel, si je meurs de la maladie dont je suis atteint,* » ou bien : « *Si je meurs durant le voyage que j'entreprends,* » son rétablissement ou son retour entraînent, de plein droit, la révocation du testament. Il importe peu que le testament, dans ces différentes hypothèses, ait été ou non rédigé par écrit, conservé ou détruit, déposé ou retiré par le testateur. Mais s'il est conçu en termes absolus, comme : « *Je lègue telle chose pour le jour de mon décès,* » il demeure valable aussi longtemps qu'il subsiste sans avoir été annulé ou modifié.

Le fait par le testateur de bâtir ou de planter sur un terrain légué, n'implique pas révocation du legs ; dans ce cas le légataire et les héritiers sont copropriétaires indivis de l'immeuble, dans la proportion de la valeur du sol et de la valeur de la construction ou de la plantation.

Cette règle s'applique à l'hypothèse où la même chose a été léguée à deux personnes, sans que rien indique la volonté du testateur de substituer la seconde à la première. Il faut d'ailleurs, en cette matière, que l'intention du testateur soit toujours manifeste. Aussi, la mise en gage de la chose, consentie par lui, ne révèle nullement qu'il ait voulu se soustraire aux obligations nées de son testament, et les héritiers devront la retirer en désintéressant le créancier. De même, léguer le tiers de ses biens, et les vendre ensuite en totalité, sont deux faits juridiques parfaitement conciliables, comme aussi la vente de vêtements légués, mais remplacés par d'autres, ou la vente de tel vêtement rentré ensuite en la possession du testateur par résiliation du contrat, par donation ou par héritage. Le crépissage d'une maison léguée, la teinture d'une étoffe léguée, ne sont pas considérés comme des changements d'état assez caractérisés pour faire présumer la révocation du legs ; ils constituent une simple plus-value dont profite le légataire.

Quand le testateur a détruit ou démoli une construction élevée sur le sol qu'il a légué, la question de savoir si le legs doit être considéré comme révoqué est l'objet d'une vive controverse.

696. DE L'INTERPRÉTATION DES TESTAMENTS. — Lorsque le testateur s'est servi d'une expression sujette à divers interprétations, en raison de sa généralité ; lorsqu'il a légué à plusieurs personnes certaines ou incertaines des choses qui, réunies, dépassent le tiers disponible; lorsqu'enfin il a légué des choses incertaines, il y a évidemment lieu de rechercher quelle a été son intention et d'empêcher que, par l'inconciliabilité plus ou moins apparente de ses clauses, le testament ne soit exposé à être annulé. La loi a tracé certaines règles d'interprétation qui démontrent une fois de plus que le testament jouit d'une faveur marquée dans la législation coranique.

Le legs fait en faveur des *nécessiteux* comprend les pauvres et *vice versa* (1).

. Le legs fait au profit des *proches parents*, ou des *cognats*, ou des *parents naturels* d'une personne étrangère à la famille du testateur, ne leur profite qu'à défaut d'agnats. C'est là une grave atteinte portée à la liberté du testateur. En effet, on peut admettre, à la rigueur, que l'expression « *les proches parents* » suppose l'intention de léguer ses biens en respectant la hiérarchie successorale, d'après laquelle les agnats sont toujours préférés aux cognats. Mais quand le testament parle des *cognats*, des *parents naturels*, il est certain que la volonté du testateur a été d'appeler les cognats et d'exclure les agnats; c'est donc le plus arbitrairement du monde que, dans ce cas, les agnats reçoivent la chose léguée, et que les cognats ne la reçoivent qu'à défaut d'agnats. Le motif sur lequel on se fonde pour agir ainsi laisse beaucoup à désirer : « Le legs » est attribué aux agnats, dit Derdir, parce que les testaments et » les successions ont cela de commun que, dans les uns et dans » les autres les agnats sont préférés aux cognats. » Cet argument constitue une véritable pétition de principe, car il faudrait démontrer que les testaments et les successions ont, sur ce point, une loi identique. Cette affirmation, dénuée de preuve, est d'autant plus bizarre qu'il s'agit ici des parents d'un tiers, et nullement de ceux du testateur; la loi successorale n'est donc point en cause ici, d'autant plus que le legs profite aussi bien aux héritiers qu'à ceux qui ne le sont pas (2).

Quoi qu'il en soit, si le legs est fait en faveur des parents du testateur lui-même, les expressions mentionnées plus haut ne peuvent jamais s'appliquer à un parent au degré successible; aussi la règle d'interprétation formulée ci-dessus ne s'applique-t-elle plus, très heureusement pour la raison et pour l'équité. En effet, dans l'hypothèse actuelle, les successibles doivent être écartés, et les agnats ne priment les cognats que dans le cas fort rare où ils sont d'un degré trop éloigné pour être compris au nombre des héritiers *ab instestat* du testateur; sont-ils ses héritiers, ils sont écartés au profit des cognats, ce qui est conforme à l'esprit et à la lettre du

(1) Le *pauvre (fakir)* est celui qui possède quelque chose. Le *nécessiteux (meskin)* est celui qui ne possède absolument rien, qui est réduit à la mendicité.

(2) La prohibition d'attribuer un legs à un héritier est spéciale aux héritiers du testateur, et ne frappe pas les héritiers d'un tiers.

testament. Il est à regretter que cette solution ne s'appuie pas sur la nécessité de respecter la volonté du testateur.

Faute par ce dernier d'avoir assigné à chacun des légataires une part déterminée de la chose, on tient compte, dans la répartition, de la situation de fortune des appelés, en ce sens que le plus necessiteux est favorisé, fût-il même d'un degré plus éloigné que les autres. Dans le cas contraire, c'est-à-dire si le testateur a ordonné de favoriser tel ou tel légataire par ordre de proximité, on s'attache à exécuter le testament à la lettre, sans pourtant exclure complètement les parents les plus éloignés.

Léguer une somme ou une chose quelconque à un *voisin*, c'est exprimer implicitement la volonté de faire participer sa femme à la libéralité dont il est l'objet. Par l'expression « *mes voisins*, » on entend toutes les personnes habitant la même maison que le testateur, ainsi que les maisons situées en face, à droite et à gauche, jusqu'à ce que l'on rencontre soit une large voie de communication, soit un cours d'eau (1). Les auteurs examinent la question de savoir si le legs fait en faveur d'un voisin comprend le fils et la fille impubères du légataire. Les uns répondent négativement, en se fondant sur ce que l'impubère est entretenu par son père et n'a besoin d'aucune libéralité spéciale. Les autres se basent, pour répondre affirmativement, sur ce que la femme se trouve dans le même cas, et sur ce que l'impubère est capable de recevoir par testament (2).

Le legs fait en faveur des voyageurs (3) ne comprend que les musulmans de cette catégorie, sauf stipulation contraire et expresse.

Quand le legs est collectif, en ce sens qu'il doit profiter à une classe de personnes incertaines, comme un corps d'armée opérant contre les infidèles, comme une tribu entière, comme les pauvres d'une localité, il n'est pas nécessaire que la distribution des deniers soit générale ; eût-on omis une personne ou plusieurs, l'opération est régulière. Il suffit que l'on se conforme, autant que possible, à l'intention du testateur.

Il en est de même si, parmi les personnes incertaines, le testateur a nominativement désigné un des légataires ; si, par exemple, il a dit : « *Je lègue tant à Zeïd et aux pauvres*, » on réunit tous les indigents qui se trouvent sur place, après avoir donné une publicité aussi large que faire se peut au testament, et Zeïd touche sa part du legs au même titre que ses copartageants. Et, dans ce cas, le décès de Zeïd, avant la répartition, n'attribue aucun droit à ses héritiers, car il est traité comme les autres légataires qui ne touchent une portion du legs qu'à la condition d'être présents.

---

(1) Il ne s'agit plus ici, comme on le voit, du voisinage dont il a été parlé à l'occasion de la *quasi-société*. *(Conf. suprà*, n° 409).

(2) *Conf. suprà*, n° 687).

(3) Ce sont de véritables *mendiants péripatéticiens*, mot à mot : « *les fils de la route.* »

Il peut arriver que le legs soit indéterminé en tant que quotité. Ainsi, supposons-le avec Kharchi, le testateur a ordonné qu'il serait pourvu à l'entretien d'une lampe dans une mosquée ou dans une koubba, pour un temps illimité. Il sera satisfait à ce vœu jusqu'à absorption du tiers disponible. Mais si le testateur a, en outre, légué une certaine somme à Primus, ou à Primus et à Secundus, le problème se complique. Dans cette hypothèse, tous les legs subissent une réduction proportionnelle, les legs indéterminés étant considérés, quel que soit leur nombre, comme une unité, et les legs déterminés également. Si, par exemple, le testateur a ordonné la fondation d'une lampe et une distribution journalière de pain aux pauvres ; si, d'autre part, il a légué cent à Primus et cent à Secundus, la moitié du tiers disponible sera attribuée à l'entretien de la lampe et à la distribution du pain, l'autre moitié à Primus et à Secundus. D'après certains auteurs, il en est ainsi alors même que les legs seraient inégaux ; d'après d'autres, la réduction opérée, le partage entre les co-ayants-droit doit se faire dans la proportion indiquée par le testateur.

697. DE L'INSUFFISANCE DU TIERS DISPONIBLE. — Quand le testament contient plusieurs legs, et que la quotité disponible est insuffisante pour les acquitter tous, il s'établit une sorte de hiérarchie entre eux, suivant leur valeur au point de vue religieux. Je n'examinerai pas en détail les causes de ces préférences, la plupart d'entre elles procédant du code religieux des musulmans. Il serait difficile, toutefois, de ne pas citer celles qui précèdent celles qui sont purement civiles ; ce serait attribuer à ces dernières, en les isolant, un rang qu'elles n'occupent pas en réalité ; mais je me bornerai à indiquer les premières sans commentaire, puisqu'elles sont sans intérêt dans un traité purement juridique.

Lorsque le tiers disponible est insuffisant, on acquitte les legs dans l'ordre suivant :

1º Le legs destiné à la rançon d'un captif ;

2º Le legs affecté à l'affranchissement définitif d'un *statu liber ;*

3º Le legs devant servir à payer la dot à laquelle a droit la femme que le *de cujus* a épousée durant sa dernière maladie, avec laquelle il a consommé le mariage sans s'être libéré à son égard. Ce prélèvement a cela de remarquable qu'il est fait d'office, alors même que le défunt aurait omis d'inscrire la somme dans son testament. C'est une véritable dette de la succession, et elle doit être acquittée dans tous les cas ;

4º Le legs destiné à payer l'impôt ;

5º Le legs de l'aumône légale, à la fin du jeûne ;

6º Le legs en expiation d'une assimilation injurieuse. Nous avons vu (1) que le mari, coupable d'assimilation injurieuse, doit, s'il veut reprendre ses relations avec sa femme, se soumettre à une expiation qui consiste, soit dans le rachat d'un prisonnier, soit dans l'affranchissement d'un esclave, soit enfin dans la nourriture de soixante pauvres. Faute de s'être acquitté de cette obligation durant sa vie, il peut le faire par testament. Il en serait de même dans le cas où il aurait fait un serment de continence (2).

Le surplus de la nomenclature est sans intérêt.

698. DE LA PREUVE DES TESTAMENTS. — Le testament verbal est valable. Mais il doit être fait en présence de deux témoins, le Coran le prescrit en termes formels (3); et comment pourrait-il en être autrement? Fait devant le légataire seul, il serait suspect; devant les héritiers, il le serait également, pour des motifs contraires.

Lorsque le testateur a jugé convenable de recourir à l'écriture pour affirmer ses volontés dernières, son testament est soumis à des formalités assez compliquées. Il doit, tout d'abord, être précédé de la formule de la foi : « *Dieu seul est Dieu et Mohammed est son prophète.* » C'est là, dit Khalil, une simple obligation morale; mais aucun musulman ne songerait à s'y soustraire. Le plus souvent même, l'acte porte en outre les formules consacrées : « *Louange à Dieu unique!* » et « *Au nom de Dieu miséricordieux et clément.* »

Le testateur doit écrire le testament de sa main, ou le dicter à un tiers; puis requérir deux témoins de constater que l'acte qu'il leur présente, ou dont il leur donne lecture, est bien son testament; enfin, il est tenu d'ajouter : « *Exécutez ce testament* » ou bien : « *Assurez l'exécution de cet acte.* » En effet, c'est toujours chose grave qu'un acte par lequel on dispose de ses biens, et il ne faut pas que l'on puisse supposer un instant que le moribond, en exhibant son testament, ait eu simplement l'intention de le montrer à des tiers, sans exprimer formellement la volonté d'y soumettre ses héritiers. L'omission de cette dernière formalité entraînerait la nullité radicale du testament.

Il est d'ailleurs inutile que le testateur révèle aux témoins par lui requis que son testament contient telle ou telle disposition. Il lui suffit de leur présenter son testament plié ou cacheté, en leur affirmant que ce sont là ses volontés dernières. Les témoins seront ensuite admis à déclarer en justice que le papier qu'on leur représente est bien celui que le testateur leur a dit être son testament, et celui-ci sera valable, fût-il demeuré entre les mains du testateur.

On a voulu voir là un véritable testament mystique. Il y a loin de

---

(1) *Conf. suprà*, n° 152.

(2) *Conf. suprà*, n° 140.

(3) Coran, V, 105, 106, 107.

Traité élémentaire de droit musulman. — T. II.   **15**

ces formalités insuffisantes pour empêcher la fraude et l'erreur, aux formes prescrites par notre code (1).

Khalil prévoit le cas où les témoins de ce prétendu testament mystique reçoivent, en outre, une déclaration verbale du testateur, et où cette dernière est en opposition avec le contenu de l'acte. Ainsi, supposons-le, Primus remet son testament aux témoins, et leur dit qu'indépendamment des legs qui y sont inscrits, il a disposé du surplus du tiers disponible en faveur de Secundus. Vérification faite, il se trouve que le solde de la quotité disponible a été attribuée aux pauvres. Dans ce cas, et pour concilier la déclaration des témoins avec l'énonciation du testament, ce legs est partagé, entre Secundus et les pauvres, par parties égales.

Si, enfin, le testament a été déposé chez un tiers, qui le produit et en affirme la sincérité, et si, d'autre part, l'acte porte en lui-même la preuve de sa conformité au dire du dépositaire, il doit être exécuté. Il en serait autrement si le legs était fait au profit d'une personne incapable de recevoir sous cette forme, comme, par exemple, un héritier du testateur, ou au profit d'une personne suspecte, comme, par exemple, le fils du dépositaire. Il n'est même pas indispensable que le testament porte la mention : « *Exécutez-le;* » il suffit qu'il s'y trouve une mention analogue, telle que : « *J'ai rédigé mon testament chez la personne à qui je le confie, croyez-la.* »

699. DE L'EXÉCUTEUR TESTAMENTAIRE. — C'est par un véritable abus de mots que les traducteurs de Khalil ont introduit dans la langue juridique musulmane l'expression essentiellement française de « exécuteur testamentaire (2). » Le *ouaci* est un tuteur testamentaire, et l'administration provisoire de la succession n'est que l'accessoire de sa mission (3). Quant à la délivrance des legs, elle n'est jamais dans ses attributions, car, nous le verrons, elle est exclusivement dans celles du cadi.

Il est donc plus logique d'étudier, dans une section unique, les conditions dans lesquelles se produit la tutelle testamentaire et les pouvoirs qu'elle confère à celui qui en est investi.

(1) Code civil, art. 976.

(2) Les Romains autorisaient le testateur à désigner un mandataire chargé d'assurer l'exécution de quelques-unes de ses dernières volontés. Mais l'exécuteur testamentaire est une véritable création de notre ancien droit coutumier. Elle parut si utile qu'elle passa dans les provinces de droit écrit.

(3) Rien ne s'oppose, en droit français, à ce que l'exécuteur testamentaire soit le conseil de tutelle de la femme survivante, ou le tuteur des enfants du testateur. Mais ce qui est exceptionnel dans notre droit est la règle en droit musulman.

APPENDICE

DE LA TUTELLE TESTAMENTAIRE

—

700. GÉNÉRALITÉS. — La théorie du mariage et de l'interdiction sont intimement liées à celle de la tutelle testamentaire. J'ai été amené, par la chose des choses, à parler à différentes reprises, et en détail, de cette tutelle, la seule, il est facile de le démontrer, qui existe en droit musulman. Je vais donc me borner à résumer ici, très brièvement, les principes qui servent de base à cette remarquable création du droit musulman.

Le père exerce la puissance paternelle, durant le mariage (1). Il a la faculté d'instituer, par testament, un tuteur qui, par cela même qu'il continue sa personne, possède, à peu de chose près, le même pouvoir que lui.

A défaut par le père d'avoir désigné un tuteur, le cadi, ou son délégué, exerce une tutelle administrative qui tire son principe de la nécessité de ne pas laisser un enfant à l'abandon.

En thèse générale, le *ouaci* est l'administrateur des biens des mineurs et des interdits, et, de plus, il est le gardien de leurs personnes. En cette qualité, il est armé de la contrainte matrimoniale (2), et il figure au nombre des *oualis* (3).

701. DÉFINITION. — La tutelle testamentaire est celle que le père de famille confère pour le temps où il n'existera plus. Émanation de la puissance paternelle, elle s'applique de plein droit aux biens, et, à défaut d'injonction limitative, à la personne des interdits placés sous l'autorité du testateur.

Cette définition exige quelques explications qui auront, d'ailleurs,

---

(1) Je le sais, les auteurs le considèrent plutôt comme un tuteur, et j'ai exposé moi-même leurs idées sur ce point *(conf. suprà*, n° 67, et surtout mon *Essai d'un traité méthodique de droit musulman*, t. Iᵉʳ, p. 36 *(note)*, 39, 55 *(et passim)*. Mais ce n'est là qu'une vaine querelle de mots. Rigoureusement parlant, le père et le tuteur testamentaire forment une personnalité unique, et le *ouaci* est l'*émanation, la branche* du père; il continue sa personne.

(2) *Conf. suprà*, n° 6.

(3) *Conf. suprà*, n° 16.

l'avantage de préciser l'étendue des attributions du tuteur testamentaire.

Les pouvoirs du *ouaci* sont généraux, si le testateur ne les a pas limités : « *J'institue un tel mon ouaci.* » est la formule généralement employée; elle donne à ce dernier le pouvoir d'administrer les biens des incapables, de marier ceux-ci en vertu de la contrainte matrimoniale, de servir de ouali aux femmes, etc., etc.

Toutefois, on se demande s'il faut que le testateur ait expressément autorisé le ouaci à user de la contrainte pour marier les incapables, ou si ce dernier tire de la généralité même de son mandat le droit de les contraindre au mariage. Les avis sont partagés sur ce point (1).

Quand le testateur a pris soin de limiter les pouvoirs du ouaci, aucune difficulté ne peut être soulevée : le tuteur doit se renfermer dans le mandat qui lui a été conféré.

Qu'il s'agisse de pouvoirs généraux ou spéciaux, ils peuvent ne lui être donnés que temporairement, ou sous condition. Ainsi, que le testament porte : « *Un tel sera mon ouaci jusqu'au retour de telle personne,* » la tutelle cesse de plein droit à l'arrivée de la personne attendue; celle-ci ne revient-elle jamais, ou meurt-elle, la tutelle devient définive. Ainsi encore, dire : « *Un tel sera mon ouaci si ma veuve se remarie,* » c'est conférer au tuteur un mandat qui ne prendra naissance que si la veuve contracte un second mariage, et du jour de ce mariage.

Enfin, si le ouaci n'a été institué que pour l'administration des biens, et si, outrepassant ses pouvoirs, il marie un incapable, le mariage une fois contracté est à l'abri de toute critique, en raison de l'autorité du fait accompli.

702. DIVISION. — Nous suivrons, autant que possible, l'ordre adopté par Khalil pour l'étude de la tutelle testamentaire, et nous examinerons, en conséquence :

A. Par qui elle peut être déférée;

B. Qui est capable d'être tuteur;

C. Quand il peut refuser le mandat qui lui est conféré;

D. Quels sont les actes qui lui sont permis;

E. Quels sont ceux qui lui sont interdits;

F. Dans quels cas il peut être destitué;

G. Quelles sont les règles applicables en matière de reddition de comptes de tutelle;

H. Quelles sont les règles applicables en matière de solidarité, lorsque le tuteur a institué des cotuteurs.

(1) *Conf.* mon *Essai d'un traité méthodique,* t. Ier, p. 55. On trouvera là le résumé de cette controverse.

703. A. *Par qui la tutelle testamentaire peut être conférée.* — En thèse générale, le père seul a qualité pour instituer un tuteur testamentaire, celui-ci étant l'*émanation* de la puissance paternelle. Le grand-père, les autres parents, de quelque degré qu'ils soient, n'ont aucune qualité pour le faire, parce qu'ils n'exercent pas la puissance paternelle. Encore faut-il que le père jouisse de son discernement, que, en d'autres termes, il ne soit pas interdit pour cause de folie ou de faiblesse d'esprit. En effet, s'il était interdit, il serait lui-même sous l'autorité d'autrui, et ne pourrait pas transporter à un tiers un pouvoir qu'il n'exercerait pas.

D'autre part, le père n'a pas le droit de désigner un tuteur testamentaire à son fils qui, après avoir conquis sa liberté somatique et chrèmatique, est devenu fou ou faible d'esprit, et qui, à ce titre, a été pourvu d'un tuteur datif par le cadi. Ici, le père est encore sans qualité pour transférer un pouvoir qu'il a cessé d'exercer au moment où son fils est devenu pubère, bien que, postérieurement, l'enfant ait été interdit.

Mais, ce qui paraît bizarre au premier abord, et ce qui est pourtant une stricte application des principes, le tuteur testamentaire a le droit de nommer testamentairement son successeur. Il ne faut pas oublier que le ouaci est, pour emprunter la phraséologie arabe, la *branche* du père, celui-ci étant considéré comme le tronc, il continue la personne du père ; à ce titre, il peut choisir son successeur, comme il a été choisi par le père (1).

Nous savons combien la mère joue un rôle effacé dans la famille musulmane. Sauf la *hadana* (2), et sauf le timide et insuffisant *veto* dont elle est armée dans une circonstance exceptionnelle (3), elle n'a aucun droit sur ses enfants. Il a paru, néanmoins, excessif de lui refuser absolument la faculté de leur désigner un tuteur testamentaire. Cette concession n'a pas été obtenue sans peine, et elle ne l'a été qu'avec de minutieuses restrictions. Il lui est donc permis de nommer un ouaci, à trois conditions : 1° les biens de l'interdit doivent être peu considérables (4); 2° il faut qu'il n'ait ni *ouali* (5), ni ouaci institué par le père; 3° il faut enfin que les biens que le ouaci nommé par la mère sera chargé d'administrer proviennent de cette dernière.

Il est hors de doute que, dans cette hypothèse, le pouvoir du ouaci

(1) L'exécuteur testamentaire de notre droit ne peut se substituer une autre personne, à moins d'y être expressément autorisé par le testateur.

(2) *Conf. suprà*, n° 69.

(3) *Conf. suprà*, n° 10, et surtout mon *Essai d'un traité méthodique*, tome I, pages 71, 72, 73, 74, et la note 2 de la page 72.

(4) Ils ne doivent pas être supérieurs à 60 dinars.

(5) Ce mot comprend le père, le tuteur institué par le père, le mokaddem nommé par le cadi. Il s'agit donc d'un enfant abandonné, sans aucune espèce de tuteur.

nommé par la mère sera réduit à l'administration des biens de son pupille, et qu'il n'exercera pas la contrainte matrimoniale, sa mandante étant hors d'état de lui conférer un pouvoir dont elle est privée elle-même (1). Il faudrait déjà, pour qu'il n'en fût pas ainsi, que la mère eût été elle-même instituée tutrice testamentaire par son mari, et que, usant du bénéfice de la loi, elle se substituât, à son décès, un tuteur testamentaire, car alors ce dernier *émanerait* du père, malgré l'interposition de la mère (2).

704. B. *De la capacité requise pour être tuteur testamentaire*. — Pour être apte à remplir les fonctions de tuteur testamentaire, il faut remplir les conditions suivantes :

1° *Être pubère discernant*. Un impubère, un fou, seraient évidemment incapables d'exercer une tutelle à laquelle ils sont soumis eux-mêmes (3).

2° *Être musulman*. La société musulmane ne doit aide, protection qu'aux siens. La tutelle testamentaire est donc spécialement destinée à protéger les incapables musulmans, alors surtout qu'elle est une émanation de la puissance paternelle, telle qu'elle est exercée par le père de famille musulman. Il n'est donc pas admissible qu'elle soit déférée à un infidèle.

3° *Être d'une rigoureuse moralité*. Le tuteur doit, par son respect de la loi religieuse, laquelle recommande de ne jamais porter préjudice aux biens ou à la personne du pupille, inspirer une pleine confiance, et la justifier.

4° *Avoir une aptitude suffisante*, ce qui s'entend au physique comme au moral. Il doit, par sa santé, par son intelligence, par son activité, être à la hauteur de ses fonctions.

Rien ne s'oppose d'ailleurs à ce qu'une femme soit investie de la tutelle testamentaire, qu'elle soit la mère de ses pupilles, ou la femme du testateur, ou même étrangère à sa famille. Il lui suffit de remplir les conditions générales de moralité et de capacité exigées pour l'homme.

Un aveugle peut être nommé tuteur testamentaire.

705. C. *De l'acceptation et du refus de la tutelle*. — Le testament

_____

(1) Ainsi, dans ce cas, les pouvoirs du ouaci sont limités, bien que la mère se soit servie d'une formule générale.

(2) J'ajoute que plusieurs jurisconsultes contestent formellement à la mère le droit d'instituer un tuteur testamentaire : Elle ne peut pas, disent-ils, déléguer un pouvoir qu'elle ne possède pas. Ils oublient que la mère peut être elle-même tutrice testamentaire. Il est vrai que, dans ce cas, elle tire son pouvoir du testament de son mari, ce qui est une hypothèse différente.

(3) *Conf. suprà*, n°s 186 et 187.

ne devient définitif, nous l'avons vu (1), que par le décès de son auteur. Jusque-là, il lui est loisible de le révoquer, de le modifier, aussi bien en ce qui touche les legs, qu'à l'égard du tuteur institué par lui. De même, ce dernier est admis, jusqu'à la mort du testateur, à refuser la tutelle, même après l'avoir acceptée.

Après le décès du testateur, il n'en est plus de même. Le tuteur ne peut plus se faire décharger de la tutelle, une fois qu'il l'a acceptée, sinon pour des causes graves et justifiées desquelles résulte pour lui l'imposibilité de remplir la mission dont il est investi. Mais aussi, s'il s'en est fait décharger, il n'est plus admis à réclamer la tutelle; il devient un étranger, ainsi que le dit Karchi. Il ne peut plus être qu'un tuteur datif, sur la désignation du cadi (2).

706. D. *Desactes permis au tuteur.* — En thèse générale, le *ouaci* a les mêmes pouvoirs que le père dont il est l'émanation, à moins que le père ne les ait limités (3). Néanmoins, par cela même qu'il est un délégué, il jouit d'une indépendance quelque peu atténuée.

Il a qualité pour recevoir, pour actionner les débiteurs de son pupille et leur accorder, le cas échéant, tel délai qui lui paraîtra convenable, pour transiger avec eux.

Il est spécialement chargé de pourvoir à l'entretien et à l'éducation du pupille, le tout sur les biens de ce dernier, et en raison de de l'importance de ces biens, sans prodigalité comme sans parcimonie. A cet effet, il peut lui remettre, journellement ou mensuellement, des sommes de faible importance.

Il paie, également sur la fortune personnelle de son pupille, la dot à fournir à la femme, en cas de mariage.

Il lui est permis de placer les fonds du pupille dans une commandite, en fût-il lui-même le gérant, bien que cette dernière concession soit vue défavorablement par la loi, eu égard aux abus qui peuvent en résulter. On ne saurait toutefois lui faire grief de laisser improductifs les biens dont il est seulement l'administrateur.

Est-il permis au tuteur d'aliéner tout ou partie des biens de son pupille? Les avis sont partagés sur ce point. Les uns, considérant le ouaci comme le délégué du père, admettent la validité de ces aliénations. Les autres exigent que le tuteur justifie de la nécessité qu'il y a de vendre les immeubles.

Le ouaci a qualité pour renoncer, au nom de son pupille, à l'exercice du droit de retrait (4).

---

(1) *Conf. supra*, n° 684.

(2) Tous les tuteurs, sans exception, y compris le père, sont placés sous la surveillance immédiate et souveraine du cadi. Celui-ci, à défaut de tutelle testamentaire, exerce les fonctions de tuteur par lui-même, ou par un délégué qui porte le nom de *mokaddem* du cadi.

(3) *Conf. supra*, n° 701.

(4) *Conf. supra*, n° 506.

707. E. *Des actes interdits au tuteur.* — Il lui est rigoureusement interdit d'acquérir, pour son compte personnel, un bien meuble ou immeuble provenant de la succession, à moins qu'il ne s'agisse d'un objet de faible valeur (1), dont on ne trouverait pas acquéreur à un prix plus élevé.

Néanmoins, si le tuteur a contrevenu aux prohibitions qui précèdent, ses actes ne sont pas nuls de plein droit. Les choses achetées par lui sont, le cas échéant, mises aux enchères publiques. N'en offre-t-on pas un prix supérieur, l'acquisition faite par le tuteur est maintenue ; dans le cas contraire, il a le choix ou bien de renoncer à son achat, ou de payer la chose au prix auquel elle s'est élevée.

Dans tous les cas, il ne peut jamais vendre les biens de la succession, non encore partagés, en l'absence des cohéritiers majeurs, et sans s'être muni de leur autorisation (2).

Il lui est aussi interdit de procéder à un partage en l'absence des cointéressés, sans l'assistance du cadi, liquidateur de la succession, ce dernier représentant légalement les absents.

708. F. *De la destitution du tuteur.* — Nous l'avons vu, le ouaci doit remplir certaines conditions de capacité, de moralité ; si elle n'avait aucune sanction, cette obligation demeurerait lettre morte. Si donc, à un moment quelconque de sa gestion, il cessait d'être musulman en apostasiant, si sa moralité cessait d'être intacte, s'il devenait fou ou prodigue, il serait immédiatement destitué par décision du cadi.

709. G. *Des comptes de tutelle.* — Les comptes de tutelle doivent être fournis à toute réquisition du cadi, soit d'office, soit sur la demande d'un membre de la famille. En raison même de sa qualité et de la confiance qu'il doit inspirer, le dire du ouaci fait foi pour le montant des dépenses du pupille, mais jusqu'à preuve contraire seulement. Les allégations du tuteur paraissent-elles suspectes, il est astreint au serment.

Mais, par une bizarre restriction, il doit établir la date à laquelle remonte son entrée en fonction (3).

De même, il doit prouver qu'il a fait, à son pupille sorti de tutelle, la remise de ses biens. C'est là une précaution singulière prise contre un homme que l'on déclare digne de confiance. Il est vrai que le Coran astreint le tuteur à se faire assister de témoins quand il vide ses mains entre celles de son pupille (4).

(1) Comme deux ânes, dit Khalil.

(2) Ici le ouaci agit, à certains égards, en qualité d'exécuteur testamentaire.

(3) Une pareille exigence n'aurait aucune raison d'être s'il existait des registres de l'état civil chez les musulmans.

(4) Coran, IV, 7.

710. H. *De la solidarité des cotuteurs.* — Rien n'empêche un testateur d'instituer deux ou plusieurs tuteurs testamentaires, surtout
si les pupilles sont nombreux, s'ils résident dans des localités différentes, ou si leurs biens sont situés dans des lieux différents.

Dans ces diverses hypothèses, les cotuteurs sont présumés
n'avoir pas le droit d'agir isolément, sauf énonciation contraire du
testament, et ils sont solidaires les uns des autres, alors même
qu'ils se seraient partagé la gestion.

Sont-ils en désaccord, il appartient au cadi de vider le conflit.
L'un d'eux meurt-il, c'est encore le cadi, surveillant légal de tous
les tuteurs, qui décide si le survivant offre assez de garanties pour
continuer seul la tutelle, ou s'il convient de lui adjoindre un cotu-
teur nouveau.

La tutelle étant exercée par plusieurs ouacis, aucun d'eux ne
peut se substituer un tiers sans l'assentiment des autres.

CHAPITRE II

DES SUCCESSIONS

(FARAID')

—

711. GÉNÉRALITÉS. — Pour apprécier l'importance du progrès accompli par le Coran, en matière successorale, il faut se représenter l'état de la société arabe avant le prophète (1). A cette époque, l'homme, le mâle, avait seul une personnalité juridique. L'avènement de la puberté était le fait qui le rendait *sui juris* (2), parce qu'il le rendait capable de porter les armes : pubère, il était en état de défendre le patrimoine commun et généralement indivis, de le conserver et de l'augmenter par l'effort de sa *main droite*. L'enfant mâle, guerrier futur, avait des droits sur ces biens, en raison des espérances qu'il donnait ; aussi, à la mort du *pater familias,* il était admis à la succession de ce dernier ; mais l'enfant du sexe féminin, bouche et bras inutiles, destinée à quitter la tente paternelle et à suivre un étranger suspect à l'avance d'exiger un partage, était impitoyablement exclue de l'hérédité. Il en était de même des autres femmes, épouses et mères, pour des motifs analogues : étrangères par le sang, susceptibles de le devenir de nouveau en se remariant hors de la famille, elles étaient des choses plutôt que des personnes ; elles dépendaient de la succession du mari, et, loin d'hériter, *elles étaient héritées.*

Le Coran a réagi contre ce système barbare. Non pas que la réforme ait été complète, et il était impossible qu'elle le fût. Mohammed *ôta le mal en faisant sentir le meilleur* (3), ce qui était beaucoup pour son temps. La femme, qui n'était rien, devint quelqu'un ; elle ne conquit pas l'égalité, elle devint un demi-mâle, et le cognat, dédaigneusement appelé le *possesseur de l'utérus,* sut profiter des dilapidations du trésor public pour se glisser dans la famille, dont son origine féminine l'avait exclu jusqu'au deuxième siècle de l'hégire.

(1) Je résume ici une théorie que j'ai exposée ailleurs avec tous les développements utiles. *(Conf.* mon *Essai d'un traité méthodique,* tome Ier, p. 32 et suiv.).

(2) *Conf. suprà,* no 186.

(3) Montesquieu. — Si la législation civile des Musulmans était perfectible, ce *meilleur* serait devenu le *bon.*

La loi successorale tout entière est contenue dans huit versets du Coran (1). Ce n'est donc qu'une ébauche, et les commentateurs ont eu fort à faire pour bâtir ce gigantesque édifice sur des fondations aussi restreintes. Il est vrai qu'il existe plus de mille hadits sur ce sujet, à ce point important aux yeux des musulmans, qu'ils proclament que *la loi des successions est la moitié de la science* (2).

712. DÉFINITION.— L'héritage est un droit susceptible de division qui est assuré au successible par la mort de celui qui le possédait.

Cette définition, très claire d'ailleurs, démontre que la saisine existe en droit musulman. Aussi longtemps que la succession n'est pas ouverte, les héritiers quels qu'ils soient, n'ont aucun droit sur les biens de leur auteur; c'est pour cela que celui-ci peut, sans encourir aucune réduction, disposer entre vifs de toute sa fortune. Mais, dès qu'il est mort, par le fait seul de son décès, les droits qu'il possédait se trouvent transportés sur la tête de ses héritiers.

713. DIVISION. — L'actif d'une succession se compose de tous les biens du défunt, déduction faite de ce qu'on peut appeler les dettes, en employant cette expression dans son acceptation la plus large. Ce prélèvement du passif une fois opéré, les héritiers auxquels la loi accorde, sous le nom de *réserve,* un émolument qu'ils doivent recevoir de préférence à tous autres, viennent utilement au partage. Enfin, si l'actif n'est pas épuisé, le solde en est attribué aux agnats.

Notre sujet se divise donc rationnellement en trois parties principales, que nous traiterons sous le titre de :

1° Les prélèvements ;

2° Les héritiers à réserve ;

3° Les agnats.

SECTION I. — *Des prélèvements*

714. GÉNÉRALITÉS. — D'après les auteurs musulmans, la liquidation d'une succession doit tenir compte de cinq éléments : 1° les charges qui procèdent de la succession elle-même, comme les dettes de corps certains ; 2° celles qui procèdent de la personne du défunt, telles que les dépenses faites pour ses funérailles ; 3° celles

---

(1) Sourate IV, versets 8, 9, 12, 13, 14, 15, 16, 175.

(2) Texte même d'un hadits. — Mon étude a le texte de Khalil pour base. C'est la première fois que le chapitre des *Successions* de Khalil est commenté en français.

qui procèdent des engagements pris par lui, comme les dettes qu'il a contractées de son vivant; 4° celles qui procèdent des engagements pris par lui à l'égard des tiers qui ne sont ni ses créanciers, ni ses héritiers, comme les legs qu'il a faits; 5° celles qui procèdent de ses héritiers.

De ces éléments, les quatre premiers, bien qu'ils soient en apparence étrangers à la succession, influent forcément sur sa liquidation. En effet, d'après la théorie musulmane, les héritiers, quels qu'ils soient, ont la saisine, en ce sens qu'ils acquièrent immédiatement, *a die mortis,* la propriété de la portion des biens du défunt que la loi leur attribue; mais on n'entend par les biens sur lesquels la saisine s'exerce que ceux qui constituent l'actif, défalcation faite du passif. Ils ne continuent donc pas la personne du défunt pour l'acquittement de ses dettes, celles-ci étant dues soit par lui-même, soit par la succession (1).

Il faut encore le remarquer, les prélèvements ne s'opèrent pas tous de la même façon. Ceux qui se rapportent aux dettes de corps certains, aux funérailles, aux dettes, sont pratiqués sur l'ensemble des biens existant au jour du décès; quant aux legs ils sont pris sur le tiers de l'actif, déduction faite de tout le passif.

715. Division. — Les prélèvements s'opèrent par ordre de préférence, en ce sens que, si les biens sont insuffisants pour y suffire, on procède d'abord à celui qui occupe le second rang, puis au troisième, et ainsi de suite (2).

Voici la hiérarchie des prélèvements :

1° Les dettes de corps certains ;

2° Les dépenses faites pour les funérailles du défunt;

3° Les dettes du défunt;

4° Les legs, dans la limite du tiers disponible.

716. A. *Dettes de corps certains.* — Il s'agit ici de dettes qui sont éliminées de l'actif avec d'autant plus de raison qu'elles n'en font pas partie en réalité.

Ainsi, lorsqu'on trouve dans la succession des objets qui ont été déposés entre les mains du *de cujus* à titre de gage, il est certain qu'il n'en est pas propriétaire, qu'il les a reçus à charge de les rendre dans des conditions déterminées, surtout s'il n'est qu'un tiers

---

(1) Nous en avons vu la preuve en matière de testament *(Conf. suprà,* n° 693). Mais il serait périlleux de généraliser cette théorie. Pour tous les droits que le décès du *de cujus* a laissés en suspens, et qui ne sont pas attachés à la personne, les héritiers continuent sa personne *(Conf. suprà,* n° 244).

(2) Je ne parle pas du premier, puisqu'il n'affecte en rien les forces de la succession.

dépositaire (1), que ses héritiers ne sont admis à en provoquer la vente qu'en se conformant à la loi.

Ainsi encore, quand le *de cujus* a été constitué dépositaire d'une chose quelconque, sa succession est tenue de la restituer à première réquisition (2), et ce n'est pas là, à proprement parler, un prélèvement.

Il en est de même de la chose prêtée (3).

Il en est encore de même des biens de l'insolvable judiciairement déclaré (4), bien qu'il ne s'agisse pas ici d'un corps certain, dans le sens habituel du mot. Mais, les biens de l'insolvable formant le gage commun des créanciers, il n'en est plus propriétaire ; il n'en est pas non plus débiteur ; ils constituent une sorte de corps certain de raison dont ses créanciers sont devenus propriétaires, jusqu'à concurrence du montant de leurs créances (5).

Enfin, l'impôt dû à la mort du *de cujus* figure également dans cette première catégorie de prélèvements (6), car l'impôt, dont l'incidence est minutieusement fixée par la loi, a pour effet de distraire, des biens de celui qui y est soumis, une quotité déterminée de ces biens tels qu'ils existent entre ses mains, dans l'année où l'impôt est perçu. C'est ce que les économistes appellent la *maxime de la certitude,* et elle a pour effet de donner à la matière imposable, comme à la partie prélevée, la qualité de corps certain de raison. Il est certain que la partie prélevée est déjà virtuellement sortie du patrimoine du défunt avant son décès.

---

(1) *Conf. suprà,* nº 331.

(2) *Conf. suprà,* nº 452.

(3) Il s'agit du commodat, bien entendu. (*Conf. suprà,* nº 443.)

(4) *Conf. suprà,* nº 339, et surtout nº 190.

(5) *Conf. suprà,* nº 190.

(6) L'occasion me paraît bonne pour dire quelques mots de l'impôt arabe. Pour nous, l'impôt est une contribution exigée de chacun des membres de la collectivité, en vue de mettre le gouvernement général ou local en mesure d'assurer les services dont il est chargé. L'impôt est à la fois une nécessité politique et une nécessité économique. Il est direct ou indirect, suivant qu'il frappe directement les personnes, ou qu'il les atteint en raison des produits naturels ou industriels qu'ils consomment. Jamais l'impôt n'est *religieux,* en ce sens qu'il serait un devoir de conscience sanctionné par la loi religieuse.

Chez les Musulmans, il en est autrement. Le *zekat* est un prélèvement opéré sur les biens apparents (*) du fidèle, tels qu'ils ont été relevés par les agents spéciaux chargés de ce service. Le payement du zekat est une des obligations fondamentales imposées au Musulman. Prier, jeûner, aller en pèlerinage, faire la guerre sainte, et acquitter le zekat, on n'est pas Musulman à moins. En allant au fond des choses, le fidèle qui possède des biens est favorisé par Dieu, souverain créateur et souverain dispensateur de tout ce qu'il a créé. L'égale répartition des

(*) La loi s'en rapporte à la conscience du fidèle pour l'emploi à faire du zekat qu'il doit sur ses biens cachés, c'est-à-dire connus de lui seul. On a préféré ce système à celui des déclarations et des peines infligées à ceux qui dissimulent tout ou partie de la matière imposable.

717. B. *Frais funéraires.* — Les frais funéraires constituent un
véritable prélèvement, en ce sens qu'il faut, pour les acquitter, prélever une somme sur les biens du défunt. Dans notre code, ces frais
sont toujours privilégiés (1) ; et d'autre part, les héritiers en sont
tenus (2), pour des motifs d'équité et de convenance qu'il est superflu d'indiquer. En droit musulman, en raison d'un concept différent de la théorie successorale, les héritiers n'en sont tenus qu'en
fait, puisque ce prélèvement diminue d'autant l'émolument qu'ils
reçoivent. Les frais funéraires comprennent le lavage du corps, son
ensevelissement, son transport au cimetière, son inhumation, ainsi
que les distributions de vivres et de menue monnaie faites aux
indigents, suivant la coutume arabe.

718. C. *Dettes.* — Les dettes, quelles qu'elles soient, même celles
qui ont été cautionnées par un tiers — car celles-ci deviennent exigi-
bles par la mort du débiteur, cautionné ou non (3) — doivent être
prélevées sur l'ensemble de la succession.

Parmi les dettes, on fait figurer celles contractées envers Dieu,
comme, par exemple, les expiations résultant du *d'ihar* (4) ou de
l'*ila* (5), ou les sacrifices que le défunt a été empêché de faire
quand il meurt au cours d'un pèlerinage, pourvu qu'il ait déclaré

richesses est une utopie, car il faudrait la recommencer chaque jour. Il y aura
donc toujours des riches, des pauvres. Mais l'homme riche doit se purifier, se
racheter de l'iniquité qu'il commet par la force des choses, et, pour cela, sacrifier
une partie de ce qu'il possède, pour avoir le droit de conserver le reste. On voit
déjà quel est l'emploi du zekat : c'est un fond charitable destiné à soulager les
misères des déshérités de ce monde. Ce n'est que par une sorte d'abus que l'État
en affecte une portion à certains services publics. D'autre part, comme celui qui
acquitte le zekat s'attire des mérites considérables dans l'autre vie, il s'ensuit que
pour être astreint à l'impôt, il faut être Musulman, sain de corps et d'esprit, pubère. De ce qui précède il résulte encore que tous les Musulmans ne sont pas
tenus de l'impôt; les pauvres, au profit desquels il a été institué, en sont évidemment affranchis. Mais quel sera le pauvre ? Il a été nécessaire de fixer un minimum imposable ; ce minimum porte le nom de *niçab (source, origine, point de
départ)*, et il est d'environ 125 francs. Le zekat porte sur le bétail, sur les produits
du sol, sur les métaux précieux, sur les profits réalisés dans le commerce, sur les
trésors et épaves, etc., etc. Il est, en thèse générale, prélevé en nature.

(1) *Code civil*, art. 2001.

(2) *Code civil*, art. 873.

(3) *Conf. suprà*, n° 368. Je rappelle que si le débiteur cautionné meurt insolvable, le cautionnement subsiste; mais ce n'est pas là l'hypothèse actuelle; la
voici : Primus a été cautionné par Secundus. Primus meurt, sa dette devient
immédiatement exigible par le fait seul de son décès; c'est là le fait à retenir.
J'ajoute, bien que ce point soit étranger à notre sujet, que, cette dette une fois
payée, la caution est libérée; mais, au contraire, si Primus meurt insolvable,
comme sa succession ne peut payer la dette cautionnée, le cautionnement subsiste.

(4) *Conf. suprà*, n° 152.

(5) *Conf. suprà*, n° 140.

devant témoins, avant de mourir, qu'il est débiteur de l'une ou
de l'autre de ces obligations de conscience. Si, au lieu de prendre cette voie, il a, par testament, ordonné l'acquittement de ces
dettes sous forme de legs, le montant en est payé, comme tous les
legs, sur le tiers disponible (1).

719. D. *Legs*. — Après les prélèvements dont il vient d'être parlé, ou
à défaut de ces prélèvements, on acquitte les legs faits par le défunt,
si le tiers disponible, sur lequel ils doivent être exclusivement pris,
est assez « large, » suivant l'expression arabe, pour permettre de
les acquitter tous. Dans le cas contraire, on procède ainsi que je
l'ai indiqué précédemment (2).

SECTION II. — *Des réservataires*

720. GÉNÉRALITÉS. — Les prélèvements opérés, l'actif de la succession est attribué aux héritiers.

La grandeur de la réforme accomplie par le Prophète se montre
surtout dans cette partie de la loi successorale. Nous l'avons
vu, avant lui, les Arabes, peuple éminemment guerrier, ex-
cluaient systématiquement des successions tous ceux qui n'é-
taient pas aptes à porter les armes et à défendre leurs biens
de leurs propres mains. Pour l'homme, l'avènement de la puberté le rendait capable de succéder; l'impubère n'avait, pour
ainsi dire, aucune existence légale; on protégeait sa personne pour
assurer l'avenir de la tribu et le recrutement normal de ses forces
vives; mais il ne possédait rien aussi longtemps que son bras
n'était pas assez robuste pour porter la lance. Quant aux femmes,
elles n'étaient qu'un embarras; elles excitaient les convoitises,
soulevaient les passions, et, elles étaient destinées à déserter la
tente paternelle pour former de nouvelle familles; on n'admettait
point qu'elles pussent emporter avec elles une portion des biens
qu'elles n'avaient su ni acquérir ni défendre.

Cet état violent, contraire à l'équité, a été probablement celui de
toutes les sociétés barbares fondées sur la force brutale. Les Ber-
bères, qui n'ont eu ni réformateur, ni révélation, ont conservé dans
leurs coutumes ce mépris du faible, et de la femme qui est le faible
par excellence.

Mohammed réagit contre une pareille iniquité. Si, en bien des
cas, il n'a attribué à la femme qu'une demi-personnalité juridique,
son principal titre de gloire n'en est pas moins d'avoir, avec l'as-

---

(1) *Conf. suprà*, n° 693.
(2) *Conf. suprà*, n° 697.

cendant que lui donnait sa mission divine, fait droit aux légitimes revendications de la femme (1). Par cela même que la femme est un être faible, que les usages arabes lui refusent la possibilité d'exercer un métier ou une industrie, qu'elle a pour mission unique de donner la vie aux guerriers de la tribu, et de la leur donner une seconde fois par l'allaitement (2), qu'elle se consacre tout entière à l'éducation de ceux qui seront un jour les défenseurs du patrimoine commun, elle lui a paru mériter une part des biens que ses fils accumulent et conservent. Bien mieux, il lui a semblé que la femme devait recevoir cette part avant les héritiers mâles, ceux-ci, en raison même de leur sexe, étant toujours en état de se constituer une fortune nouvelle, alors même que ces prélèvements auraient épuisé celle de leurs auteurs.

Toute la théorie successorale des Musulmans est dans ce peu de mots. Aux femmes une portion fixe (*fard'*), déterminée par le Coran ; aux héritiers mâles le surplus, s'il reste quelque chose du premier partage.

De là, deux catégories d'héritiers, les réservataires (3), les agnats. Cependant, la première ne contient pas seulement des femmes ; d'autres, en petit nombre, il est vrai, y sont admis par attraction, pourrait-on dire, soit que leur parenté avec le *de cujus* soit produite par les femmes, soit qu'en raison de leur faiblesse, résultant de leur âge avancé, il y ait lieu de les assimiler à des femmes. Aussi les auteurs disent-ils que le droit de succéder procède de la parenté, du mariage, ou du patronage (4).

721. DÉFINITION. — La réserve est la portion fixe que la loi accorde à certains héritiers sur les biens d'une succession. Elle ne peut être modifiée que par le *redd* (5), ou par le *a'oul* (6).

722. DIVISION. — Les réserves, ou portions légales, sont au nombre de six : elles sont de la moitié, du quart, du huitième, des deux tiers, du tiers, du sixième de la succession, déduction faite des prélèvements, s'il y en a à opérer.

---

(1) *Un fils gagne le paradis aux genoux de sa mère,* est une des plus belles paroles sorties de sa bouche.

(2) De là la parenté par lactation et par collactation *(Conf. suppà,* nº 43, C.).

(3) Les réservataires, *ou gens de la part fixe,* sont soigneusement énumérés dans le Coran (IV, 8, 12 et suivants).

(4) Le droit de succession fondé sur le patronage n'a plus qu'un intérêt historique en Algérie. Il est fondé sur ce que le patron, qui donne la liberté à son esclave, conserve sur lui, en raison même de ce bienfait, des droits que rien ne peut effacer.

(5) Ce terme sera défini plus loin *(Conf. infrà,* nº 738).

(6) Ce mot technique sera également défini en temps et lieu *(Conf. infrà,* page 252, note 1).

723. 1° RÉSERVE DE LA MOITIÉ. — La réserve de la moitié est allouée à cinq héritiers :

A. *L'époux survivant,* en ce qui touche, bien entendu, la succession de sa femme prédécédée ;

B. *La fille unique du défunt ;*

C. *La fille du fils du défunt,* à défaut de la précédente ;

D. *La sœur germaine du défunt,* quand elle est unique, et à défaut de la précédente ;

E. *La sœur consanguine du défunt,* quand elle est unique, et à défaut de la précédente.

Mais il ne faut pas s'y tromper, ces exclusions hiérarchiques ne sont pas absolues. Elles ont simplement pour effet de modifier le chiffre de la réserve, par le fait de la concurrence qui s'établit entre réservataires de rang et de lien différents, ou de même rang et de degré différent, ou de même rang et de même lien.

Parfois même, mais plus rarement, le réservataire se transforme en agnat ; plus rarement, encore, il demeure réservataire, tout en acquérant par surcroît la qualité d'agnat ; plus rarement encore, il est armé d'un véritable droit d'option.

Reprenons donc la liste qui précède :

A. Lorsque l'époux survivant est appelé à la succession de sa femme, et que celle-ci, au lieu de mourir sans postérité, laisse des enfants de l'un ou de l'autre sexe, sa réserve tombe de la moitié au quart ;

B. *Les* (1) *filles du de cujus* sont réservataires des deux tiers. Elles sont transformées en agnats par la présence d'un frère de même lien, et chacune d'elles reçoit alors la moitié de la part de ce dernier ;

C. *Les filles du fils* sont également réservataires des deux tiers. La fille du fils et les filles du fils ne sont pas exclues par la fille ; seule, elle devient réservataire du sixième ; quand elles sont au nombre de deux ou de plusieurs, elles se partagent ce sixième par parts égales. Par la présence d'un frère de même degré et de même lien, les filles du fils, ou du fils du fils, sont agnatisées (2). Enfin, la présence d'un fils ou de deux filles a pour effet de les exclure absolument, à moins, toutefois, qu'elles ne soient agnatisées par un fils de fils.

---

(1) Je prie le lecteur de porter toute son attention sur les articles, *singuliers* ou *pluriels,* que j'emploie afin d'éviter des redites. Ainsi *la* fille est réservataire de la moitié, *les* filles sont réservataires des deux tiers. Cette recommandation s'applique à tout le chapitre des Successions.

(2) Je demande grâce pour ce mot qui évite de fastidieuses périphrases, et qui a le mérite de traduire exactement le verbe arabe *açaba* employé à la seconde forme, avec le sens factitif.

D. *Les sœurs germaines* ont droit à une réserve des deux tiers. La sœur germaine est agnatisée par la présence d'un frère de même lien, ou d'une fille (1), ou d'un aïeul paternel ;

E. *Les sœurs consanguines* ont droit à une réserve des deux tiers. Elles ne sont pas exclues par la sœur germaine, elles sont simplement réduites à la réserve d'un sixième, pour compléter les deux tiers (2). La sœur consanguine est agnatisée par la présence d'un frère de même lien, ou d'un aïeul paternel, ou d'une fille. Mais elle est exclue par la présence d'un frère germain ou de deux sœurs germaines, à moins qu'elle n'ait été agnatisée (3).

724. 2° RÉSERVE DU QUART. — La réserve du quart n'est accordée qu'à deux héritiers, dont le premier figure déjà dans la liste précédente :

A. *L'époux survivant* de la femme qui laisse une postérité mâle ou femelle, issue du mariage ou d'un autre lit.

B. *L'épouse ou les épouses survivantes* d'un homme qui ne laisse aucune postérité. S'il laisse des descendants, la veuve ou les veuves ne sont plus réservataires que du huitième.

Pour que les époux héritent l'un de l'autre, il faut qu'ils soient musulmans, que celui qui succède ne soit pas le meurtrier de celui auquel il succède, qu'ils soient libres, que leur mariage soit valable ou au moins controversé comme validité (4). Ils héritent l'un de l'autre dès que le mariage est contracté ; ce droit subsiste pendant l'*aïdda* après une répudiation révocable.

725. 3° RÉSERVE DU HUITIÈME. — Nous venons de voir que la veuve ou les veuves sont réservataires du huitième quand le mari laisse une postérité (5), mais il faut que l'enfant, ou les enfants dont il s'agit ici soient *annexés* au père (6), ce qui exclut ceux qu'il a désavoués par la procédure du *lian* (7).

Il n'existe pas d'autre réservataire du huitième.

(1) Lorsque, bien entendu, la fille cesse d'être réservataire.

(2) Je ne reviens pas sur la théorie du sixième complétant les deux tiers. Elle a été exposée plus haut *(Conf. suprà*, n° 503, 4°).

(3) Je ne puis répéter chaque fois que toute femme agnatisée ne touche comme telle qu'une demi part virile, en raison même de son sexe.

(4) *Conf. suprà*, n° 182. On trouvera dans mon *Essai d'un traité méthodique de Droit musulman*, tome Ier, page 114, A, tous les développements nécessaires sur la question de la successibilité entre époux, lorsque la femme a été mariée à deux maris. Ces développements seraient hors de propos dans un traité élémentaire.

(5) *Conf.* le numéro qui précède (724). Je crois utile de ne pas éviter les répétitions de ce genre ; elles aident à l'intelligence du sujet qui est fort compliqué.

(6) C'est l'expression arabe.

(7) *Conf. suprà*, n° 160, *in fine*.

726. 4° Réserve des deux tiers. — Ici encore il suffit de s'en référer à ce qui a été dit plus haut (1). Sont réservataires des deux tiers : 1° les filles du *de cujus;* 2° les filles du fils ; 3° les sœurs germaines ; 4° les sœurs consanguines ; ce qui revient à dire que, unique, chaque femme de cette catégorie est réservataire de la moitié ; quand elles sont au nombre de deux ou plus, elles deviennent réservataires des deux tiers, qu'elles se partagent par tête ; — le tout dans les conditions indiquées ci-dessus.

727. 5° Réserve du tiers. — Sont réservataires du tiers :

A. *La mère du défunt,* si celui-ci ne laisse aucun descendant mâle ou femelle, ni plus d'un frère ou d'une sœur. La présence d'un descendant la réduit au sixième, comme la présence de deux ou plusieurs frères ou sœurs germains, ou consanguins, ou utérins. Il en est ainsi alors même que ces derniers seraient eux-mêmes exclus par un autre réservataire, ce qui constitue une dérogation remarquable à la règle en vertu de laquelle il faut être soi-même maintenu dans le partage d'une succession pour avoir le pouvoir d'en exclure un tiers, ou de diminuer la part de ce dernier. Supposons le cas où le *de cujus* laisse sa mère, deux frères utérins et son grand-père paternel. La mère reçoit un sixième à cause de la présence des deux frères utérins ; ceux-ci sont néanmoins exclus par la présence du grand-père, comme ils le seraient par celle d'un père ou d'un descendant de l'un ou de l'autre sexe, fils ou fille, petit-fils ou petite-fille.

La réserve de la mère peut encore subir une autre modification, dans deux hypothèses qui portent le nom caractéristique de « *les deux déceptions* » (2), parce que la mère, titulaire nominalement de sa réserve du tiers, ne la reçoit pas en réalité : elle est déçue.

Voici la première hypothèse : La mère se trouve en présence de l'époux survivant, et du père. Le partage a lieu par sixièmes, l'époux reçoit la moitié, soit trois parts, le père et la mère se partagent le surplus ; mais comme le père est un mâle, il reçoit le double de ce qui est attribué à la mère, soit deux parts, et la mère une part, soit un sixième, ou, pour se servir de la phraséologie de Khalil « *le tiers du restant* », après le prélèvement de la réserve de l'époux. Elle est donc nominalement réservataire du tiers, mais, en réalité, ce n'est que le *tiers du restant*. On pourrait d'ailleurs soutenir que la mère n'est plus une réservataire, qu'elle est agnatisée par la présence du père, et reçoit la moitié d'une part virile.

Dans la seconde hypothèse, la mère se trouve en présence de l'épouse survivante, et du père. Le partage a lieu par quarts, l'épouse reçoit le quart, soit une part; le père et la mère se partagent le surplus ; mais, ici encore, comme le père est un mâle, il

(1) *Conf. suprà*, n° 723, *B, C, D, E.*
(2) C'est l'expression arabe, littéralement traduite.

reçoit double part, soit deux quarts, et la mère une part, soit un quart, ou, pour parler le langage de Khalil « *le tiers du restant* », comme dans l'espèce précédente (1).

B. *Les frères ou sœurs utérins du défunt,* quand ils sont deux ou plusieurs. Nous venons de voir qu'ils sont exclus complètement par la présence de certains réservataires. Unique, le frère utérin est réservataire du sixième, comme la sœur utérine.

C. *Le grand-père paternel*, mais à certaines conditions que nous étudierons plus loin, à l'occasion de la réserve du sixième (2).

728. 6° RÉSERVE DU SIXIÈME. — Sont réservataires du sixième :

1° *La fille du fils,* quand elle est unique, et se trouve en présence d'une fille ; quand il y a plusieurs filles du fils en présence d'une fille, elles se partagent le sixième par tête ;

2° *La sœur consanguine,* qu'elle soit unique ou non, en concurrence avec une ou plusieurs sœurs germaines, pour compléter les deux tiers ;

3° *Le frère utérin ou la sœur utérine,* quand l'un ou l'autre est unique ;

4° *Le père,* en concurrence avec un descendant mâle du *de cujus,* fils ou petit-fils, celui-ci prenant le surplus. Le père reçoit toujours le sixième quand il est en concurrence avec une fille ou une petite-fille ; mais, celle-ci ayant reçu sa moitié, le père touche le surplus à titre d'agnat. Il faut, en effet, ne pas perdre de vue que le père, en raison même de sa qualité éminente, est à la fois un réservataire et un agnat. Cette observation s'applique également au grand-père paternel. Il est impossible de comprendre le mécanisme de la loi successorale si l'on ne tient pas compte de cette situation privilégiée faite au père et à l'aïeul. A vrai dire, ils sont surtout des agnats, c'est leur qualité dominante ; mais il importe de ne pas les exclure, comme tels, dans le cas où les agnats du premier ou du deuxième degré (fils, fils de fils) absorberaient la succession ; c'est pour cela qu'ils sont inscrits, on pourrait presque dire *fictivement,* dans la liste des réservataires, afin que leurs droits soient toujours à l'abri de toute élimination complète. Ainsi, nous venons de le voir, le père, primé comme agnat par un descendant mâle du défunt, touche sa réserve du sixième, parce que, sans cette combinaison, il ne recevrait rien. Sa double qualité se révèle quand il se trouve avec une fille ou une petite-fille du défunt ; celle-ci, en effet, n'étant qu'une réservataire, laisse libre un excédant que le père touche, après avoir reçu sa réserve du sixième ;

(1) Ces deux solutions sont d'ailleurs contestées par Ibnou Abbès, et par d'autres jurisconsultes.

(2) *Conf. infrà,* n° 728.

5° *La mère,* quand elle se trouve avec un descendant de l'un ou de l'autre sexe du *de cujus,* ou avec deux ou plusieurs frères ou sœurs du *de cujus.* Elle n'est d'ailleurs pas exclue par la présence du père ; elle reçoit un sixième comme lui, mais n'a aucun droit à l'excédant parce qu'elle n'est pas un agnat ;

6° *L'aïeule maternelle ou les aïeules,* à défaut de la mère, ou du père pour l'aïeule paternelle, en concurrence avec un descendant mâle ou femelle du *de cujus.* L'aïeule paternelle la plus éloignée est exclue par l'aïeule maternelle la plus rapprochée ; à degré égal, elles se partagent le sixième ;

7° *L'aïeul paternel,* à défaut du père, et dans les mêmes conditions que lui (1), c'est-à-dire quand il est en concurrence avec un descendant mâle du *de cujus,* fils ou petit-fils, pour les raisons exposées plus haut à propos du père. Il en est de même quand il est avec des réservataires qui absorbent toute la succession, comme, par exemple, lorsqu'il est avec une fille, une fille de fils, et la mère, ou avec deux filles et la mère. En effet, dans le premier cas, le partage a lieu par six, qui se répartissent comme suit :

A la fille.	3/6, c'est-à-dire la moitié.
A la fille de fils.	1/6
A la mère.	1/6
Au grand-père.	1/6
TOTAL.	6/6

Dans le second cas, on attribue :

Aux deux filles.	4/6, soit les 2/3.
A la mère	1/6
Au grand-père.	1/6
TOTAL.	6/6

Dans les deux hypothèses, l'actif est complètement absorbé par l'addition de la part du grand-père. S'il n'était pas considéré comme réservataire, il serait, comme agnat, primé par le fils ou le petit-fils, et n'aurait rien.

Il en est encore de même, dans certaines circonstances, quand le grand-père se trouve avec des frères, comme nous le verrons.

Quant au grand-père maternel, il n'est pas réservataire.

En résumé, le grand-père paternel est tantôt réservataire du sixième, dans le cas : 1° où il est en concurrence avec un descendant mâle du défunt ; 2° où il est en concurrence avec des réservataires qui, en y comprenant son sixième, absorbent l'actif ; tantôt réservataire du tiers, quand il est en concurrence avec des frères

(1) Cependant il faut ne pas oublier que le père exclut tous les frères sans distinction, tandis que le grand-père n'exclut que les frères utérins.

et des sœurs du défunt, germains ou consanguins, mais dans des conditions déterminées. Enfin, il peut, tout en conservant ce sixième, se trouver dans diverses situations spéciales que nous allons examiner.

Voyons d'abord comment il est réservataire du tiers. L'espèce est celle où il se trouve avec des frères ou des sœurs germains ou consanguins du défunt, mais sans autre réservataire. Dans ce cas, ou lui attribue ce qui est le plus avantageux pour lui : soit le tiers de l'actif de toute la succession, soit le partage avec les frères ou sœurs. En effet, le grand-père occupe le quatrième rang des agnats (1) ; les frères germains occupent le cinquième (2), les consanguins le sixième (3). D'autre part, les sœurs germaines et consanguines sont agnatisées, soit par la présence d'un frère de leur lien (4), soit par la présence du grand-père (5). Voici donc ce qui arrive quand ce dernier est en concurrence avec des frères et des sœurs, germains ou consanguins, ou avec des frères de l'une de ces catégories, ou avec des sœurs de l'une ou de l'autre de ces mêmes catégories.

Prenons d'abord l'hypothèse où il est en concurrence avec des sœurs germaines ou consanguines, sans qu'il existe aucun frère de l'un ou de l'autre de ces deux degrés. Le grand-père les agnatise ; s'il y a une seule sœur, elle prend la moitié d'une part virile, et le grand-père touche une part entière ; il a donc intérêt à accepter le partage. Y a-t-il deux sœurs, son intérêt est le même, car elles ne reçoivent à elles deux qu'une part virile. Le cas est le même quand il y a trois sœurs, puisqu'il ne leur est attribué qu'une part virile et demie. Pour quatre sœurs, qui sont attributaires de deux parts viriles, la question n'offre plus d'intérêt, et le résultat est identique pour le grand-père, qu'il choisisse le partage ou qu'il réclame la part que la loi lui accorde (6).

En d'autres termes, quand le grand-père y trouve son avantage, il partage avec les sœurs, et il est considéré comme s'il était leur frère.

Ces explications me dispensent, tant elles sont claires, d'appliquer ces principes à l'hypothèse où le grand-père, au lieu de se trouver avec les sœurs du défunt, se trouve soit avec des frères, soit avec des frères et avec des sœurs. Il suffit de se rappeler que le frère touche une part virile, tandis que la sœur n'a droit qu'à une demi-

---

(1) *Conf. infrà*, n° 732.

(2) *Conf. infrà*, ibid.

(3) *Conf. infrà*, ibid.

(4) *Conf. suprà*, n° 23.

(5) *Conf. suprà*, ibid.

(6) Voici le texte de Khalîl : « *Le grand-père qui se trouve avec des frères ou des » sœurs, germains ou consanguins, a droit à ce qui lui est le plus avantageux, soit le » tiers, soit le partage.* »

part. Un exemple tiendra lieu d'un raisonnement qui ne serait qu'une redite inutile :

Le grand-père se trouve, supposons-le, avec cinq frères et quatre sœurs. Les cinq frères toucheront . . . . 5 parts,
Les quatre sœurs toucheront . . . . 2 parts

TOTAL. . . . . 7 parts.

Si le grand-père était en partage avec ces neuf co-ayants-droit, il toucherait. . . . . 1 part.

TOTAL. . . . . 8 parts.

Il recevrait un huitième de l'actif. Il est donc plus avantageux pour lui de réclamer le tiers de l'actif, et, par conséquent, il commencera, dans cette hypothèse, par prélever son tiers, et les neuf autres co-ayants-droit se partageront le surplus dans la proportion suivante :

Les cinq frères 10/14
Les quatre sœurs . . . 4/14
TOTAL . . . 14/14

Mais il reste une difficulté à résoudre. La situation du grand-père a paru être trop avantageuse pour lui, en raison du droit qu'il a de se faire toujours atttribuer une portion considérable de l'actif. En effet, supposons un instant qu'il ne se trouve pas en présence d'un co-ayant-droit autre qu'un frère germain, et que la succession se compose de 100,000 francs. Le grand-père demandera évidemment le partage, car son tiers ne serait que de 33,333 fr. 33 centimes, tandis que le partage lui donnera 50,000 francs. Quand il n'existe pas d'autre ayant droit, ce résultat s'impose; mais, il faut l'avouer, il ne porte préjudice qu'à une personne, c'est-à-dire au frère germain qui, somme toute, est déjà fort heureux de conserver des droits en présence d'un agnat d'un degré supérieur à celui qu'il occupe. Mais lorsque, par aventure, il existe un ou plusieurs frères consanguins, on a imaginé un procédé bizarre pour empêcher le grand-père de recevoir un émolument trop considérable. On élève fictivement les frères consanguins au rang de germains, dans le cas où le partage serait avantageux au grand-père, de façon à le réduire au tiers; puis, ce tiers prélevé par lui, les consanguins reprennent leur qualité originaire, d'où la conséquence qu'ils sont exclus par la présence du frère germain, et que ce dernier absorbe le surplus de l'actif. L'artifice est au moins singulier.

Une fois entrés dans cette voie, les jurisconsultes arabes ont donné une grande extension à ce qu'ils appellent « un remède pour empêcher le grand-père de s'attribuer une portion trop considérable de l'héritage » et, tout d'abord, ils décident que cette élévation fictive des consanguins doit se produire même dans le cas où il y a, en présence du frère germain et des frères consanguins, un ou plusieurs réservataires, ce qui pourtant diminue déjà la part du grand-père dans une proportion notable. Ainsi, ils prennent pour exemple la situation suivante : Le défunt laisse pour héritiers le grand-père, un frère germain, des frères consanguins, sa mère et sa veuve :

La mère reçoit 1/6, soit **2/12**
La veuve 1/4, soit **3/12**

TOTAL. . . .   **5/12**

Il reste, après le prélèvement de ces deux réserves, 7/12 à partager. Le frère germain élève les frères consanguins à son rang, et c'est sur ce terrain que le grand-père doit se placer pour fixer sa part; celle-ci défalquée, les consanguins rentrent dans le néant, et le frère germain absorbe le surplus de l'actif.

Par une seconde application de cette règle, la sœur germaine élève également les frères consanguins à son rang. Mais ici la solution n'est plus la même, en raison du sexe de la sœur germaine. Ainsi, supposons-le, le défunt laisse pour héritiers : Son grand-père, une sœur germaine, un frère consanguin.

Au grand-père 2 parts, soit **4/10** (1)
A la sœur 2 parts 1/2, soit **5/10**
Au frère 1/2 part, soit **1/10** (2)

TOTAL **10/10**

En effet, dans l'espèce, si la sœur germaine était seule, elle aurait droit à une réserve de moitié; mais elle est supposée, pour les besoins de la cause, avoir transformé son frère consanguin en sœur germaine, et, nous l'avons vu, lorsqu'il existe deux ou plusieurs sœurs germaines, elles sont titulaires d'une réserve des deux tiers. Mais le frère consanguin, reprenant sa situation, n'est pas exclu : il est un agnat, et à ce titre, il reçoit ce qui reste de l'actif, après le prélèvement des réserves.

Ce n'est pas tout, et le grand-père, le plus encombrant et le plus embarrassant des successibles, suscite encore d'autres difficultés.

Lorsqu'il se trouve en concurrence, outre les frères germains ou consanguins, avec des réservataires, il peut choisir ce qui lui est le plus avantageux, soit du tiers de cet excédant, soit du sixième de l'actif entier, soit du partage avec le frère ou les frères.

---

(1) Le partage ici est plus avantageux pour lui que le prélèvement du tiers. L'actif étant de 100, son tiers serait de 33; la sœur touchant 50, et le frère 5, total 55, le grand-père reçoit 45 par le partage.

(2) Il touche cette demi-part en qualité d'agnat, c'est ce qui reste, les réserves une fois prélevées.

1er exemple. — Le défunt laisse pour héritiers : 1° sa veuve ;
2° deux filles ; 3° le grand-père ; 4° un frère germain ou consanguin.

Or, la veuve a droit à 1/8, soit 3/24
Les deux filles ont droit à 2/3, soit 16/24

             TOTAL . . . .   19/24.

Il reste 5/24.

Or, dans cet exemple, le **grand-père** choisira évidemment le sixième de l'actif entier (1).

2e Exemple. — Le défunt laisse pour héritiers : 1° sa mère ;
2° son grand-père ; 3° dix frères.

       La mère reçoit 1/6, soit. . . . . .   3/18.

Il reste 15/18. Il est plus avantageux pour le grand-père de recevoir le tiers du reste (2).

3e Exemple. — Le défunt laisse pour héritiers : 1° le grand-père ;
2° la grand'mère ; 3° un frère.

       La grand'mère reçoit 1/6, soit . . . . .   2/12.

Il reste 10/12. Le grand-père a intérêt à exiger le partage (3).

4e Exemple. — Le défunt laisse pour héritiers : 1° deux filles ;
2° le grand-père ; 3° un frère.

       Les deux filles reçoivent 2/3, soit   . . . .   4/6.

Il reste 2/6. Le grand-père peut prendre le sixième ou exiger le partage (4), les deux émoluments étant les mêmes.

---

(1) **Actif supposé** : 240 francs. La veuve touche . . . . .   30 fr.
                   Les filles touchent   160

                    TOTAL. . . .   190 fr.

Il reste : 50.
Dont le tiers est . . . . 16.66.
 — le sixième est . . 40 »
 — la moitié est . . . 25 » (par le partage avec le frère).

(2) Somme à partager : 324 francs ; à la mère, 54 fr. ; il reste 270 fr., dont le tiers est 90 fr. Le partage donnerait 24 fr. 54 ; le sixième de tout l'actif serait de 54 fr.

(3) Somme à partager : 144 francs ; à la grand'mère, 24 fr. ; il reste 120 fr., dont le tiers est 40 fr. Le sixième de tout l'actif est 24 fr. ; le partage donne 60 fr.

(4) Somme à partager : 36 francs ; aux deux filles, 24 fr. ; il reste 12 fr., dont le tiers est 4 fr. Le partage donne 6 fr. ; le sixième de tout l'actif donne 6 fr.

5e Exemple. — Le défunt laisse pour héritiers : 1° sa mère ; 2° le grand-père ; 3° deux frères.

La mère reçoit 1/6, soit . . . . 3/18.

Il reste 15/18. Le grand-père peut prendre le tiers du reste ou exiger le partage, les deux émoluments étant égaux (1).

6e Exemple. — C'est l'épouse qui prédécède. Elle laisse : 1° son mari ; 2° son grand-père ; 3° trois frères.

Le mari reçoit 1/2, soit. . . . . 6/12.

Il reste 6/12. Le grand-père peut demander le tiers du reste ou le sixième, les deux émoluments étant égaux (2).

7e Exemple. — C'est encore l'épouse qui est prédécédée. Elle laisse : 1° son mari ; 2° le grand-père ; 3° deux frères.

Le mari reçoit 1/2, soit . . . . 3/6.

Il reste 3/6. Les trois émoluments sont égaux (3).

Nous n'en avons pas encore fini avec le grand-père. Il arrive encore que, par suite de son concours avec un certain nombre de réservataires, sa position soit sensiblement modifiée. Voici l'espèce : Une femme meurt laissant pour héritiers : 1° son mari ; 2° sa mère ; 3° son aïeul paternel (grand-père) ; 4° une sœur germaine ou consanguine.

La part du mari est de. . . . 1/2,
Celle de la mère 1/3,
Celle de l'aïeul. 1/6,
Celle de la sœur. . . . . . . 1/2.

Ce sont là des parts fixées par le Coran, et qu'il n'est, dès lors, pas permis de modifier. De là l'embarras, car, en réduisant toutes ces fractions au même dénominateur, on arrive au résultat suivant :

$$3/6 + 2/6 + 1/6 + 3/6 = 9/6,$$

somme supérieure à l'entier.

(1) Somme à partager : 324 francs ; à la mère, 54 fr. ; il reste 270 fr., dont le tiers est 90 fr. Le partage donne 90 fr. ; le sixième de tout l'actif donne 54 fr.

(2) Somme à partager : 144 francs ; le mari touche 72 fr. ; il reste 72 fr., dont le tiers est 24 fr. Le sixième de tout l'actif est 24 fr. ; le partage donne 18 fr.

(3) Somme à partager : 36 francs ; le mari touche 18 fr. ; il reste 18 fr., dont le tiers est 6 fr. Le sixième de tout l'actif est 6 fr. ; le partage donne aussi 6 fr.

Il fallait donc, au moyen du procédé dit *a'oul* (1), faire subir à chacun des cohéritiers une réduction proportionnelle de sa part, en changeant les sixièmes en neuvièmes. D'où le résultat suivant :

Au mari.	3/9
A la mère	2/9
A l'aïeul.	1/9
A la sœur	3/9
TOTAL.	9/9, c'est-à-dire l'entier.

Cette première opération faite, on se heurte à une seconde difficulté, et Akdar pouvait être un jurisconsulte éminent et ne pas trouver la solution d'un problème que les auteurs ne craignent pas d'appeler *une énigme* (2).

En effet, il ne suffit pas d'abaisser le dénominateur commun ; le grand-père n'en est pas moins frustré de son sixième ; il faut donc, pour empêcher ce mécompte dans la mesure du possible, lui enlever sa qualité, et supposer arbitrairement qu'il est le frère de la sœur, établir une communauté entre elle et lui, et, dès lors, lui attribuer, faible compensation, une part virile, ce qui n'offre aucun inconvénient ; car, en thèse générale, la sœur est agnatisée par le grand-père, et dès lors elle ne touche que la moitié d'une part virile. On multiplie donc la fraction 4/9 — représentant la somme de l'émolument de la sœur et de celui du grand-père — par trois, pour la rendre divisible par trois. D'où ce résultat définitif :

Au mari..	9/27
A la mère.	6/27
A l'aïeul..	8/27
A la sœur..	4/27
TOTAL.	27/27

Ce raisonnement s'applique aussi bien à la sœur germaine qu'à la sœur consanguine.

Enfin, avant de passer aux agnats, Khalil enregistre une espèce qui n'est, à vrai dire, qu'une dérivation de la précédente. Lorsque la place de la sœur consanguine est tenue par un frère consanguin,

---

(1) Mot à mot : *action de dévier du droit chemin*, et, par extension, *action de céder, de dépasser. (Conf. infrà,* n° 729). On a recours à ce procédé chaque fois que la somme des fractions *dépasse* l'entier.

(2) Cette espèce porte le nom d'*Akdaria*, du nom d'un jurisconsulte *(Akdar)* qui, dit-on, se déclara incapable de résoudre la difficulté. On l'appelle aussi *R'arra*, ce qui signifie, ou bien *chose lumineuse*, ou bien *déception*, comme nous l'avons déjà vu *(Conf. suprà,* n° 727).

et que, de plus, il existe des utérins, le frère consanguin est absolument exclu. En effet, dans cette hypothèse (1) :

Le mari reçoit la moitié, soit . 3/6
La mère un sixième. 1/6
Le grand-père un sixième. . . 1/6
TOTAL. 5/6

Il reste 1/6. Le grand-père, en tant qu'agnat, exclut le frère germain ou consanguin; il exclut également les utérins, en tant que réservataire. Il reçoit donc le surplus, comme agnat, et le partage a lieu comme suit :

Au mari 3/6
A la mère. 1/6
Au grand-père.. . . . . 2/6
TOTAL. 6/6

Telle est, simplifiée autant que possible, la théorie de la réserve. Il me paraît utile de la résumer sous la forme d'un tableau qui permettra de se rendre rapidement compte de la situation de chacun des réservataires.

---

(1) Ce cas est dit *Malikia*, du jurisconsulte Malik qui en a le premier donné la solution. Zeïd Ibn Tabet en conteste la légalité; il attribue le dernier 1/6 au frère germain ou consanguin.

729. TABLEAU RÉCAPITULATIF DES RÉSERVES

1° Époux survivant

De la femme morte sans postérité. . . . 1/2.
De la femme morte avec postérité. . . . 1/4.

2° Fille du *de cujus*

Quand elle est unique. . . . . 1/2.
Quand il y en a plusieurs. . . . . 2/3.
En concurrence avec un frère du même
lien.. . . . .   *Agnatisée.*

3° Fille du fils

Quand elle est unique.	1/2.	
Quand il y en a plusieurs.	2/3.	} A défaut de filles.
En concurrence avec une fille..	1/6.	
En concurrence avec un frère du même lien..	*Agnatisée.*	
En concurrence avec un fils de fils de fils .	*Id.*	
En concurrence avec un fils.	*Exclue.*	} A moins qu'elle ne soit
En concurrence avec deux filles. . . .	*Id.*	agnatisée.

4° Sœur germaine

Quand elle est unique.	1/2.	} A défaut de filles et de
Quand il y en a plusieurs.	2/3.	filles de fils.
En concurrence avec un frère de même lien..	*Agnatisée.*	
En concurrence avec une fille ou une fille de fils. . . . . . . -	*Id.*	
En concurrence avec un aïeul paternel. .	*Id.*	

5° Sœur consanguine

Quand elle est unique.	1/2.	} A défaut de filles, de
Quand il y en a plusieurs.	2/3.	filles de fils et de
En concurrence avec une sœur germaine.	1/6.	sœurs germaines.
En concurrence avec un frère du même lien.	*Agnatisée.*	
En concurrence avec un aïeul paternel. .	*Id.*	
En concurrence avec une fille ou d'une fille de fils.	*Id.*	
En concurrence avec un frère germain. .	*Exclue.*	} A moins qu'elle ne soit
En concurrence avec deux sœurs germaines.	*Id.*	agnatisée.

6° Épouse survivante du *de cujus*

Mort sans postérité. . . . . 1/4.

Mort avec postérité. . . . . 1/8. } Qu'elle soit unique ou qu'il y en ait plusieurs.

7° Mère du défunt

Quand celui-ci ne laisse aucun descendant, ni plus d'un frère, ni plus d'une sœur. . . . . 1/3. } Elle n'est pas exclue par la présence du père.

Quand il laisse un descendant, ou deux ou plusieurs frères ou sœurs. . . . . . 1/6.

Dans le cas des *deux déceptions*. . . . 1/3 du restant.

8° Frère utérin du défunt

Quand il est unique. . . . . 1/6.

Quand il y en a plusieurs. . . . . 1/3.

En concurrence avec le père, avec le grand-père, avec le fils ou la fille, avec le petit-fils ou la petite-fille. . . . . *Exclu.*

9° Sœur utérine du défunt

Quand elle est unique. . . . . 1/6.

Quand il y en a plusieurs. . . . . 1/3.

En concurrence avec le père, le grand-père, le fils, la fille, le petit-fils, la petite-fille. . . . . *Exclue.*

10° Père du défunt

Quand celui-ci ne laisse aucune postérité. . . . . 1/6.

En concurrence avec un descendant mâle. 1/6.

En concurrence avec une fille ou une petite-fille. . . . . 1/6 + le restant. } *Double qualité de réservataire et d'agnat.*

11° Grand-père paternel du défunt

En concurrence avec le père. . . . . . . *Exclu.*

Quand le défunt ne laisse aucune postérité. . . . . . , ... 1/6.

En concurrence avec un descendant mâle. 1/6.

En concurrence avec une fille ou une petite-fille. . . . . 1/6 + le restant. } *Double qualité.*

En concurrence avec des frères ou sœurs germains ou consanguins. . . . . . . *Option.* } (Sauf le cas où il est en concurrence avec un seul germain et des consanguins, etc., etc.).

12° Aïeule paternelle

En concurrence avec le père, ou avec une aïeule maternelle plus rapprochée. *Exclue.*

13° Aïeule maternelle

En concurrence avec la mère. . . . . . . *Exclue.*

En concurrence avec un descendant. . . 1/6.

En concurrence avec la précédente. . . 1/6 ensemble.

Section III. — *Des Agnats*

730. GÉNÉRALITÉS. — Les lexicographes arabes nous enseignent que le mot « *acib* » comporte l'idée de « *force* », de « *violence* », de « *protection* » ; que de là vient, par extension, le sens de « *nerf*», parce que la force et la faculté de se protéger procèdent, chez les animaux, des nerfs dont ils sont armés.

Les nerfs de l'homme, ce sont, au figuré, ses enfants et ses parents les plus proches. Les *açaba* sont donc ses parents mâles, et il est rigoureusement exact de traduire ce mot par celui de *agnat,* emprunté au droit romain (1).

C'est à bon droit que Khalil a placé les agnats à la suite des réservataires, ceux-ci prélevant d'abord leur émolument, tel qu'il est fixé par le Coran, et les agnats ne recevant que le surplus de l'actif, si les réserves ne l'ont pas absorbé en entier (2).

J'ai déjà dit que la division des héritiers en réservataires et en agnats est l'œuvre du prophète. Il a voulu que les faibles, et particulièrement les femmes, fussent assurés de recevoir une part dans toute succession; quant aux forts, à ceux qui sont les *nerfs* de la famille, il leur est facile, en raison même de leur énergie propre, de conquérir des biens par eux-mêmes.

Les auteurs musulmans divisent les agnats en trois catégories : 1° *l'agnat par lui-même,* c'est le véritable agnat, c'est le mâle qui se rattache au défunt par les mâles, sans interposition d'aucune génération féminine, comme le fils, le fils du fils, le père, le grand-père paternel, le frère germain, le frère consanguin; — 2° *l'agnat avec un autre;* c'est la femme qui est agnatisée par ce fait qu'elle se trouve avec une autre femme capable de produire cet effet juridique, comme la sœur qui est en concurrence avec la fille, ou avec la fille du fils; — 3° *l'agnat par un autre,* c'est l'une ou l'autre des quatre femmes qui ont droit à la réserve de la moitié, et qui sont agnatisées par leur concurrence avec un frère du même lien qu'elles (3). Il est facile de se convaincre que, dans cette dernière catégorie, le frère qui agnatise sa sœur est un agnat, tandis que, dans la deuxième catégorie, l'agnatisation se produit par la concurrence de deux ou plusieurs personnes dont aucune n'a, prise isolément, la qualité d'agnat.

On conçoit, à la rigueur, qu'un agnat attire à lui sa sœur du même lien. Mais il est plus difficile de comprendre pourquoi une

(1) *Sunt autem agnati cognati per virilis sexus personas cognatione conjuncti, quasi a patre cognati,* disent les Institutes.

(2) Une tradition prophétique indique d'ailleurs ce classement : « *Attribuez les* » *parts fixes aux possesseurs de parts fixes, et ce qui reste reviendra au premier* » *mâle.* »

(3) *Conf. suprà,* n° 723.

sœur et une fille, réservataires, quand chacune d'elle est isolée, sont agnatisées par le seul fait de leur rencontre. *Dieu est le plus savant!* s'écrient les Musulmans quand ils sont en présence d'un problème dont la solution leur échappe complètement. Je suis tenté de les imiter.

731. DÉFINITION. — L'agnat est le parent mâle qui ne se rattache au défunt par l'intermédiaire d'aucune génération féminine.

Il s'agit évidemment, dans cette définition, de l'*agnat* par lui-même. L'agnat *avec un autre,* et l'agnat *par un autre*, sont simplement assimilés au premier.

732. *Hiérarchie des agnats.* — Les agnats sont :

1° Le fils, qui donne le rang d'agnat à sa sœur, comme nous l'avons vu (1);

2° Le fils du fils, qui attribue également l'agnation à sa sœur, comme nous l'avons vu (2);

3° Le père, à défaut de descendance mâle du *de cujus;* car, s'il se trouve en concurrence avec un fils ou un petit-fils, il devient réservataire du sixième, et le fils, ou le petit-fils, conserve sa qualité d'agnat (3). Si, au contraire, le père se trouve en concurrence avec une fille ou une petite-fille, il continue, après avoir prélevé sa réserve du sixième, à occuper son rang d'agnat et touche, comme tel, un deuxième émolument (4);

4° Le grand-père, à défaut du père. Il s'agit ici du grand-père paternel, et de ses ascendants, le plus rapproché excluant le plus éloigné. Nous nous sommes si longuement occupés des différentes combinaisons où le grand-père peut figurer, qu'il est inutile de revenir sur ce sujet (5);

5° Le frère germain, qui n'est pas forcément exclu par la présence du grand-père, ainsi que nous l'avons vu en examinant la situation complexe de ce dernier (6);

6° Le frère consanguin, auquel se rapporte l'observation qui précède. Le frère consanguin est traité comme le frère germain, à

---

(1) *Conf. suprà*, n° 723.

(2) *Conf. suprà, ibid.*

(3) *Conf. suprà,* n° 728, 4°.

(4) *Conf. suprà, ibid.*

(5) *Conf. suprà,* n° 728, 7°.

(6) *Conf. suprà, ibid.*

défaut de celui-ci, sauf dans l'espèce qui porte le nom de *Himaria* (1) ou de *Mouchtaraka* (2).

Supposons le cas où une femme laisse comme héritiers : 1° son mari; 2° sa mère ou sa grand'mère; 3° deux ou plusieurs frères utérins; 4° un frère germain, ou plusieurs frères germains ou sœurs germaines, pourvu que tous les germains ne soient pas du sexe féminin (3).

> Le mari reçoit la 1/2, soit. . . . 3/6
> La mère reçoit 1/6
> Les utérins reçoivent 1/3, soit. . 2/6
>
> TOTAL. . . . 6/6 ou l'entier.

On le voit, le germain est absolument exclu, bien que sa situation soit bien préférable, par ce seul motif qu'il est un agnat et qu'il est primé par les réservataires, et que les utérins sont des réservataires (4).

Or, on raconte que, dans les premiers temps de l'islamisme, les germains ainsi exclus réclamèrent en ces termes : Eh! quoi, nous avons la même mère que nos frères utérins; en supposant même que *notre père ne soit qu'un âne,* il a du moins eu la vertu de nous rapprocher tous. » Cette observation parut si juste que, après avoir prélevé la part du mari et de la mère, soit 4/6 ensemble, on décida que les germains et les utérins entreraient en *association,* en *communauté* pour le surplus, soit 2/6 (5), et se le partageraient par tête, sans distinction de sexe.

Cette solution ne profite qu'aux germains; les consanguins, traités, pour tout le reste, comme les germains, ne sont pas fondés à en réclamer l'application. Ils sont donc exclus dans l'espèce dite *Himaria;* ils le sont également par la sœur germaine, lorsque celle-ci est agnatisée par une ou plusieurs filles du défunt, ou par une ou plusieurs filles de fils, ainsi que nous l'avons vu précédemment (6);

7° *Les fils de frères germains ou consanguins,* à defaut de ceux-

(1) Le cas de l'*âne*. La raison qui a fait donner ce nom bizarre à l'espèce que nous allons examiner va être expliquée plus bas.

(2) Le cas de l'*association* ou de la *communauté.*

(3) En effet, les sœurs germaines sont des réservataires. La présence d'un frère germain *au moins* est nécessaire pour agnatiser les sœurs.

(4) *Conf. suprà,* n° 727.

(5) Cette espèce est encore connue sous le nom de *hadjaria* (de pierre), ou de *Jemmia* (de mer), ou de *menbaria* (de la chaire), parce que, d'après certains récits, les germains auraient dit : « *en supposant que notre père fût une pierre, jetée dans la mer,* » et que la nouvelle solution aurait été imposée par Omar, du haut de la chaire.

(6) *Conf. suprà,* n° 723, D.

ci, le fils du frère germain l'emporte sur le fils du frère consanguin ;

8° L'oncle germain ;

9° L'oncle consanguin ;

10° Le grand-oncle, frère de l'aïeul paternel ; chaque degré exclut le suivant, malgré le double lien ; mais, bien entendu, le germain exclut le consanguin, à degré égal ;

11° Le patron, mais dans le cas seulement où le défunt était un affranchi. A défaut de parents successibles, le patron absorbe tout l'héritage ; s'il y a des réservataires, il vient après le prélèvement des réserves ; à son défaut, ses agnats sont appelés dans l'ordre normal de l'agnation (1) ;

12° Le bit-el-mal (2), qui est un véritable agnat et qui absorbe l'actif quand il n'existe ni réservataires, ni agnats, qui perçoit ce qui reste après le prélèvement des réserves quand il y a des héritiers à réserve, mais qui est exclu par la présence d'un agnat de rang préférable.

Toutefois cette théorie n'est pas admise par tous les auteurs. D'après une opinion qui remonte jusqu'à Ali, le gendre du prophète, ce qui reste de l'actif, après l'acquittement des réserves, doit être attribué aux réservataires, par droit d'accroissement (3), au prorata de leur émolument, et le *bit-el-mal* n'est appelé qu'à défaut de réservataires et d'agnats.

D'après une autre opinion, il faut rechercher si l'administration du beït-el-mal fonctionne régulièrement dans la localité où s'ouvre la succession, et si le prince est un homme juste qui ne détourne pas les fonds du trésor de leur emploi légitime. A défaut de ces deux conditions, d'après le jurisconsulte Eth-Thouathouchy, les cognats (4) doivent recevoir le surplus de l'actif.

SECTION IV. — *Du cumul des deux qualités*

733. RENVOI. — Nous avons vu, au cours de l'étude qui précède, que certains successibles cumulent la qualité de réservataire avec celle d'agnat. Il suffit donc de les rappeler ici. Ce sont :

(1) Réciproquement, s'il s'agit de la succession du patron, l'affranchi y est appelé dans les mêmes conditions.

(2) *Beït-el-mal,* mot à mot : *la chambre du bien.*

(3) C'est là le droit de *redd* mentionné dans la définition (n° 721). Ali a enseigné que l'époux et l'épouse seuls échappent au *redd.*

(4) Mot à mot *les possesseurs de l'utérus (d'oui El-Arham),* ce sont bien les *cognats,* par opposition aux *agnats.*

1° Le père, qui est en concurrence avec une ou plusieurs filles, ou avec une ou plusieurs filles de fils. Il touche un sixième comme réservataire, et le reste, après prélèvement des réserves, comme agnat.

2° Le grand-père, dans les mêmes conditions.

3° Le fils de l'oncle paternel, s'il est en même temps frère utérin du défunt. Il touche le sixième comme réservataire, et le reste, après prélèvement des réserves, comme agnat. S'il se trouve avec le fils d'un autre oncle, lequel n'est pas frère utérin du *de cujus,* ce qui excède le sixième se partage entre eux deux.

Si le fils de l'oncle paternel est en même temps époux survivant, il touche la moitié comme réservataire, et le reste comme agnat, à moins qu'il ne soit *associé,* pour cet excédant, avec un autre successible, ou primé par un successible qui lui soit préférable.

734. TRANSITION. — Nous avons épuisé la liste des héritiers appelés, soit comme réservataires, soit comme agnats, à participer au partage d'une succession.

Il nous reste, pour achever l'exposé de la loi successorale, à étudier :

1° Le procédé que l'on emploie pour déterminer l'as héréditaire ;

2° Pour quelles causes un héritier est exclu de la succession ;

3° Dans quels cas le partage est ajourné ;

4° Dans quels cas le partage est aboli ;

5° A quelles conditions un héritier est admis à abandonner ses droits, moyennant l'attribution d'un objet déterminé.

SECTION V. — *De l'as héréditaire*

735. GÉNÉRALITÉS. — Les dettes payées, l'actif formé, il s'agit de le répartir entre les successibles suivant leurs droits. Les calculs que cette opération rend nécessaires sont très délicats, très compliqués, quand on s'astreint à suivre docilement la méthode arabe. Il m'a paru utile de m'y soumettre, afin de laisser à cette partie du droit musulman sa physionomie propre. Je me bornerai à indiquer en note les procédés au moyen desquels on pourrait simplifier ceux qui sont imposés par Khalil.

736. BASES DU PARTAGE. — Comme tout est sacramentel en matière de partage de succession, les auteurs ont admis un certain nombre de *bases* (1), chacune d'elles devant être employée impérativement chaque fois que tels ou tels réservataires se trouvent en présence. Le propre de cette base est d'assurer la répartition de l'unité *(as)*, *sans qu'il reste rien.*

Ces bases sont au nombre de sept : *Deux ;* — le double de deux, soit *quatre ;* — le double de quatre, soit *huit ;* — *trois ;* — le double de trois, soit *six ;* — le double de six, soit *douze ;* — le double de douze, soit *vingt-quatre.*

1° Deux. — Le partage doit se faire par deux chaque fois que l'on est en présence, soit de réservataires qui prennent la moitié de l'actif, soit d'un réservataire qui en prend la moitié et d'un successible qui reçoit le reste.

Il en est ainsi quand la succession doit se partager entre le mari survivant, réservataire de la moitié, et une sœur germaine, également réservataire de la moitié.

Il en est de même quand l'actif se partage entre le mari, réservataire de la moitié, et le frère germain ou consanguin qui touche le reste comme agnat (2).

2° Quatre. — On emploie cette base chaque fois qu'il s'agit d'attribuer un quart à un réservataire, et le reste à un second successible ; — ou le quart à un réservataire, la moitié à un autre, et le reste à un agnat ; — ou le quart à un réservataire, le tiers du reste à un autre, et le reste à un troisième successible.

Il en est encore ainsi de l'époux survivant, en concurrence avec une fille et un frère. L'époux reçoit le quart, la fille la moitié, ou deux quarts, et le frère prend le reste comme agnat.

Il en est encore ainsi pour l'épouse survivante, en concurrence avec le père et la mère. La veuve touche un quart, le père deux quarts, et la mère un quart. Cet exemple paraît fort simple, ainsi présenté. Mais, en se reportant à la théorie des deux déceptions, on constatera que, pour s'en tenir à la réalité des choses, la veuve est la seule qui reçoive le quart ; la mère reçoit *le tiers du restant,* et le père le surplus (3).

3° Huit. — Le chiffre huit est la base de tout partage dans lequel figure un huitième et un reste, — ou bien un huitième, la moitié, et ce qui reste.

Il en est ainsi quand, par exemple, l'actif revient à la veuve qui,

---

(1) Voici la définition du mot base : « *La base est le nombre qui divise les parts d'un partage, sans laisser de reste.* » Derdir.

(2) Les Arabes, toujours pittoresques dans leurs expressions, appellent cette première base *les deux orphelines.*

(3) *Conf. suprà,* n° 727. Somme toute, il serait beaucoup plus simple de décider que le père agnatise la mère, et qu'il partage les trois quarts disponibles avec elle, en percevant double part en sa qualité mâle. Mais ce ne serait plus du droit musulman.

se trouvant en concurrence avec un fils, a droit à une réserve d'un huitième, le fils absorbant le reste.

Il en est encore ainsi quand l'actif est attribué à une veuve, à une fille et à un frère. La veuve perçoit le huitième, la fille la moitié, soit quatre huitièmes, et le frère le reste comme agnat.

4° Trois. — Le dénominateur trois est la base du partage où l'on rencontre un tiers et deux tiers, — ou un tiers et ce qui reste, — ou deux tiers et ce qui reste.

Il en est ainsi quand des frères utérins sont en concurrence avec des sœurs consanguines. Aux premiers, le tiers; aux secondes, les deux tiers.

Il en est encore ainsi lorsque la mère est en concurrence avec le frère. La mère a droit au tiers, et le frère absorbe le reste comme agnat.

Il en est encore ainsi quand deux filles se trouvent avec un oncle paternel. Les deux filles sont réservataires des deux tiers; l'oncle prend le surplus en qualité d'agnat.

5° Six. — On procède par sixièmes, quand l'actif revient à des successibles, dont l'un reçoit le sixième, et l'autre le reste, — ou dont l'un reçoit le sixième, le second le tiers, le troisième ce qui reste, — ou dont l'un reçoit le sixième, l'autre les deux tiers, le dernier ce qui reste, — ou bien dont l'un reçoit la moitié, le second le tiers, et le troisième ce qui reste.

Il en est ainsi quand le grand-père est en concurrence avec un fils. Le grand-père est réservataire du sixième, et le fils absorbe le surplus, en tant qu'agnat.

Il en est ainsi lorsque l'actif se répartit entre la grand'mère, deux frères utérins et un frère consanguin. A la grand'mère le sixième, — aux deux frères utérins le tiers, soit deux sixièmes, — au frère consanguin le surplus, par droit d'agnation.

Il en est encore ainsi quand la répartition se fait entre la mère, deux filles et un frère. La mère perçoit une réserve d'un sixième, — les deux filles une réserve des deux tiers, soit quatre sixièmes, — le frère le surplus, en qualité d'agnat.

Il en est encore ainsi quand le partage a lieu entre une sœur, une mère et le fils du frère. La sœur touche la moitié, soit trois sixièmes, — la mère un tiers, soit deux sixièmes, — le fils du frère le surplus par agnation.

6° Douze. — Le nombre douze est la base de tout partage où l'on rencontre un quart, un sixième et un reste, — ou un quart, un tiers et ce qui reste.

Il en est ainsi quand l'époux, la mère et le fils absorbent l'actif. Le mari prend le quart, la mère le sixième, le fils le surplus; en d'autres termes, l'époux reçoit 3/12, la mère 2/12; et le surplus, soit 7/12, constitue l'émolument du fils comme agnat.

Il en est ainsi de l'épouse, de la mère et du frère. L'épouse touche le quart, la mère le tiers, le frère le surplus ; en d'autres termes, l'épouse reçoit 3/12, la mère 4/12, le frère comme agnat 6/12.

Il en est encore de même pour le mari, deux filles et un frère. Le mari touche le quart, soit 3/12, — les deux filles touchent les deux tiers, soit 8/12, — le frère comme agnat reçoit le surplus, soit 1/12.

7° *Vingt-quatre.* — L'actif se divise en vingt quatrièmes quand il s'applique à un huitième, à un sixième et à un reste ; — ou bien à un huitième, à deux tiers et à un reste.

Il en est ainsi quand il s'agit de l'épouse, de la mère et du fils. L'épouse a droit à 1/8, soit 3/24, — la mère à 1/6, soit 4/24, — le fils au surplus comme agnat, soit 17/24.

Il en est ainsi quand l'actif se partage entre l'épouse, deux filles et un frère. L'épouse reçoit 1/8, soit 3/24, – les deux filles 2/3, soit 16/24, — le frère le surplus comme agnat, soit 5/24.

Quelques auteurs admettent deux bases de plus, dix-huit et trente-six. Mais il est évident que la première est contenue dans la base six, et la seconde dans la base douze. Voici, d'ailleurs, les exemples donnés par ces auteurs.

Le défunt laisse par héritiers une mère, un grand-père, quatre frères germains ou consanguins. La mère a droit à 1/6. Il reste 5/6 pour le grand-père et les frères ; le grand-père choisit le tiers du restant, parce que c'est la combinaison la plus avantageuse pour lui (1). Or, la fraction 5/6 n'est pas divisible par trois ; on la multiplie donc par trois, ce qui donne 15/18, et le grand-père touche 5/18, le reste, soit 10/18, revenant aux quatre frères.

Le défunt laisse pour héritiers sa mère, sa veuve, un grand-père et quatre frères. La base est douze. La mère reçoit 1/6, soit 2/12 ; la veuve 1/4, soit 3/12 ; il reste 7/12. Le plus avantageux pour le grand-père, c'est de choisir le tiers du restant, et 7/12 n'est pas divisible par trois ; on multiplie par trois, ce qui donne 21/36. Le grand-père prend 7/36, et les quatre frères absorbent le surplus, soit 14/36.

Il va de soi que ces bases ne sont employées que dans le cas où le partage comprend des réservataires. Pour les agnats, qu'ils absorbent tout l'actif, ou qu'ils ne bénéficient que du reste de l'actif, après le prélèvement des réserves, la base du partage est le nombre des ayants droit, chaque successible mâle comptant pour deux, et chaque héritier du sexe féminin pour un (2).

737. DE LA RÉDUCTION DES RÉSERVES. — Nous avons déjà eu l'occasion de parler de l'*a'oul* (3). Lorsque, dans une hypothèse donnée, la somme des fractions dépasse l'entier, elles subissent toutes une réduction proportionnelle. D'où cette conséquence que la base est

(1) *Conf. suprà*, n° 728, 7°.

(2) Il n'y a qu'une exception à ce principe. Elle a été signalée plus haut, dans l'espèce dite *Mouchtaraka. (Conf. suprà*, n° 732, 6°).

(3) *Conf. suprà*, n° 721.

réduite; quand elle est, par exemple de six, elle tombe à sept, à huit, à neuf, ou à dix; quand elle est de douze, elle est réduite à treize, à quinze, ou à dix-sept; enfin, quand elle est de vingt-quatre, elle est réduite à vingt-sept.

Voici comment la réduction a lieu, en pratique.

1° Six. — La base de six est modifiée par l'*a'oul* de quatre façons différentes :

A. Le dénominateur est porté de six à sept dans l'hypothèse suivante : Le partage se rapporte à un époux survivant et à deux sœurs germaines ou consanguines.

$$\begin{array}{ll} \text{Au mari} \dots\dots & \text{1/2, soit 3/6} \\ \text{Aux sœurs} \dots\dots & \text{2/3, soit } \underline{4/6} \\ \hline \text{Total} \dots\dots & \text{7/6} \end{array}$$

On transforme les sixièmes en septièmes, ce qui donne :

$$\begin{array}{ll} \text{Au mari} \dots\dots\dots & \text{3/7} \\ \text{Aux sœurs} \dots\dots\dots & \underline{4/7} \\ \hline \text{Total} \dots\dots & \text{7/7} \end{array}$$

B. Le dénominateur est porté de six à huit, dans l'hypothèse suivante : Le partage se rapporte à un époux survivant, à la mère et à une sœur germaine ou consanguine (1).

$$\begin{array}{ll} \text{Au mari} \dots\dots & \text{1/2, soit 3/6} \\ \text{A la mère} \dots\dots & \text{1/3, soit 2/6} \\ \text{A la sœur} \dots\dots & \text{1/2, soit } \underline{3/6} \\ \hline \text{Total} \dots\dots & \text{8/6} \end{array}$$

On transforme les sixièmes en huitièmes, ce qui donne :

$$\begin{array}{ll} \text{Au mari} \dots\dots\dots & \text{3/8} \\ \text{A la mère} \dots\dots\dots & \text{2/8} \\ \text{A la sœur} \dots\dots\dots & \underline{3/8} \\ \hline \text{Total} \dots\dots & \text{8/8} \end{array}$$

C. Le dénominateur est porté de six à neuf, dans l'hypothèse suivante; les héritiers sont l'époux survivant, la mère, et trois sœurs de lien différent :

---

(1) C'est l'espèce dite *Moubahala*.

```
Au mari . . . . . .   1/2, soit 3/6
A la germaine. . . .   1/2, soit 3/6
A la consanguine . .   1/6, soit 1/6
A l'utérine . . . . .   1/6, soit 1/6
A la mère. . .  . .   1/6, soit 1/6
           TOTAL. . . . .   9/6
```

On porte le dénominateur de six à neuf, ce qui donne :

```
Au mari. . . . . . . . . . .   3/9
A la germaine. . . . . . . .   3/9
A la consanguine. . . . . .   1/9
A l'utérine. . . . . . . . .   1/9
A la mère . . . . . . . . . .   1/9
           TOTAL. . . . .   9/9
```

D. Enfin, le dénominateur est porté de six à dix, dans l'hypothèse suivante ; les héritiers sont l'époux survivant, une sœur germaine, une sœur consanguine, une mère et deux frères utérins :

```
Au mari.. . . . . .   1/2, soit 3/6
A la germaine.. . .   1/2, soit 3/6
A la consanguine. .   1/6, soit 1/6
A la mère. . . . . .   1/6, soit 1/6
Aux deux utérins. .   1/3, soit 2/6
           TOTAL. . . . .   10/6
```

On porte le dénominateur de six à dix, ce qui donne :

```
Au mari . . . . . . . . .   3/10
A la germaine . . . . . . .   3/10
A la consanguine. . . . . .   1/10
A la mère. . . . . . . . .   1/10
Aux deux utérins. . . . . .   2/10
           TOTAL. . . . .   10/10
```

2° Douze. — La base de douze subit trois transformations, par suite d'*a'oul.*

A. Le dénominateur est porté de douze à treize, dans le cas où, par exemple, les héritiers sont le mari survivant, la mère et deux filles.

```
Au mari. . . . . ,   1/4, soit 3/12
A la mère.. . . . .   1/6, soit 2/12
Aux deux filles. . .   2/3, soit 8/12
           TOTAL. . . . .   13/12
```

On transforme les douzièmes en treizièmes, ce qui donne :

```
Au mari.. . . . . . . . . .   3/13
A la mère. . . . . . . . . .  2/13
Aux deux filles. . . . . . .  8/13
                      TOTAL. . . . . 13/13
```

B. Le dénominateur est porté de douze à quinze quand, par exemple, les héritiers sont le mari, le père et la mère, et deux filles :

```
Au mari. . . . . .    1/4, soit 3/12
Au père. . . . . .    1/6, soit 2/12
A la mère. . . . .    1/6, soit 2/12
Aux deux filles. . .  2/3, soit 8/12
                TOTAL. . . . . 15/12
```

On transforme les douzièmes en treizièmes, ce qui donne :

```
Au mari . . . . . . . . . .   3/15
Au père . . . . . . . . . .   2/15
A la mère. . . . . . . . . .  2/15
Aux deux filles. . . . . . .  8/15
                    TOTAL. . . . . 15/15
```

C. Le dénominateur est porté de douze à dix-sept lorsque les héritiers sont, par exemple, l'épouse survivante, la mère, une sœur germaine, une sœur consanguine, deux sœurs utérines :

```
A la veuve. . . . .    1/4, soit 3/12
A la mère. . . . .     1/6, soit 2/12
A la germaine. . .  }
A la consanguine.. }   2/3, soit 8/12
Aux deux utérines.   1/3, soit 4/12
                TOTAL. . . . . 17/12
```

On transforme les douzièmes en dix-septièmes, ce qui donne :

```
A la veuve . . . . . . . . .   3/17
A la mère.. . . . . . . . .    2/17
A la germaine . . . . . . }
A la consanguine. . . . . }    8/17
Aux deux utérines . . . . .    4/17
                  TOTAL. . . . . 17/17
```

3° Vingt-quatre. — La base de vingt-quatre ne subit qu'une seule transformation, par suite de l'*a'oul*.

A. Le dénominateur est porté de vingt-quatre à vingt-sept quand les héritiers sont l'épouse survivante, deux filles, le père et la mère :

```
A l'épouse . . . .  1/8, soit  3/24
Aux deux filles. .  2/3, soit 16/24
Au père. . . . . .  1/6, soit  4/24
A la mère. . . . .  1/6, soit  4/24
                                ─────
        TOTAL. . . . .  27/24
```

On transforme les vingt-quatrièmes en vingt-septièmes, ce qui donne :

```
A l'épouse . . . . . . . . .  3/27
Aux deux filles. . . . . . .  16/27
Au père. . . . . . . . . . .  4/27
A la mère. . . . . . . . . .  4/27
                              ─────
        TOTAL. . . . .  27/27
```

En résumé, rien de plus simple que la théorie de l'*a'oul*. Dès que le numérateur est supérieur au dénominateur, le chiffre du numérateur devient celui du dénominateur, de façon à faire que la somme des parts soit égale à l'entier. L'*a'oul* s'applique chaque fois que la qualité et le nombre des copartageants l'exige.

738. DE LA RÉDUCTION DES FRACTIONS. — Dans la plupart des exemples que j'ai choisis jusqu'à présent, l'emploi des *bases* est simple et satisfaisant, en ce que le nombre des héritiers de même rang concorde avec le chiffre du numérateur de la fraction indiquée. Je vais m'expliquer plus clairement au moyen de deux exemples.

Supposons un actif partageable entre un mari et une sœur germaine. Le premier reçoit la moitié de la succession, la seconde le surplus. Rien de plus simple.

Supposons que les copartageants soient une épouse, deux filles, le père et la mère :

```
A l'épouse. . . . . . . . . .  1/8
Aux deux filles . . . . . . .  2/3
Au père. . . . . . . . . . .  1/6
A la mère. . . . . . . . . .  1/6
```

Les deux seules opérations à faire consistent, d'abord dans la réduction des fractions au même dénominateur, ensuite dans la transformation de ce dénominateur par le procédé de l'*a'oul*.

Mais, supposons-le maintenant le défunt, au lieu de laisser une veuve réservataire de 3/27, laisse quatre veuves qui doivent alors se partager ces 3/27. Il surgit une difficulté nouvelle, 3/27 n'étant pas divisibles par 4, qui est le nombre des veuves.

Les auteurs musulmans ont imaginé une série de procédés pour résoudre ce problème dans toutes les hypothèses qui s'offrent en pratique.

Prenons d'abord l'espèce la plus simple, celle où la réduction (1) n'est nécessaire que pour une catégorie d'héritiers. Voici le principe posé par Khalil : Quand le numérateur de la fraction n'est pas divisible par le nombre des copartageants, on en multiplie les deux termes par le rapport du nombre des copartageants avec ce numérateur.

Ainsi, le défunt laisse pour héritiers sa veuve et six frères consanguins :

> A la veuve 1/4
> Aux six frères, le reste comme agnats . . 3/4

Le numérateur de cette dernière fraction (3/4) n'est pas divisible par 6. Pour assurer le partage, il faut transformer cette fraction en une autre équivalente, dont le numérateur soit divisible par 6. On atteint ce résultat en en multipliant les deux termes par 2 (rapport de 6 avec $3 = \frac{6}{3} = 2$), ce qui donne le résultat suivant :

$$\frac{3 \times 2}{4 \times 2} = \frac{6}{8}$$

Donc, le 1/4 de la veuve une fois prélevé, il restera 6/8 à partager entre les six frères; chacun d'eux recevra donc 1/8.

Mais, il peut se faire que ce procédé soit impraticable, quand, par exemple, il n'y a pas de rapport entier entre le nombre des copartageants et le numérateur susdit.

Ainsi, les héritiers sont une fille et trois sœurs germaines :

> A la fille.. . . . . 1/2
> Aux trois sœurs 1/2

La base est 2. Le nombre 2 ne divise pas 3, nombre des copartageants, abstraction faite de la réserve de la fille, ces deux chiffres étant premiers entre eux. Dans ce cas, on opère en multipliant les deux termes de la fraction par le chiffre indicatif du nombre des copartageants ; ce qui donne le résultat suivant :

> A la fille . . . . . $\frac{1 \times 3}{2 \times 3} = \frac{3}{6}$
>
> Aux trois sœurs. $\frac{1 \times 3}{2 \times 3} = \frac{3}{6}$

Compliquons le problème. Au lieu d'une seule fraction non divi-

---

(1) *Réduction* se dit aussi *redd.* (*Conf. suprà*, n° 732, *in fine*).

sible par le nombre des copartageants, supposons qu'il s'en rencontre deux dans cette situation. On compare le chiffre indicatif du nombre des copartageants avec celui des parts attribuées à ces derniers (1); et quatre hypothèses peuvent se présenter à la suite de cette comparaison :

A. *Les deux chiffres indicatifs du nombre des copartageants, divisés chacun par le chiffre indicatif de la part, sont égaux.* — On multiplie les deux termes de chacune des deux fractions par l'un des deux chiffres obtenus (2).

Ainsi les cohéritiers sont : la mère, quatre utérins et six consanguins :

$$\text{A la mère} \ldots \ldots \ldots \ldots \quad 1/6$$
$$\text{Aux quatre utérins} \ldots \ldots \quad 2/6$$
$$\text{Aux six consanguins} \ldots \ldots \quad 3/6$$

On le voit, les 2/6 ne sont pas divisibles entre les quatre utérins, et les 3/6 ne le sont pas non plus entre les six consanguins.

On divise 4 (chiffre indicatif du nombre des copartageants) par 2 (chiffre indicatif des parts). On procède de même pour la deuxième fraction :

$$4 : 2 = 2$$
$$6 : 3 = 2$$

On multiplie les deux termes de chaque fraction par 2 :

$$\frac{1 \times 2}{6 \times 2} + \frac{2 \times 2}{6 \times 2} + \frac{3 \times 2}{6 \times 2} = \frac{2}{12} + \frac{4}{12} + \frac{6}{12} = \frac{12}{12} = 1$$

B. *Les deux chiffres indicatifs du nombre des copartageants, divisés chacun par le chiffre indicatif de la part, sont inégaux, mais l'un divise l'autre.* — On multiplie les deux termes de chacune des deux fractions par le plus grand des deux chiffres obtenus.

Ainsi, les héritiers sont : la mère, huit utérins et six consanguins :

$$\text{A la mère} \ldots \ldots \ldots \ldots \quad 1/6$$
$$\text{Aux huit utérins} \ldots \ldots \ldots \quad 2/6$$
$$\text{Aux six consanguins} \ldots \ldots \quad 3/6$$

---

(1) Ce dernier chiffre est évidemment le numérateur de chaque fraction.

(2) On sait quelle admiration je professe pour la traduction de Seignette. La vérité seule m'est plus précieuse. Je suis obligé de dire que, pour toute cette partie de son travail, Seignette s'est trompé, faute de connaître suffisamment la langue de l'arithmétique. Il faut, d'ailleurs, dans un ouvrage élémentaire surtout, viser à la plus grande simplicité possible.

On le voit, les 2/6 ne sont pas divisibles entre les huit utérins, et les 3/6 ne le sont pas entre les six consanguins.

On divise 8 (chiffre indicatif du nombre des copartageants) par 2 (chiffre indicatif des parts). On procède de même pour la seconde fraction :

$$8 : 2 = 4$$
$$6 : 3 = 2$$

On multiplie les deux termes de chacune des deux fractions par 4 :

$$\frac{1 \times 4}{6 \times 4} + \frac{2 \times 4}{6 \times 4} + \frac{3 \times 4}{6 \times 4} = \frac{4}{24} + \frac{8}{24} + \frac{12}{24} = \frac{24}{24} = 1$$

C. *Les deux chiffres indicatifs du nombre des copartageants, divisés chacun par le chiffre indicatif de la part, sont inégaux, aucun des deux ne divise l'autre, mais ils ont un plus petit commun multiple moindre que leur produit.* — On multiplie les deux termes de chacune des deux fractions par l'un des deux chiffres obtenus, celui-ci ayant été multiplié par le chiffre indicatif de l'autre part.

Ainsi, les héritiers sont : la mère, huit utérins et dix-huit consanguins :

$$\text{A la mère. . . . . 1/6}$$
$$\text{Aux huit utérins . . . . 2/6}$$
$$\text{Aux dix-huit consanguins. . . 3/6}$$

On le voit, les 2/6 ne sont pas divisibles entre les huit utérins ; les 3/6 ne le sont pas entre les dix-huit consanguins.

$$\text{Soit : } 8 : 2 = 4$$
$$18 : 3 = 6$$

On multiplie les deux termes de chacune des deux fractions par 4×3 ou par 6×2 :

$$\frac{1 \times 4 \times 3}{6 \times 4 \times 3} + \frac{2 \times 4 \times 3}{6 \times 4 \times 3} + \frac{3 \times 4 \times 3}{6 \times 4 \times 3} = \frac{12}{72} + \frac{24}{72} + \frac{36}{72} = \frac{72}{72} = 1$$

ou bien,

$$\frac{1 \times 6 \times 2}{6 \times 6 \times 2} + \frac{2 \times 6 \times 2}{6 \times 6 \times 2} + \frac{3 \times 6 \times 2}{6 \times 6 \times 2} = \frac{12}{72} + \frac{24}{72} + \frac{36}{72} = \frac{72}{72} = 1$$

D. *Les deux chiffres indicatifs du nombre des copartageants, divisés chacun par le chiffre indicatif de la part, sont inégaux, aucun des deux ne divise l'autre ; ils n'ont aucun plus petit commun multiple moindre que leur produit, c'est-à-dire qu'ils sont premiers entre eux.* — Dans ce cas, on multiplie les deux termes de chaque fraction par le produit des deux chiffres indicatifs du nombre des copartageants.

Ainsi, les héritiers sont : une fille et trois sœurs consanguines ou germaines.

Les chiffres 1 et 3 sont premiers entre eux.

$$\text{Soit} : 1 \times 3 = 3$$

$$\text{Puis} : \frac{1 \times 3}{2 \times 3} + \frac{1 \times 3}{2 \times 3} = \frac{3}{6} + \frac{3}{6} = \frac{6}{6} = 1 \; (1).$$

Quand, au lieu de deux fractions non divisibles entre le nombre des copartageants, il s'en trouve trois, on procède pour les deux premières ainsi que je viens de l'indiquer, et pour la troisième comme si elle était seule.

Il va de soi que s'il y a lieu de recourir à l'*a'oul*, on commence par user de ce procédé, avant toute autre opération de réduction.

Section VI. — *De l'exclusion*

739. Des causes d'exclusion. — Sont exclus de la succession du *de cujus* :

1° Le mari qui a procédé contre sa femme par la voie du *lia'n* (2), lorsque celle-ci a repoussé l'accusation dirigée contre elle en prononçant à son tour les cinq formules de serment, au moyen desquelles elle est admise à affirmer son innocence (3). Quand elle refuse de les prononcer, et que, dès lors, elle est convaincue du fait de fornication allégué par le mari, celui-ci conserve ses droits de succession;

2° La femme qui a été l'objet de la procédure du *lia'n;*

3° L'enfant désavoué par le *lia'n*, en ce qui touche la succession de son père. Il va de soi que les jumeaux désavoués héritent l'un de l'autre;

4° Le meurtrier du *de cujus*, quand le meurtre est volontaire. Il en est de même de celui qui a fait au *de cujus* des blessures ayant entraîné la mort sans intention de la donner. L'homicide involon-

---

(1) Dans les différents exemples que j'ai choisis, on opère toujours sur des chiffres entiers. Si l'on avait à opérer sur des chiffres fractionnaires, il surgirait des difficultés qu'il est hors de propos d'examiner dans un *traité élémentaire.*

Somme toute, cette théorie se réduit à ceci : Réduire toutes les fractions au même dénominateur, en s'astreignant à le prendre le moins élevé possible ; arriver de plus à des numérateurs qui, pour chaque fraction, soient des multiples du nombre des copartageants de la fraction étudiée.

(2) *Conf. suprà*, n° 153.

(3) *Conf. suprà*, n° 159.

taire n'est pas une cause d'exclusion, sauf en ce qui touche le prix du sang, auquel le meurtrier involontaire n'a aucun droit.

Le meurtre commis par un impubère, un fou, est toujours considéré comme involontaire;

5° La différence de religion est également une cause d'exclusion. Ainsi, le musulman n'hérite pas de l'apostat (1), du mécréant quel qu'il soit, juif, chrétien, et *vice versâ*.

Quant aux autres religions, elles ne constituent, aux yeux des musulmans, qu'une secte unique; d'où cette conséquence que, par exemple, un idolâtre hérite d'un mage, et réciproquement.

En matière de succession, la loi musulmane est toujours applicable, quelle que soit la religion du *de cujus* et de ses héritiers, à moins que l'une ou l'autre des parties en cause ne soulève la question d'incompétence. Il n'est fait exception à ce principe qu'en faveur des juifs et des chrétiens. En ce qui concerne ces derniers, l'évêque ou le rabbin, sous la juridiction desquels ils sont placés, sont consultés sur les questions intéressant les degrés de parenté, les droits respectifs des différents successibles, et le cadi est tenu de se conformer à l'avis qui lui est fourni;

6° Enfin, l'ignorance de survie est encore une cause d'exclusion. Ainsi, quand on ignore quel est celui de plusieurs individus qui est mort avant ou après l'autre ou les autres, aucun d'eux n'hérite de l'autre ou des autres, et la succession de chacun d'eux revient aux héritiers vivants, abstraction faite des décédés. Supposons le cas où un homme, sa femme et ses trois enfants mâles ont péri dans une catastrophe. Il laisse en outre son père et une autre épouse; la femme décédée laisse un enfant d'un premier lit. La veuve survivante reçoit le quart de la succession de son mari comme réservataire; et le père du défunt reçoit le surplus comme agnat. L'enfant de la femme décédée recueille les biens de sa mère, et le sixième des biens de ses trois frères utérins. En d'autres termes, il y a, dans cette hypothèse, trois successions distinctes à liquider : 1° celle du mari défunt; 2° celle de la femme décédée; 3° celle des trois fils défunts; mari, femme et fils décédés sont considérés comme des étrangers, chacun par rapport aux autres.

SECTION VII. — *De l'ajournement du partage*

740. DE L'AJOURNEMENT DU PARTAGE. — Lorsque, au moment où la succession s'ouvre, la veuve du *de cujus* est enceinte, il est sursis au partage jusqu'à sa délivrance. En effet, il est impossible de connaître à l'avance la part de l'enfant à naître, puisqu'elle diffère suivant son sexe. Toutefois, certains jurisconsultes autorisent le

---

(1) Les biens de l'apostat sont, d'ailleurs, confisqués.

partage immédiat, moyennant la consignation d'une part virile, laquelle est attribuée à l'enfant s'il est du sexe masculin ; s'il est du sexe féminin, l'excédant de la somme consignée fait l'objet d'un partage additionnel ; s'il ne naît pas viable, le partage additionnel porte sur l'intégralité de la somme consignée.

Il en est de même : 1° quand la femme du frère du défunt est enceinte, car, si elle accouche d'un fils, celui-ci figure au nombre des agnats (1) ; 2° quand la femme du fils du défunt est enceinte, car les petits-fils sont aussi des agnats ; 3° quand la mère remariée du défunt est enceinte, pour le même motif.

On diffère également le partage, quand il s'agit des biens d'un absent (2), jusqu'au moment où la preuve de son décès est faite, ou, à défaut, jusqu'au moment où la présomption légale de sa mort est admise par la loi. S'il est prouvé qu'il a cessé de vivre, la question n'offre aucune difficulté. Mais si cette preuve n'est pas possible, le partage est ajourné aussi longtemps que l'absent n'aura pas atteint le terme moyen de la vie humaine, que les jurisconsultes fixent à soixante et quinze ans. Ainsi, Primus était âgé de cinquante ans au moment de sa disparition, il faudra différer le partage pendant vingt-cinq ans.

Dans le cas où un absent a des droits dans une succession, la liquidation en est opérée dans la double hypothèse de sa vie et de sa mort. Pour bien comprendre la règle formulée par Khalil, il est indispensable de recourir à un exemple, ainsi que l'a fait le grand jurisconsulte malékite.

Primus a disparu. Sa fille Secunda meurt, laissant pour héritiers : 1° son père disparu ; 2° sa mère ; 3° sa sœur ; 4° son époux. On suppose d'abord Primus vivant, et le partage s'opère sur les bases suivantes :

Au mari.. . . . .   3/6
A la mère, le tiers de ce qui reste, soit..   1/6 (3)
Au père (absent), les 2/6

TOTAL. . . . .   6/6 = 1.

La sœur ne reçoit aucun émolument.

Ce premier résultat acquis, on suppose Primus décédé, et le partage s'opère sur les bases suivantes :

Au mari. 3/6
A la sœur. 3/6
A la mère. 2/6

TOTAL. . . . .   8/6 = 1 + 2/6.

(1) *Conf. suprà*, n° 732.

(2) C'est le *perdu*, duquel on ne sait pas s'il est vivant ou mort.

(3) Il s'agit de l'une des deux espèces dites « *les deux déceptions* ». (*Conf. suprà*, n° 727).

Il est donc nécessaire de recourir à l'*a'oul* (1), et de transformer les sixièmes en huitièmes; d'où ce résultat :

Au mari. 3/8
A la sœur. 3/8
A la mère. 2/8

TOTAL. . . . . 8/8 = 1.

Puis, les fractions héréditaires des deux partages sont réduites à leur plus petit dénominateur commun, soit vingt-quatre dans l'espèce qui nous occupe. On procède à un premier partage sur les bases suivantes :

Le mari reçoit. 9/24
La mère. 4/24
Et on réserve le surplus, soit. 11/24

TOTAL. . . . . 24/24 = 1.

Si l'absent se trouve être en vie, dans les délais légaux, on procède à un partage additionnel. L'absent reparu, il reçoit $\frac{8}{24}$, et l'époux touche les $\frac{3}{24}$ restants.

Si le décès de l'absent est prouvé, ou s'il s'écoule 75 ans depuis sa naissance, sans qu'il reparaisse, la sœur reçoit $\frac{9}{24}$ de la somme réservée, et la mère $\frac{2}{24}$.

En examinant cette procédure avec quelque attention, on constate que, bizarre à première vue, elle est strictement conforme aux principes qui régissent les successions. En effet, la somme réservée est bien celle qui demeure litigieuse, en supposant que l'absent ne reparaisse jamais. Sans doute, s'il doit reparaître, elle est excessive, puisqu'il ne la touche pas en totalité; mais si l'on ne réservait que les $\frac{8}{24}$ qui lui sont attribués en cas de survie, on ne tiendrait compte que de l'une des deux hypothèses à prévoir, et la sœur et la mère se trouveraient éventuellement privées de leur émolument (2).

SECTION VIII. — *De l'abolition du partage*

741. DE L'ABOLITION DU PARTAGE (3). — Le partage originaire

---

(1) *Conf. Suprà*, n° 737.

(2) Il va de soi que cet exemple n'a que la valeur d'un exemple. La qualité des cohéritiers changeant, la somme à réserver change également.

(3) C'est la traduction littérale de l'expression arabe *mounaçakha*.

peut être modifié, — ce qui serait plus exact que l'expression *aboli*
— par deux circonstances :

1° Le décès d'un héritier, avant le partage auquel il doit participer;

2° Le fait par un successible d'*avouer* un tiers comme parent du
de cujus, au degré où il est placé lui-même (1).

742. A. *Par suite de décès.* — Lorsqu'un successible meurt, postérieurement au décès du *de cujus,* mais avant que la succession ait
été partagée, le partage, en ce qui le concerne, est *aboli ;* en d'autres
termes, la part de ce successible doit être transmise à ses héritiers,
au moyen d'une sous-répartition.

Ce second partage peut se présenter sous deux formes alternatives :

1° Tantôt l'attribution de la part du successible décédé se fait aux
cohéritiers de celui-ci, par voie d'accroissement, et il est considéré
comme n'ayant jamais existé, ce qui arrive dans le cas où il n'a
pas d'héritiers personnels, et où son décès n'influe pas sur la
situation des réservataires. Ainsi, Primus meurt, à la survivance de
ses trois fils, Secundus, Tertius, Quartus. Secundus meurt à son
tour, avant le partage, mais sans laisser d'héritiers : Tertius et
Quartus recueillent sa part. Le résultat serait le même s'il se trouvait avec ces deux derniers un réservataire, tel qu'un conjoint, qui
ne serait ni leur père, ni leur mère.

Parfois, dans cette première hypothèse, la mort d'un successible
a pour unique effet de rendre inutile l'emploi de l'*a'oul*. Ainsi,
Prima meurt laissant pour héritiers son mari, sa sœur germaine et
sa sœur consanguine :

$$\text{Le mari reçoit.. . . . . } \frac{1}{2} = \frac{3}{6}$$

$$\left.\begin{array}{l}\text{La sœur germaine avec}\\ \text{la sœur consanguine}\end{array}\right\} \frac{2}{3} = \frac{4}{6}$$

$$\text{TOTAL. . . . . } \frac{7}{6} = 1 + \frac{1}{6}.$$

Il faut donc recourir à l'*a'oul,* et transformer les sixièmes en
septièmes.

Le mari épouse la sœur consanguine, et celle-ci meurt avant le
partage. Dès lors :

$$\text{Le mari reçoit . . . . . } \frac{1}{2} = \frac{3}{6}$$

$$\text{La sœur germaine.. . . } \frac{1}{2} = \frac{3}{6}$$

$$\text{TOTAL . . . . . } \frac{6}{6} = 1.$$

(1) *Conf. Suprà*, n° 441.

2º Tantôt l'attribution de la part du successible décédé se fait, non plus seulement à ses cohéritiers, mais à ses héritiers personnels, qui, lui vivant, n'auraient pas été appelés à la succession du premier décédé. Dans cette hypothèse, deux cas peuvent se présenter :

A. *La fraction énonçant la part attribuée au successible décédé dans le premier partage est de nature à servir de base au second partage, sans en changer le dénominateur.* — Dans ce cas, le second partage s'opère, malgré les modifications qu'il fait subir au premier, en maintenant le dénominateur de ce premier partage. Exemple :

Primus meurt, laissant un fils Secundus, une fille Tertia et un frère Quartus :

$$\text{Secundus reçoit.....} \quad \frac{2}{3} = \frac{4}{6}$$
$$\text{Tertia reçoit.......} \quad \frac{1}{3} = \frac{2}{6}$$
$$\text{TOTAL.....} \quad \frac{6}{6} = 1.$$

Et Quartus ne touche aucun émolument.

Mais Secundus meurt à son tour. Voilà le partage entièrement aboli. En effet, Quartus, qui était exclu en sa qualité d'agnat d'un ordre inférieur, reparaît aussitôt par la force des choses.

Tertia conserve, il est vrai, son tiers, provenant de la succession de Primus ; mais elle acquiert, en outre, des droits dans celle de son frère Secundus ; elle reçoit donc :

$$\text{De la succession de Primus..} \quad \frac{1}{3} = \frac{2}{6}$$
$$\text{De la succession de Secundus.} \quad \frac{1}{3} = \frac{2}{6}$$
$$\text{Quartus prend le surplus, soit.} \quad \frac{1}{3} = \frac{2}{6}$$
$$\text{TOTAL.....} \quad \frac{6}{6} = 1.$$

B. *Dans le cas contraire, c'est-à-dire si la fraction indicative de la part du successible décédé dans la première succession ne peut servir de base au second partage, en ce sens que les dénominateurs des deux partages sont différents, il est nécessaire de réduire les fractions des deux partages au même dénominateur, et on adopte, pour ce nouveau dénominateur, le plus petit commun multiple des deux précédents, s'ils ne sont pas premiers entre eux.*

Exemple : Primus meurt à la survivance de deux fils et de deux filles :

Les deux fils ont droit à. $\frac{4}{6}$

Les deux filles ont droit à $\frac{2}{6}$

TOTAL. . . . . $\frac{6}{6} = 1$.

Mais l'un des deux fils meurt avant le partage, et laisse comme héritiers sa veuve, une fille et trois petits-fils. Le partage, en ce qui touche ces derniers, a lieu sur les bases suivantes :

A la veuve. . . . . $\frac{1}{8}$

A la fille. . . . . $\frac{4}{2} = \frac{4}{8}$

Aux trois petits-fils le reste, soit. . $\frac{3}{8}$

TOTAL. . . . . $\frac{8}{8} = 1$.

Dans la première succession :

Les deux fils auront droit à.. . . . $\frac{16}{24}$

Les deux filles ont droit à. . . . . $\frac{8}{24}$

TOTAL. . . . . $\frac{24}{24} = 1$.

Dans la seconde succession :

La veuve reçoit . . . . $\frac{3}{24}$

La fille reçoit . . . . $\frac{12}{24}$

Les trois fils . . . . $\frac{9}{24}$

TOTAL. . . . . $\frac{24}{24} = 1$.

Quand cette opération est impossible, parce que les dénominateurs sont premiers entre eux, le nouveau dénominateur ne peut être autre chose que le produit des deux dénominateurs primitifs.

743. B. *Par suite d'aveu de parenté.* — L'abolition du premier partage peut avoir pour cause, non plus le décès d'un successible, mais un aveu de parenté fait par lui (1). Dans ce cas, le tiers ainsi reconnu

_____

(1) *Conf. suprà,* nᵒˢ 436 à 445.

reçoit une part prise exclusivement sur celle du successible par lequel il aura été reconnu, l'aveu ne pouvant évidemment pas nuire aux autres héritiers, quand ceux-ci le contestent. Mais quelle sera cette part? Il faut pour la déterminer abaisser la part de l'avouant à ce qu'elle aurait été si cet aveu avait été ratifié par les autres successibles, sans rien enlever à ces derniers. D'où cette conséquence que le tiers avoué reçoit toujours moins que le successible par qui il a été appelé au partage. Ce résultat est imposé par l'équité. On y arrive en procédant d'abord au partage sans tenir compte de l'aveu; puis à un second partage en faisant état de l'aveu. Après ces deux opérations, les fractions ainsi obtenues sont réduites au même dénominateur, d'après le triple procédé indiqué précédemment (1), suivant que les rapports sont divisibles, réductibles ou premiers entre eux. Ainsi :

1° Les cohéritiers sont deux sœurs germaines et un agnat. Une des sœurs déclare que Tertia est sa sœur germaine.

En écartant Tertia, le partage a lieu comme suit :

Aux deux sœurs les. . . . . . . $\frac{2}{3}$

A l'agnat, le surplus. . . . . . $\frac{1}{3}$

TOTAL. . . . . $\frac{3}{3} = 1$.

En admettant Tertia, il a lieu comme suit :

Aux trois sœurs. . . . . $\frac{6}{9}$

A l'agnat, le surplus. . . . . . $\frac{3}{9}$

TOTAL. . . . . $\frac{9}{9} = 1$.

Prima qui conteste reçoit. . $\frac{3}{9}$

Secunda qui avoue reçoit. . $\frac{2}{9}$

Tertia qui est reconnue reçoit $\frac{1}{9}$

L'agnat reçoit. . . . . $\frac{3}{9}$

TOTAL. . . . . $\frac{9}{9} = 1$.

(1) *Conf. suprà*, n° 738, B, C, D.

2° Les cohéritiers sont deux sœurs germaines et un agnat. Une des sœurs déclare que Tertius est son frère germain :

L'agnat reçoit. . . . . $\frac{4}{12}$

La sœur qui conteste reçoit. . $\frac{4}{12}$

La sœur qui avoue reçoit . . . $\frac{3}{12}$

Le frère reconnu reçoit . . . . $\frac{4}{12}$

TOTAL. . . . . $\frac{12}{12} = 1$ (1).

3° Les cohéritiers sont deux filles et un fils. Ce dernier reconnaît Quartus comme son frère :

Chacune des filles reçoit. . $\frac{3}{12}$ ensemble : $\frac{6}{12}$

Le fils qui reconnaît reçoit . . . . $\frac{4}{12}$

L'héritier reconnu reçoit . . . . $\frac{2}{12}$

TOTAL. . . . . $\frac{12}{12} = 1$.

Supposons encore, dans l'exemple précédent, le cas où le fils reconnaît Quarta pour sa sœur, et l'une des filles Quintus pour son frère.

Ici, toutes les fractions sont réduites au même dénominateur, lequel est 60 ($3 \times 4 \times 5 = 60$).

L'héritière reconnue reçoit. . $\frac{10}{60}$

L'héritier reconnu reçoit. . . $\frac{8}{60}$

4° Enfin, supposons l'hypothèse où une femme déclare avoir accouché d'un enfant posthume décédé ensuite. De deux oncles appelés à la succession, l'un avoue qu'il était né viable, l'autre le conteste.

Ici, le partage a d'abord lieu par huitièmes, sans faire état de l'aveu; puis par huitièmes, en tenant compte de l'aveu :

Dans la première hypothèse :

La veuve reçoit. . . . . . . $\frac{2}{8}$

Les deux oncles reçoivent. . $\frac{6}{8}$

TOTAL. . . . . . $\frac{8}{8} = 1$.

---

(1) Je suppose le lecteur familiarisé avec ces calculs, que j'abrège par conséquent.

— 280 —

Dans la seconde hypothèse :

La veuve reçoit . . $\frac{1}{8}$

L'enfant reçoit.. . $\frac{7}{8}$

TOTAL. . . . . $\frac{8}{8} = 1.$

Puis la succession de l'enfant est partagée par tiers, car il a pour héritiers sa mère et ses deux oncles :

La mère reçoit. . . . . $\frac{1}{3}$

Chacun des oncles reçoit. . $\frac{1}{3}$ ensemble : $\frac{2}{3}$

TOTAL. . . . . $\frac{3}{3} = 1.$

Puis les fractions sont réduites au même dénominateur, lequel est ici 24 (8 × 3 = 24). D'où les résultats suivants :

Dans la première hypothèse :

La mère reçoit. . . . . . . $\frac{6}{24}$

Les deux oncles reçoivent . . $\frac{18}{24}$

Total. . . . . $\frac{24}{24} = 1.$

Dans la seconde hypothèse :

La mère reçoit. . . $\frac{1}{8}$, soit. $\frac{3}{24}$

L'enfant . . . . $\frac{21}{24}$

Total. . . . . $\frac{24}{24} = 1.$

De cette dernière succession la mère devrait recevoir le tiers, et les deux oncles le surplus. Mais l'un des oncles a avoué que l'enfant était né viable, l'autre l'a nié. D'où ce partage définitif :

A la mère. . . . . $\frac{8}{24}$

A l'oncle qui nie. . . . . . $\frac{9}{24}$

A l'oncle qui avoue. . . . . $\frac{7}{24}$

Total. . . . . $\frac{24}{24} = 1.$

SECTION IX. — *Des abandonnements*

744. DES ABANDONNEMENTS. — Il peut se faire qu'un héritier accepte l'abandonnement d'un objet, à titre de payement de sa part.

Il est nécessaire de connaître la valeur de cet objet, par rapport aux autres biens. Voici comment on procède :

Supposons une hoirie comprenant un jardin non estimé, et divers autres biens estimés. Supposons qu'on ait déterminé la base (dénominateur commun) du partage, et que, dans l'espèce, elle soit 27. Un héritier ayant droit à une fraction comme $\frac{4}{27}$, par exemple, accepte pour sa part le jardin, sans estimation. Le reste des biens, lesquels sont estimés, composent donc, par hypothèse, les $\frac{23}{27}$ de l'hoirie. D'où cette conséquence que le $\frac{4}{23}$ de cette quantité est le $\frac{4}{27}$ de l'hoirie primitive ; c'est 4 fois cette quantité, à laquelle l'héritier avait droit, qui forme la valeur d'estimation du jardin.

FIN

ADDENDA ET CORRIGENDA

TOME PREMIER

Page 53, ligne 23. — *tu n'as* au lieu de : *tu n'a.*

Page 122, note 2. — *N° 207* au lieu de : *N° 206.*

Page 181, ligne 6. — *dans ce cas, il faut distinguer ; il lui est permis de déférer le serment au vendeur, si sa réclamation se produit dans les dix jours ;* au lieu de : *il est présumé, etc.*

Page 195, ligne 6. — *elle est facultative,* ajouter en note : *Conf., toutefois, n° 480.*

Page 280, avant dernière ligne. — *cession,* au lieu de : *concession.*

TOME SECOND

Page 10, ligne 28. — *partie adverse,* au lieu de : *adversaire.*

Page 13, ligne 35. —, *mandant,* au lieu de : *mandat.*

Page 33, note 3. — Ne pas tenir compte du renvoi. La question, réflexion faite, est trop délicate pour être traitée dans un ouvrage élémentaire.

Page 37, ligne 2. — *déposant,* au lieu de : *dépositaire.*

Id. id. 3. — *dépositaire,* au lieu de : *déposant.*

Page 45, ligne 14. — *à usage,* au lieu de : *de consommation.*

Page 46, ligne 34. — *du prêteur,* au lieu de : *l'emprunteur.*

Id. id. 35. — *à l'emprunteur,* au lieu de : *au prêteur.*

Page 66, note 1. — Effacer le renvoi. J'avais eu d'abord le projet de traiter ce sujet, mais la procédure purement arabe n'a pas d'intérêt pour les élèves d'un cours élémentaire.

Page 117, note 2. — J'emploie *indifféremment,* au lieu de : *différemment.*

Page 118, ligne 22. — *541. Objet du contrat,* au lieu de : *541. A.*

Page 129, ligne 24. — *De la responsabilité de l'agent,* au lieu de : *du preneur.*

Page 192, ligne 9. — *de celle du habous,* au lieu de : *celui.*

Page 241, note 5. — *N° 732,* au lieu de : *738.*

TABLE DES MATIÈRES

LIVRE TROISIÈME *(Suite)*

CHAPITRE X
Du mandat

CHAPITRE XI
De l'aveu

APPENDICE I
De l'aveu de paternité

CHAPITRE XV

Du retrait d'indivision

CHAPITRE XVI

Du partage

CHAPITRE XVII

De la commandite

CHAPITRE XVIII

Du bail à colonage partiaire

APPENDICE

Du bail à complant

CHAPITRE XIX

Du louage

CHAPITRE XX

De la promesse conditionnelle

APPENDICE

Des transports maritimes

CHAPITRE XXI

De la terre morte

LIVRE QUATRIÈME

Des testaments et des successions

—

CHAPITRE PREMIER

Du testament

APPENDICE

De la tutelle testamentaire

CHAPITRE II

Des successions

ALGER. — TYPOGRAPHIE ADOLPHE JOURDAN.

Alger. — Typographie Adolphe Jourdan.

www.ingramcontent.com/pod-product-compliance
Lightning Source LLC
Chambersburg PA
CBHW070239200326
41518CB00010B/1613